工場長と生産スタッフのための実践！生産現場改革

最新版

技術士（経営工学）・
中小企業診断士
西沢 和夫

同文舘出版

改訂版　まえがき

本書の初版を出版してからすでに12年の歳月が経過しました。その間、コロナ禍によって世界が大きく変化すると共に、日本のモノづくりを取り巻く環境は大きく変化しました。以前からその兆候はありましたが、特に顕著になってきたのが、生産現場で働く**人の質の低下現象**です。具体的には、高齢化、若手社員への世代交代、非正規社員に代表される働く人の素人化、外国人作業者の増加、という現象が急速に進んでいます。その結果として発生しているのが、生産現場の人間関係の悪化、低次元クレームの増加、労働災害の増加、生産ライントラブルの増加です。筆者は、日本の多くの生産現場のコンサルテーションに関わる中で、それらの現象の急増を実感してきました。

日本を代表するモノづくり企業の「品質偽装」もたびたび発生しました。この現象も、働く人の質の低下のみならず、２００７年の団塊の世代の大量退職に対応して、生産現場のノウハウを継承する取り組みがおろそかになっていた企業で発生しています。

日本のモノづくりと改善のレベルが世界トップであった時代は終わりを告げ、日本のモノづくりのレベルが急速に低下しています。人の質の低下は、時代の変化の中で発生しているので避けられませんが、このような変化に具体的な対応をしなければ、生産現場は疲弊するばかりです。

モノづくりは人づくりという原則は、ＩＴデジタル時代の今でも何も変わっていません（ＩＴデジタル化については、他の専門書に譲ります）。人がモノをつくるのであって、ＩＴシステムやＩｏＴがモノをつくるのではありません。ＩＴによる時空を超えたサイバーシステムと異なり、モノづくりの世界には時間、空間、重量という制約条件があります。人の育成をおろそかにした企業は、結局は顧客を裏切る結果をもたらし、「品質偽装」という結果を避けることはできません。その結果として、顧客離れをもたらし、企業競争から脱落していくしかありません。特に日本では、品質を軽視するような企業は生き残れないという、消費者の厳しい対応があります。

しかしながら、近年の生産現場の人の質の低下現象に対してどのような手を打てばよいのかが明確になっていないという現状もあり、多くの企業が困っていることも事実です。そこで、今回の改訂版では、人の質の低下現象に対してどのような手を打てばよいのか、また、それだけではなく、企業競争に生き残っていくためには、どのような生産改革に取り組み、付加価値の高い新製品を提供していけばよいのかについても、筆者が多くの生産現場で実践してきた実績を基に具体的な方法について解説しています。

本改訂版では、多忙な工場長のみならず、生産スタッフも読者対象に含めています。具体的には、次のような狙いがあります。

1　人の質の低下現象に対する施策として、「本物の5S」、短期人づくり、ムダとり、生産現場の見える化、6M問題解決法、各種の管理の仕組みの活用法を解説した。

2　工場の競争力を高めるための、マーケティングを活用した新製品開発マネジメントの活用、設計審査(デザインレビュー)、リードタイム短縮について解説した。

3　各章の構成パターンは、最初に工場長が遭遇する問題事例を紹介し、次にそのような問題を解決するための各種の改革・改善の方法をQ&A方式で解説することで、読んだ際に自然に頭に入り実践に結びつくように構成している。

4　生産現場においてすでに検証された実践ツールを、各章で数多く紹介することによって、すぐに実践して効果を出せるようにした。

本書の内容は、1章で工場長による生産改革の考え方と意識改革の方法について解説しています。2章では「本物の5S」による生産現場の体質を改革する方法、3章と4章では、今求められる作業標準化による人づくりのあり方、4章では見える化による変化対応力の強い職場づくり、5章では管理者と監督者の育成の方法について解説しています。

6章は新たな章として営業のあるべき姿、新製品開発マネジメントと新製品6M垂直立ち上げの方法について解説しました。7章と8章では、管理力強化のための管理手法の展開法について解説しています。9章では6M問題解決法の実践方法、10章では現場のムダとりの方法について解説しています。11章ではリードタイム短縮の進め方を、最後に12章ではコストダウンと利益創造について解説しています。

本書の読者は、工場長はもちろんのこと、工場の管理者、工場の生産改革の推進スタッフとし、生産改革・改善を推進する際のテキストとして活用いただくことを狙いとしています。

本書が、厳しい経営環境の中で工場長が先頭に立つ生産改革を推進し、生きがいの持てる、競争力の高い工場を新たに生み出すことに貢献できることを願ってやみません。

2021年5月

◎最新版　工場長と生産スタッフのための実践！　生産現場改革◎〈もくじ〉

1章■工場長・生産スタッフ主導の工場改革実践で生き残りを図れ！

SECTION

2章■「本物の5S」の導入・定着を推進してやりがいの持てる現場をつくれ！

SECTION

3章 ■ 作業標準化で非正規社員・新人社員の短期人づくりを推進せよ！

SECTION

4章 「見える化」と「コミュニケーション」で変化対応力の高い生産現場をつくれ！

SECTION

5章 管理者と監督者を育成して「組織力」を強化せよ！

SECTION

6章 ■ 新製品開発マネジメントで「新製品6M垂直立ち上げ」を実践せよ！

SECTION

7章 ■ 安全衛生管理と機械設備管理で労働災害と機械故障のリスクをなくせ！

SECTION

8章 ■ 生産管理と品質保証で顧客満足を達成せよ！

SECTION

9章 「6M問題解決法」で真の問題解決をして新たな生産現場をつくる!

SECTION

10章 「ムダとり」の徹底実践で儲かる工場体質を実現せよ!

SECTION

11章 ■ 流れる生産ラインづくりでリードタイム短縮と在庫削減を実現せよ！

SECTION

12章 ■ コストダウンと利益創造で本物の生き残りを図れ！

SECTION

カバーデザイン　オセロ
本文デザイン・DTP　ダーツ

1章

工場長・生産スタッフ主導の工場改革実践で生き残りを図れ！

SECTION❶ モノづくり企業を取り巻く急激な環境変化に対応しないと生産現場は生き残れない

SECTION❷ 変化に生き残るために工場長・生産スタッフ主導の工場改革が求められている

SECTION❸ 工場の生き残りを決定する「5力」とは何か

SECTION❹ 変化に対応する工場改革の「基本11方策」とは何か

SECTION❺ 工場長・生産スタッフの持つべき「新行動10原則」とは何か

SECTION❻ マインドチェンジ・チェックリスト活用で工場長・生産スタッフの意識改革・行動改革を実践せよ

SECTION❼ 工場改革を推進するために現場力を強化せよ

SECTION❽ 工場改革の成果を把握する業績チェックシートを活用する

SECTION 1

●工場を取り巻く環境変化とは

モノづくり企業を取り巻く急激な環境変化に対応しないと生産現場は生き残れない

環境変化の本質を工場長が捉えよ

モノづくり企業は、環境変化に迅速に対応して初めて、生き残りが可能になります。適者生存とは、外部環境の変化に最も適切に対応して**変化**した者だけが生き残り、適応しなかった者は淘汰されて、衰退滅亡することを意味します。モノづくり企業の本丸である工場には、近年急激に変化する企業環境・特に人の変化に対する具体的な対策が迫られています。今起きている環境変化は、かつて経験したことのない、深刻な内容を伴っています。生産現場の司令塔である工場長・生産スタッフには、これら環境変化の本質を的確に把握し、生産現場を巻き込んだ生き残り策を推進していくことが求められています。近年の内外の重要な変化として次の事項が挙げられます。

外部環境の主な変化

企業を取り巻く外部環境の変化として最も大きな影響は、新型コロナウイルス感染による世界的な環境悪化がもたらした人類史上かつてない強烈なインパクトです。その結果として、消費者や従業員に行動変容をもたらしました。具体的には次の変化になります。

①世界的な広がりをもったグローバリズムの終焉
②消費者行動の変容による企業収益の悪化と倒産の急増
③高齢化、格差社会の拡大による消費構造の変化
④あいつぐ企業不祥事に呼応した、消費者の企業を見る目の厳格化
⑤AI、IoT、5Gに代表されるデジタル技術の急速な進化

内部環境の急激な変化

一方、内部環境に関しては、バブル崩壊から始まったリストラによる中堅社員の使い捨てや非正規社員の増加、さらには企業利益のみを優先する企業体質が問題視されてきました。近年、企業内部環境のさらなる変化として、次のような**人の質の低下**が現場の問題のみならず、経営問題になっています。

①正規社員に対する非正規社員の増加。

すでに非正規社員比率は三分の一を超え、受注変動への対応と企業利益確保のため不可欠の労働力となっている一方、同一労働・同一賃金が求められるようになっている。

②法的規制（働き方改革法とパワハラ法）により、生産現場の長時間残業、人間関係の悪化を放置するという、今までの常識の否定が求められている。

③若手社員の製造業での定着率の悪化。約3年で半数が離職する傾向を示し、人材不足が増大している。

④日本のモノづくり力成長の主役だった団塊の世代の退職に伴い、生産現場に蓄積されてきた技能やノウハウが継承されずに急速に失われつつある。

環境変化に対するモノづくり企業の対応の遅れと問題点とは

以上の内部環境の変化は、過去に経験したことのない新たな現象となって、近年急速に広がっています。企業利益の確保に躍起になっているため、多くのモノづくり企業の対応が遅れ、その結果として、モノづくり基盤の崩壊をもたらす次の現象が起き始めています。

日本を代表する伝統ある多くのモノづくり企業が、市場競争の厳しさに対する生き残りと称して、自社利益のみを優先し、「品質偽装」という顧客だましに手を染めていたことが発覚している。その背景には、手が付けられなくなった生産現場の崩壊現象がある。

消費者だましが発覚すると、消費者離れが急速に進展し、企業存続が短期間で断たれてしまう。

生産現場の人の変化に対応できない企業では、駅前広場現象が広がり、作業する時間が不足し、結果として手抜きが横行し、顧客クレームが増大する。

派遣社員、新人社員を短期に戦力化できない生産現場では、品質不良、クレーム、納期遅れが多発し、顧客離れ現象をさらに増幅させている。

モノづくり企業は真の生き残りのために何に取り組むべきか

このような、かつて経験のない新たな経営環境の変化に対して何をどうすべきなのでしょうか。**現状打破のために取り組むべき方策は、パラダイムシフト（今までのモノづくりのあり方の常識を否定する）による生産現場の改革です。**取り組むべき基本テーマはＡＩやＩｏＴというデジタル化中心ではなく、過去のモノづくりのあり方の否定です。**モノづくりは人づくり**と言われて久しい。世界に冠たる日本のモノづくりの強みは、工場長・生産スタッフと生産現場が一体になった現場体質にあります。**今必要な生き残りのための取り組みは、工場長・生産スタッフが率先する工場改革であり、そのことを自覚し全員参加で実践することです。**

SECTION 2

工場長主導の工場改革とは

変化に生き残るために工場長・生産スタッフ主導の工場改革が求められている

守りの工場経営では生き残れない

近年、国内で伝統的な企業の、顧客を裏切る行為が増大しています。その中で、特に目立った傾向として挙げられるのが、経済成長の時代に日本経済を支えていた名門企業の法律違反です。これらの名門企業が企業崩壊やトップの逮捕という最悪の結末になった要因は何だったのか。それは、時代の大きな変化に対応できなかったという点にあります。なぜ、時代の変化に対応できずに取り残されたのでしょうか。

変化に対応するための考え方とは

それは、市場の変化、顧客の変化、競争の変化に対して、企業体質を本質的に変えることができなかったからです。つまり、従来の古い経営モデルや製品・サービスだけを頼りにして、経営の本質を変えられなかったのです。その結果が、顧客の期待を裏切る背信行為となったのです。なぜ変化できなかったのか？　それは、経営トップ、工場長が自ら変わることができなかったからです。企業体質を変えることは、経営トップと工場長にしかできません。今、工場長にとって最も重要な任務とは、工場生き残りのために自己の意識と行動を基本から変革することです。

工場長が変革の先頭に立て！

工場生き残りを実現する責任は工場長にあります。工場長が変わるから、生産スタッフが変わり、それが本物だから、一般社員が変わり、さらに外部社員が変わる。企業内で働く全ての人にとって、今までのやり方ではだめだ、お客様のニーズの変化と競争の激化に対応して、モノの見方と考え方を基本から変えなければならないのだという〝気づき〟が求められているのです。そのために、自分自身が変わらなければいけないと気づき、行動を変えていくことが工場生き残りの基本要件なのです。

工場長・生産スタッフの基本使命とは

工場改革を実践するために、工場長の基本使命として何をどうすべきなのか。人の意識を変え、組織体質を変え、製品と技術を変え、モノづくりの方法を変え、業務の進め方を変え、リスクの対応方法を変えることが工場長に求められているのです。そのために、工場長のマインド（意識）を変え、行動を変えることがまず必要なのです。まず、自らの意識を変え、考え方を変えることが急務なのです。

生産現場改革を推進せよ

工場長の役割は、内外の急激な環境変化に対応し、モノづくりの生産現場の変化対応力を生み出す生産現場改革を推進することにある。そのために、工場長がまず実践すべきことは、自己改革であり、自分自身のマインドコントロールを行なうことです。それによって、ぶれることのない改革の方針が設定され、工場組織の各階層が、それぞれ変化に強い体質を真剣に構築していくことができるようになるのです。

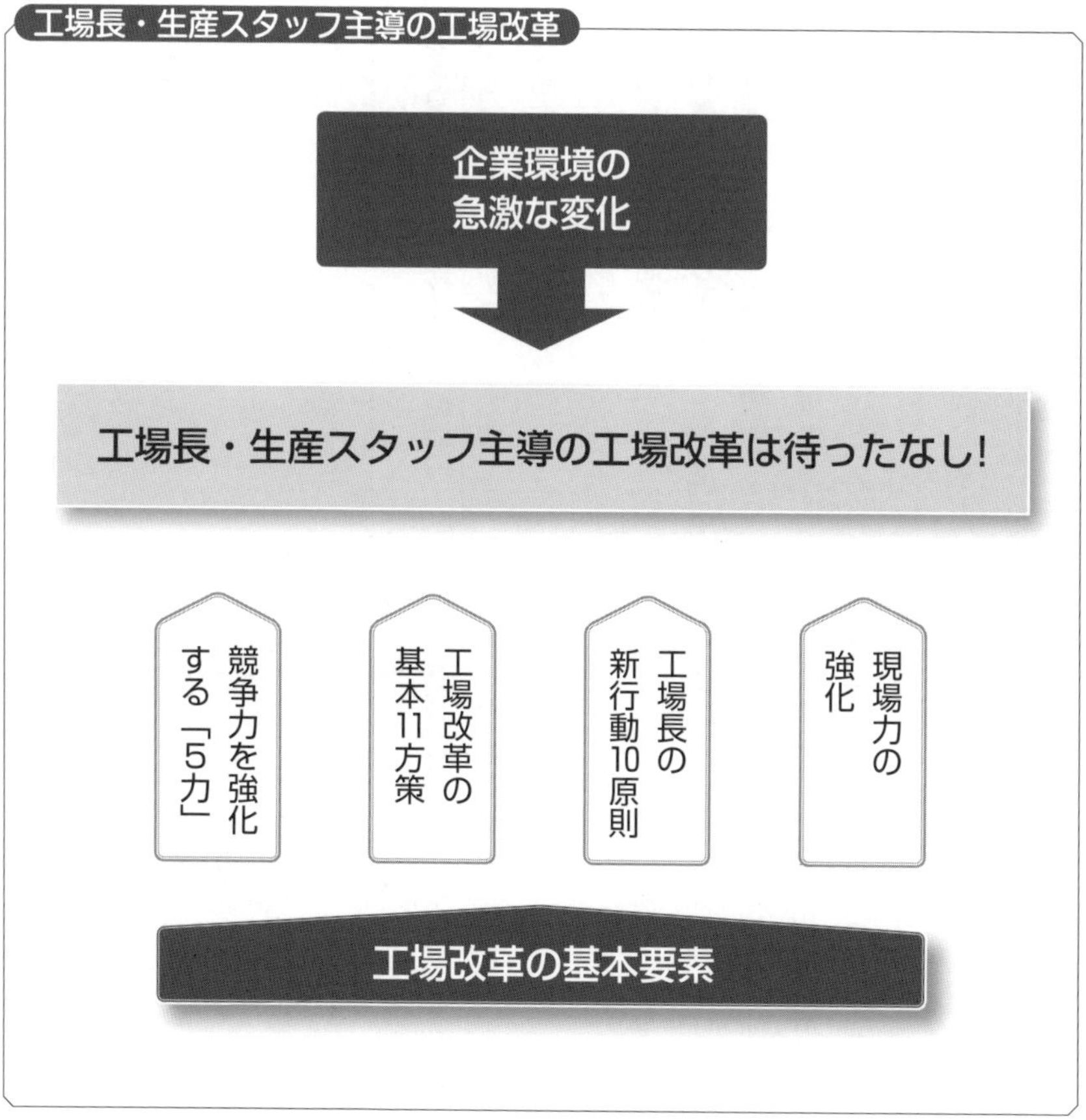

SECTION 3

工場の生き残りを決定する「5力」とは何か

工場生き残りの「5力」とは何か

工場生き残りのために必要な要素とは、継続的に付加価値を生み出す力と、顧客満足を獲得できる魅力的な品質、すなわち**競争力**であると言われます。今求められているモノづくり企業の競争力は、次の5つの基本要素によって構成されます。これらの基本要素は、足し算ではなく、掛け算としての相互関係を持っています。これらの要素のひとつでも欠けると、生き残りの可能性はゼロになってしまいます。

工場生き残りの「5力」＝製品力×現場力×管理力×技術力×組織力

「5力」の内容は次の通りです。

①製品力

製品力とは、工場から生み出される製品の持っている品質を言います。製品の品質は、**当たり前品質**と**魅力的品質**に分けられます。当たり前品質とは、製品が有する基本品質を意味します。この品質は、特に製品の持っている当たり前の質として、顧客の期待するレベルが前提になり、まず「製品安全」が挙げられます。この点を理解していない工場が、顧客要求の品質を偽装した結果、顧客離れによって崩壊する例が後を絶ちません。次に、魅力的品質とは、顧客にとって魅力ある品質を言います。他社にない魅力ある製品は、競争力を生み出します。モノづくり企業は、これら両方の製品力を生み出す努力をすることなしに生き残ることはできなくなっています。そして、短期間で新製品を安定立ち上げできる新製品立ち上げ力が求められます（6章参照）。

②現場力

現場力とは、生産現場の管理者・監督者や作業者がムダや問題の発生、さらには生産状況の変化に対し、正面からこれを捉え、知恵を出して解決し、改善効果をもたらす力を言います。非正規社員・新人社員の増加によって人間関係が悪化し、現場力が低下している今、管理者・監督者が中心になった現場力の復活は待ったなしです。そのため、「本物の5S」の活用が重要になっています（2、5章参照）。

③管理力

2007年に、生産現場の司令塔の役割を担っていた団塊の世代が大量退職を迎えましたが、これらの方々が有していたノウハウが継承されずに喪失しています。さらに、司令塔が消えたことによって、改めて生産現場の管理力・監督力の再構築が求められています。管理力によって初めて、生産計画の達成と顧客満足を得ることができるようになるのです（5、8章参照）。

④技術力

技術力とは、これまで培ったノウハウと原理原則に基づき、技術課題にチャレンジし、競合他社にない付加価値のある製品を生み出す力です。モノづくりの技術力は3つのステップに分かれます。新製品を開発する**設計開発技術力**、設計要求を達成する生産ラインを構築する**生産技術力**、生産現場で品質をつくり込む**現場技術力**の3つです。工場では、これら3つの技術力を統合し、問題・課題解決力を強化し、競争力のある工場体質をつくっていくことが可能になります（6章参照）。

⑤組織力

〝変種変量変人生産〟が常態化する中で、問題解決のできる組織、人が育ち進化する組織体質づくりが経営課題になっています。一方で、生産現場の実態はといえば、高齢化、非正社員化、新人化が進み、組織力が大幅に低下しています。そのため、働く人を育成すると共に、工場の階層別組織を明確にすることが求められています。さらに、機能別組織を明確にすることで、生産管理、品質保証機能を強化して顧客満足度を高め、労災管理、設備管理によってリスク対応力の強化ができるのです（5、7、8章参照）。

5つの競争力

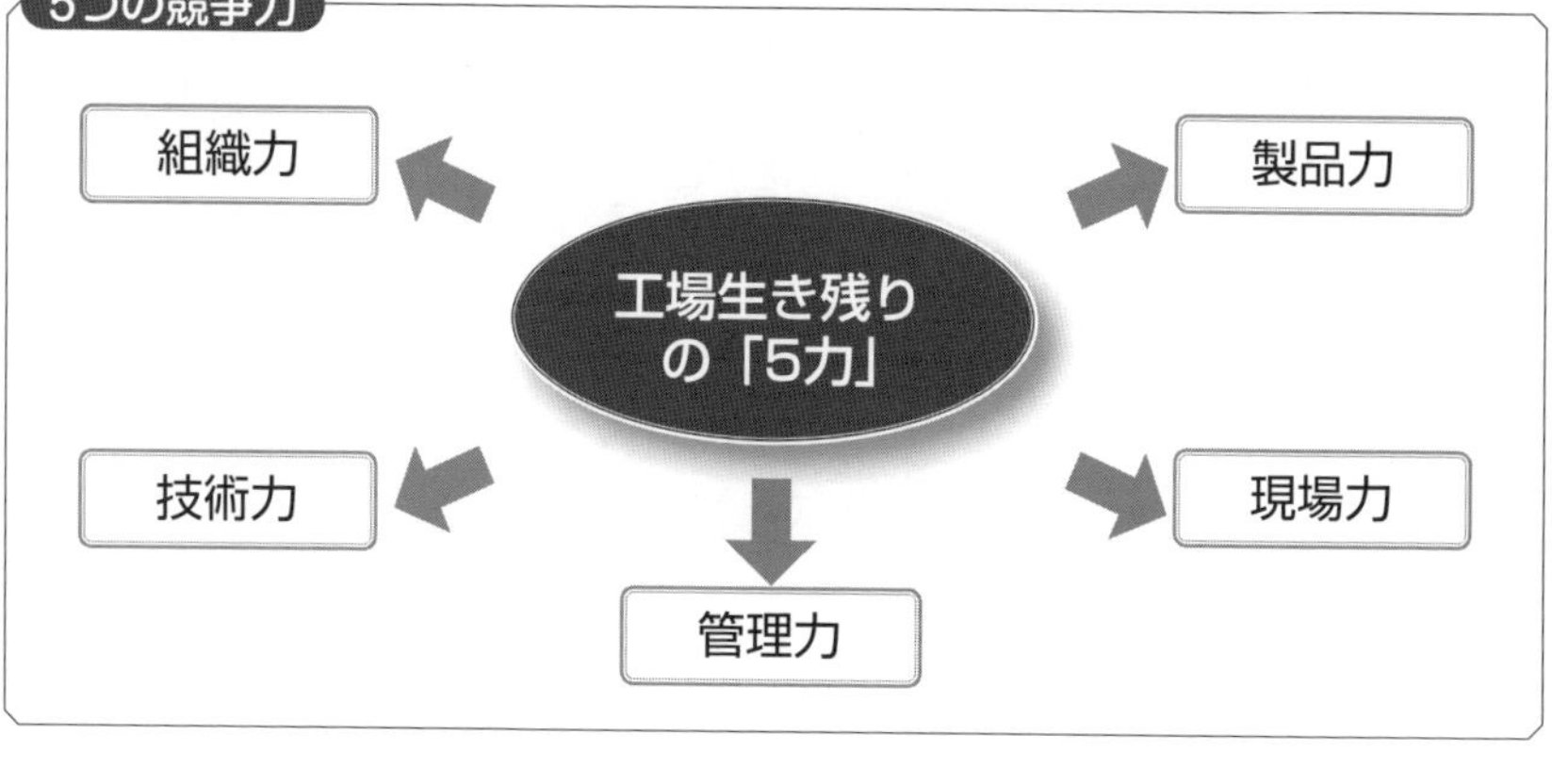

SECTION 4

● 工場生き残りの基本方策

変化に対応する工場改革の「基本11方策」とは何か

変化に対応するための考え方

ニューノーマル（新常態）時代において、工場を取り巻く環境変化への対応をどう考え、実践すべきか。対応の基本は、変化によって生じたムリ・ムラ・ムダと問題にリアルタイムに対応して確実な再発防止対策を打ち、さらに問題発生の未然防止をできる工場体質をつくることにあります。さらに、対策を実践できる人と組織を育てることにあります。ＩＴシステムやＩｏＴが自動的に生き残り策を実践することはなく、それらはあくまでも生き残りの補助手段のひとつに過ぎません。生き残りの基本要素は、工場長・生産スタッフが主導する工場改革以外にないという認識が求められています。

工場改革の11方策

工場生き残りのためには、現在の工場のあり方を基本から改革・改善していく取り組みが求められます。その理由は、すでに述べたような外部・内部環境の変化に対応して生き残るためです。そのために、次の11の基本方策を実践していく必要があります。いずれも工場長・生産スタッフが率先しない限り実現しない方策です。

①「本物の5S」の導入による生産現場体質の改革

変化に対応できる生産現場体質をつくるための基本方策は「本物の5S」をおいて他にありません。非正規社員化（素人化）していく生産現場は「本物の5S」なしに再構築することはできません。2章で「本物の5S」の導入・定着について解説します。

②標準化による人づくり

若手社員、非正規社員の指導育成が、生産現場の人づくりの基本要件になっています。そのために、作業の標準化と人づくりが必要になります。今求められる標準化と人づくりの方法について3章で解説します。

③「見える化」と「コミュニケーション」の強化による変化対応力の高い生産現場づくり

「見える化（見える・分かる・でき

る）」することによって、作業者の育成を速めて、生産現場問題をすばやく捉え、先取り的に解決できる職場づくりが求められています。4章で見える化の実践法について解説します。

④管理者と監督者育成による進化する組織づくり

管理・改革のマネジメントサイクルを回していく管理者と、生産現場の生産マネジメントサイクルを回していく監督者の育成がますます重要になっています。そのための管理者と監督者の育成法について5章で解説します。

⑤新製品開発マネジメント導入による新製品6M垂直立ち上げ

営業によるマーケティングと、新製品開発マネジメント（STPC）を実践することによって初めて、新製品6M垂直立ち上げが可能になります。新製品開発の新たな進め方について6章で解説します。

⑥安全管理と機械設備管理による生産現場リスクの軽減

安全管理と機械設備管理の強化によって、高齢化と素人化による生産現場のリスク対応力を高めることが必要になります。管理力強化の進め方について7章で解説します。

⑦生産管理と品質保証による顧客満足の向上

生産管理と品質保証の強化によって競争力と顧客満足向上を実現することができます。管理力強化の進め方について8章で解説します。

⑧「6M問題解決法」による真の問題解決力の強化

工場内の人の質の低下によって、工場の生産現場で日々新たな問題が発生しています。これらの問題を事実によって捉え、再発防止を狙った問題解決の取り組みの方法について9章で解説します。

⑨ムダとりによる利益創造

人の質が低下する中で、生産現場にムダが多発しています。ムダとりを実践していくことによって、工場に利益が生まれます。どのようにムダとりを進めたらよいかについて10章で解説します。

⑩新たな生産方式の導入によるリードタイム短縮と在庫削減の実現

新たな生産方式によって、リードタイム短縮と在庫削減を実現できるようになります。具体的な進め方について11章で解説します。

⑪生産改革・改善によるコストダウンと本物の利益の創造

コストダウンは、生産改革・改善によって初めて利益創造の効果を得ることができます。生産改革によって、利益を創造する進め方について12章で解説します。

工場長・生産スタッフの持つべき「新行動10原則」とは何か

工場長・生産スタッフの持つべき新行動10原則

工場長・生産スタッフが意識改革・行動改革のために持つべき**新行動10原則**を次に示します。工場長は、常にこれらの行動10原則に基づいて行動することが求められます。

①思い切って工場改革を推進する（イノベーション・マインド）

工場改革とは、小手先の改善ではなく工場管理の仕組みや前提条件の基本を変えることを意味します。そのための方針・目標は、工場改革の不可欠の指針です。方針・目標の設定によって工場改革を効果的に推進することが可能になります。方針・目標は、工場長が先頭に立って推進し、毎月の目標達成状況を推進会議でチェックすることによって初めて達成できるのです。工場長の行動によって工場改革の効果が決まります。（1章参照）

②工場改革の明確な方針・ビジョンを持つ（ビジョン・マインド）

工場改革のために、自社工場の将来ビジョンを明確にすることが求められています。変化の激しい時代だからこそ、中期・短期ビジョンをつくり、工場のあるべき姿のイメージを明確にし、変化にすばやく対応することが求められています。工場の経営ビジョンを明示することで、工場としての方向性が明確になります。

③顧客創造のためにマーケティングを実践する（マーケティング・マインド）

工場利益を創造するためには、**顧客を創造すること**が基本要件になります。そのために、工場改革を徹底して実践することが必要です。さらに、**営業・開発・生産部門が一体になったマーケティングの実践**が求められます。工場長・生産スタッフが中心となって、徹底した工場改革を推進することで、売上・利益確保の徹底に取り組むことが望まれています。（6章参照）

④工場問題を解決する手法を活用する（ソリューション・マインド）

工場長として、山積する多くの問題をすばやく確実に解決することが求められています。工場の品質問題を解決せずに先送りした企業が、「品質偽装」という不祥事の発覚によって崩壊していく例があとを絶ちません。真の問題解決のためには、継続して考え続ける問題意識と、解決の手法の活用が必要となります。そのための手法として、**6M問題解決法**が挙げられます。この手法は、生産現場の問題解決だけでなく、工場長自身の問題解決のためにも効果を発揮します。この手法によって、工場問題の根本解決を目指すことが工場の生き残りにつながるのです。（9章参照）

⑤社員の意識と行動を変革する（チェンジ・マインド）

急速に変化する時代に必要なのは、コア（会社の核となる自律型人材）社員の育成です。コア社員の存在なしに、工場改革はおろか、顧客の要求に対応することも困難になります。また、非正規社員の潜在能力をどう引き出すのかが重要課題になっています。さらに、管理者と監督者の積極的な育成は、変化の多い受注に対応しながら、工場改革を進めていくための重要テーマです。社員を効率的に使っていく時代は終わり、**自律型人材を効果的に育てることが求められて**います。そのために、社員の意識を改革し、社員の行動を改革していくことが必要になっています。（3、5章参照）

⑥「本物の5S」を活用して生産現場を改革する（5S・マインド）

急速に悪化する内部環境の中で、**生産現場の体質を「一体感が持てるように」基本から改革していく**必要が高まっています。そのための唯一可能な手段が**「本物の5S」と3礼**です。非正規社員も参加する全員参加の「本物の5S」によって、やりがいの持てる生産現場づくりに取り組まない限り、生産現場の偽装・隠蔽すら防止することはできないのです。さらに、工場長が率先して、初めて実現できる生産現場生き残りの基本活動が「本物の5S」なのです（2章参照）。

⑦ムダとりの改善活動を実践する（カイゼン・マインド）

環境変化が急速に進展している中で、生産現場には多くのムダが増大しています。ムダには、モノのムダ以外に、管理のムダや見えないムダが大量に潜在化しています。ムダは見えないだけに厄介な代物です。意識のムダ、指示待ちのムダ、やり直しのムダ、運搬のムダ、タテ割り業務のムダなどが工場の利益を食いつぶす結果をもたらします。工場長・生産スタッフが先頭に立って、ムダとり活動を推進することが必要になっています（10章参照）。

SECTION 6

マインドチェンジ・チェックリスト活用で工場長・生産スタッフの意識改革・行動改革を実践せよ

⑧管理の仕組み活用で顧客満足を達成する（マネジメント・マインド）

生産管理と品質保証の仕組み活用によるモノづくりによって、顧客満足を追求していくことが求められています。そのため、管理（マネジメント）の仕組みづくりが必要になり、管理の仕組みを活用できない企業ではＱＣＴ（品質、コスト、リードタイム）を実現できなくなります。生産計画から工程（プロセス）管理に展開することで顧客との納期契約を実現でき、品質保証によるクレームの再発防止で、顧客不満足を解消できるようになります（8章参照）。

⑨新商品・新技術・新生産方式に挑戦する（チャレンジ・マインド）

モノづくり企業の勝ち残りの要件は、付加価値の高い新商品、新技術、新生産方式にチャレンジすることにあります。工場長・生産スタッフが中心になって、新商品を開発し、新技術を生み出し、そして新たな生産方式の導入にチャレンジすることによってモノづくりの競争力を強化していくことが必要になっています（6、11章参照）。

⑩工場リスクの発生を未然に防ぐ（リスクヘッジ・マインド）

今日のように変化の多い時代には、工場で多くのリスクが発生します。特に生産現場においては、労働災害の発生と機械故障の発生によって生産が停止するという深刻なリスクがあります。実際に多くの工場において、高齢化社員・非正規社員の増加に伴う労働災害が急増し、さらに老朽化した機械の故障が多発するという傾向が生じています。工場長が中心になってリスクへの対応策を実施することが求められます（7章参照）。

以上の10のマインド・チェンジに関し、次の「マインドチェンジ・チェックリスト」によって自己の現状把握を行ない、不足するマインドの強化に活用してください。工場長・生産スタッフが使命を自覚すれば、意識が変わり、行動も変わっていきます。

マインドチェンジ・チェックリスト

No	項　　目	現　　状	採点	改善対策
1	工場改革を推進する行動をとっているか(イノベーション・マインド)			
2	工場改革ビジョンを持っているか(ビジョン・マインド)			
3	顧客創造のためのマーケティングを実践しているか(マーケティング・マインド)			
4	工場の問題を解決する手法を活用しているか(ソリューション・マインド)			
5	社員の意識と行動の変革を実践しているか(チェンジ・マインド)			
6	「本物の5S」を活用した現場改革を実践しているか(5S・マインド)			
7	「ムダとり」の改善活動を実践しているか(カイゼン・マインド)			
8	管理の仕組みを活用し顧客満足を追求しているか(マネジメント・マインド)			
9	新商品、新技術、新生産方式に挑戦しているか(チャレンジ・マインド)			
10	工場リスクの発生を未然に防ぐ準備をしているか(リスクヘッジ・マインド)			
[総括]:今後どのマインドの強化が必要か、そのためにどのような行動をとるのか				

SECTION 7

改善力強化

工場改革を推進するために現場力を強化せよ

現場力強化の基盤をつくれ

世界の工場には現場はあるが、現場**力**がありません。筆者は、現役時代に海外で指導に当たっていた頃、そのことを実感しました。一方で、日本には現場力があると言われていました。その理由は、日本の現場には教育水準が高く、よりよい仕事をするために作業改善のできる可能性を持った作業者がおり、それらの作業者が生産現場を維持改善してきた歴史があったからです。

しかしながら、近年の生産現場の人の質の低下によって、現場力が失われようとしています。このような現実を放置したままでは、計画された生産目標の達成はおろか、**品質偽装**が多発し、長年培ってきた顧客からの信頼を失いかねません。このような状況を打破し、生産現場改革の前提条件づくりのために、まず工場長・生産スタッフが先頭に立って取り組まなければならないのが、**失われている生産現場の改善力の復活・強化**なのです。現場力強化実現の成否は、生産現場の半数近くを占めつつある非正規社員の持っている潜在能力（やる気と改善力を含め）を引き出せるか否かにかかっています。そのため、次に述べるステップを真剣に推進していくことが必須要件になります。

現場力強化の基本4ステップ

現場力強化の基本は、生産現場で働く作業者全員が参加して推進することにあります。一人として、無関心な作業者を生み出してはなりません。そのような作業者が、クレームや不良の要因になるのです。全員参加による現場力強化の基本ステップは次の通りです。

ステップ1　本物の5Sの導入により、生産現場を非正規社員や新人社員にとって「見える・分かる・できる」ように変えていく。この取り組みによって、非正規社員や新人社員にやさしい生産現場づくりができるようになります。「本物の5S」の導入なしに現場力強化の取り組みも、生産現場改革も実現できないことを理解しておくことが重要です（2章参照）。

ステップ2 **作業標準化**によって、人財育成の基礎づくりに取り組む。多くの生産現場には一通りの作業標準書は設定されていますが、今日の生産現場では、非正規作業者が主体であり、素人作業者といわれる作業者にとって、分かりやすい作業標準書が必要です。作業標準書の基本的なつくり直しが求められているのです（3章参照）。

ステップ3 **見える化**によって、生産現場の問題をいつでも誰でも見て分かるようにする。そのためにまず、各職場に「見える化管理板」を設置し、生産現場の問題と要因、そして対策を見える化し、偽装・隠蔽のない職場体質**づくりを目指します**（4章参照）。

ステップ4 **人づくり**に取り組み、人が育つ生産現場体質を構築していく。管理者が中心になって推進する「本物の5S」、標準化、見える化が大きな力を発揮します（2、3、4章参照）。

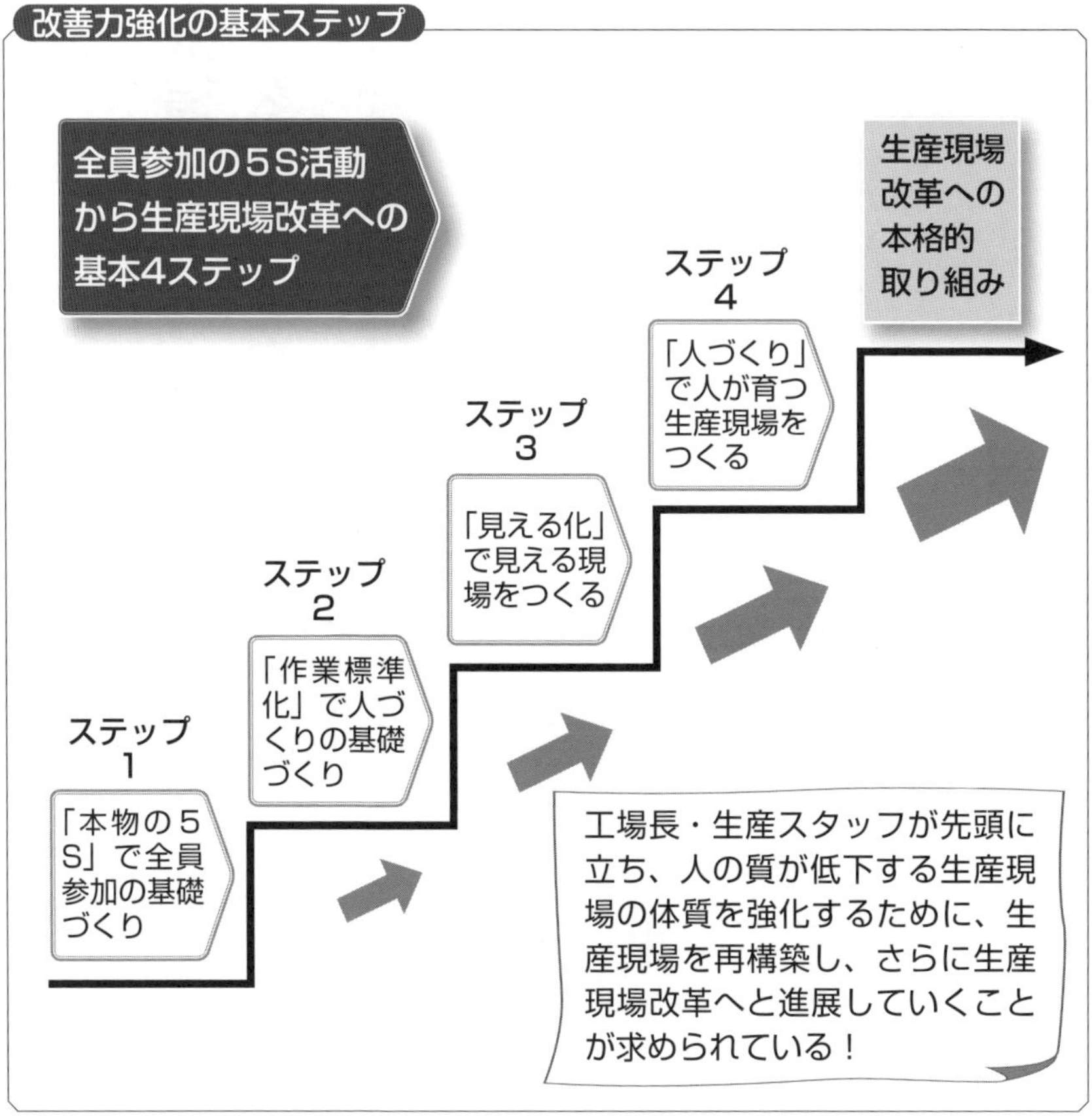
改善力強化の基本ステップ
全員参加の5S活動から生産現場改革への基本4ステップ
ステップ1
「本物の5S」で全員参加の基礎づくり
ステップ2
「作業標準化」で人づくりの基礎づくり
ステップ3
「見える化」で見える現場をつくる
ステップ4
「人づくり」で人が育つ生産現場をつくる
生産現場改革への本格的取り組み
工場長・生産スタッフが先頭に立ち、人の質が低下する生産現場の体質を強化するために、生産現場を再構築し、さらに生産現場改革へと進展していくことが求められている！

SECTION 8

工場改革の成果を把握する業績チェックシートを活用する

工場改革の成果把握の考え方

工場長・生産スタッフが先頭に立って推進する工場改革は、激動する変化環境の中で工場が生き残るための必須事項になっています。そのような取り組みの成果として、付加価値を生み出す競争力と利益創出力、さらにはやる気の持てる職場体質をつくらなければなりません。そのような成果を出すためのポイントは、**生産性、品質、納期、コスト、管理、快善**の6要素において、改革の成果をバランスよく生み出すことにあります。これらの6要素は、相互に関連しており、同時に達成することが求められているのです。

製造部門の業績評価指標

製造部門の業績評価指標として、次の表の項目を設定することが有効です。設定に当たっては、まず現状のレベル、計画された目標、さらに改革に取り組んだ実績と比較し、未達成の場合にはその要因を把握し、さらなる活動で確実な達成を目指すことが必要です。各項目の内容は次の通りになります。

①**生産性**　付加価値生産性を中心に、時間、労働、設備の各生産性指標を設定します。

②**品質**　全工程の品質不良率によって品質つくり込み力を把握し、工程内での不良率、出荷後のクレーム発生率について指標を把握します。

③**納期**　納期遅れ率によって全体的な納期遵守率を把握し、さらに具体的な遅れ日数を把握します。

③**コスト**　製造原価率で利益創出力を把握し、外注費率とコストダウンによる成果指標を把握します。

④**管理**　非正規社員比率で非正規化比率を把握し、労災発生件数で安全管理、直間比率で間接部門の過剰の有無を把握します。

⑤**快善**　快善は、工場改革の推進を支える重要な活動として位置づけられます。快善活動の活性度は、問題発見活動として5Sミーティングと5Sパトロールの実施状況を把握し、快善実施数と内容で把握します。

生産部門の業績評価指標管理表

分類	No.	評価指標	計算式	現状	計画	実績
生産性	1	付加価値率	$\frac{\text{付加価値(生産高－材料・外注費)}}{\text{生産高}}$ (%)			
	2	時間生産性	$\frac{\text{生産高}}{\text{総労働時間}}$ (千円/H)			
	3	労働生産性	$\frac{\text{付加価値(生産高－材料・外注費)}}{\text{人数}}$ (千円/人)			
	4	設備生産性	$\frac{\text{付加価値}}{\text{生産設備投資額}}$ (%)			
品質	5	製品品質 不良率	$\frac{\text{不良品数量}}{\text{総生産数量}}$ (%)			
	6	工程通算 不良率	$\frac{\text{工程中不良品数量}}{\text{総生産数量}}$ (%)			
	7	製造部責任の クレーム発生率	$\frac{\text{クレーム件数}}{\text{総ロット件数}}$ (%)			
納期	8	納期遅れ率	$\frac{\text{遅れ件数}}{\text{総出荷件数}}$ (%)			
	9	平均納期遅れ 日数	$\frac{\text{遅れ日数合計}}{\text{総出荷件数}}$ (日／件)			
コスト	10	製造原価率	$\frac{\text{製造原価}}{\text{生産高}}$ (%)			
	11	外注費率	$\frac{\text{外注費}}{\text{生産高}}$ (%)			
	12	コストダウン率	$\frac{\text{コストダウン金額}}{\text{製造原価}}$ (%)			
管理	13	非正規社員 比率	$\frac{\text{非正規社員数}}{\text{全従業員数}}$ (%)			
	14	労災発生件数	労働災害発生件数（件）			
	15	直間比率	$\frac{\text{間接人員}}{\text{総人員}}$ (%)			
快善	16	5Sミーティング 実施率	$\frac{\text{5Sミーティング実施回数}}{\text{5Sミーティング計画回数}}$ (%)			
	17	5Sパトロール 実施率	$\frac{\text{5Sパトロール実施回数}}{\text{5Sパトロール計画回数}}$ (%)			
	18	一人当たり 快善提案数	$\frac{\text{快善提案数}}{\text{人員}}$ (件数/人)			

2章

「本物の5S」の導入・定着を推進してやりがいの持てる現場をつくれ！

SECTION 1

「本物の5S」の導入・定着

工場長・生産スタッフが率先する「本物の5S」が工場生き残りの基本だ(事例研究)

生産現場の問題と工場長の悩み
[事例1 モノ探しが横行している]

D社の本社工場では、他社工場と同様に、近年は派遣社員が急増している。これは会社の方針として、労務費を減らして利益を確保するための方策であるため、派遣社員やアルバイトの増大傾向がますます強くなっている。しかし、派遣社員が増大した結果として多くの問題が発生している。以前は、時々作業ミスが発生する程度だったし、ある程度の品質不良は以前から続いていたので特に気にとめていなかったが、最近はクレームが増加傾向を示していることに気がつくようになった。

さらに、増加しているクレーム内容は、以前と明らかに異なる低次元の内容が多くなっている。それらは明らかにレベルの低い、手抜きともいえるクレームなのである。派遣社員に直接聞くと、「やることを忘れていました」という返事なのである。山本工場長は、生産現場で働く作業者を観察するようになって、その理由が少しずつ理解できるようになった。それは、派遣社員が本作業開始以前に、モノや材料の準備やモノ探しに多くの時間がかかり、本来の作業にかける時間が不足し、結果として作業の手抜きをせざるを得なくなっているのだ。それでなくても作業に不慣れな作業者が、あわてて作業をしている生産現場を放置しておけば、さらにクレームが増大していくことは明らかである。

山本工場長は、今後ますます派遣社員が増加していく中で、工場を管理し、顧客からも強く要求されるようになったクレーム再発防止にどう対応してよいか悩む毎日である。

生産現場の問題と工場長の悩み
[事例2 駅前広場現象が増えた!]

最近の生産現場は、派遣社員の増加のみならず、若手の新人社員も増加している。両方の社員に共通しているのは、仕事に対する熱意とやる気が欠けているという点である。山本工場長が彼らの仕事ぶりを観察していても、だらだらとけじめのない仕事ぶりであり、時々本人に注意をするのだが、いっこうに効き目がない。さらに困るのは、作業中にもかかわらず、現場を離脱し、モノ探しをしている傾向が明らかに多くなっていることだ。一方で、作業の進め方が分からなくなり、生産現場リーダーを呼んだまま指示待ちをしている作業者も多くなっている。

最近あるセミナーで、最近の工場ではモノ探しをする歩行作業者と、指示を待つ人待ち作業者が増加傾向にあり、これを〝駅前広場現象〟と呼ぶという話を聞いたが、当社の生産現場もよく観察すると同じような傾向になっていることを発見し、山本工場長はショックを受けた。

過去の生産現場と明らかに異なる中で、全員参加の「本物の5S」に取り組むべきであると聞いたが、具体的に何をすべきなのか悩む毎日である。

生産現場がなぜこうなってしまったのか、問題の真の要因は何か？

生産現場で働く作業者の質が明らかに低下し、その結果として素人作業者と呼ばれる不慣れな作業者が、モノ探しや指示待ちをしているし、作業も指導なしにやっている。**素人作業者にとって見える・分かる・できる生産現場づくりに取り組んでいない**ことが工場長の悩みの要因です。山本工場長はこのことに気づいていません。工場長の悩みを本質的に解決し、駅前広場現象をなくすために生産現場の改革が求められているのです。

このような生産現場を工場長はどう変えたらよいのか

今までの生産現場の体質を改革せずに先送りすることは、許されなくなっています。素人作業者でもまともなモノづくりができるようにするために、人づくりと生産現場をどう変えたらよいのでしょうか。そのための基本的な方策が「本物の5S」です。5S活動というと、掃除と片付けが中心というのが一般の工場の常識です。そのような何の効果もない活動とまったく異なるのが「本物の5S」です。導入に際し、特に重要なことは、工場長が先頭に立って推進することが必須条件である点です。

> **①「本物の5S」とは、人づくりをし、生産現場を基本から改革していく全員参加の取り組み。**
> **②「本物の5S」は、工場長が先頭に立って推進していくことによって初めて実現できる活動。**
> **③「本物の5S」は、忙しい生産現場でも着実に効果を発揮する取り組み。**

2章では、「本物の5S」を工場長・生産スタッフがどのように率先し、どうやって推進していくべきかについて具体的に解説していきます。

SECTION 2

全員参加の「本物の5S」で現場体質を変え「現場力」を復活させる

●「本物の5S」とは何をすることか

Q(質問)1 「本物の5S」と今まである5Sとの違いは何ですか?

A(答え)1 「本物の5S」というと、偽物の5Sがあるのかという質問がよくあります。確かに偽物の5Sが存在します。偽物の5Sとは、5S活動が掃除と片付け中心の美化運動になっている現象を指します。残念ながら、多くの工場において同様の傾向になっているのが実態なのです。「本物の5S」とは、派遣社員と若手社員が急増する中で、これらの作業者にとって、見える・分かる・できる生産現場をつくることを目指します。

Q2 **「本物の5S」とは何を目的とする活動ですか?**

A2 「本物の5S」は、駅前広場化していく生産現場を基本から改革することを目指します。「本物の5S」の他に、生産現場をつくり直していく方法はないといっても過言ではありません。その目的として現場力復活を目指します。

①素人作業者でも何がどこにあるかが見える・分かる生産現場をつくる

「整理」によって、不要なモノを排除し、必要なモノだけが職場に配置され、必要なモノが見えるようにします。

②正常と異常の判断ができ、問題を早期に発見できる生産現場をつくる

「整頓」によって、モノと情報を「定置」し、誰でも、いつでも作業をすぐに開始できるようにします。

③生産現場で発生した問題の要因を元から断って再発防止をする

「清掃」によって、清掃・点検し、汚れや問題を発見し、汚れや問題の要因を元から断つことに取り組みます。

④人を積極的に育てる生産現場体質をつくる

職場ルールや作業標準を明確にし、「躾」によって職場の秩序を維持し、人を育成します。

⑤快善(作業者にとって快適な職場をつくるという意味)によって、現場力を復活していく

5Sチームの5Sミーティングと5

Sパトロールで職場の問題を発見し、快善につなげることで、現場力（働く人の協力と、知恵と工夫をする力）を復活していきます。

⑥作業ミスをなくし品質を向上する

「躾」によって、作業者を育成し、定置によってモノ探しのムダを予防していきます。

⑦全員参加でムリ・ムラ・ムダをとり、儲かる生産現場体質をつくる

全員参加の5S活動によって、職場のムリ・ムラ・ムダを排除し、儲かる職場づくりに取り組みます。

Q3 「本物の5S」推進のための工場長の役割は何ですか？

A3 「本物の5S」は、今までの経験者主体の生産現場を素人作業者にも分かるように変えていく全員参加の現場改革活動であり、**工場長が常に率先していかない限り前進しません**。工場長の熱意と率先行動が求められます。

「本物の5S」の最終効果

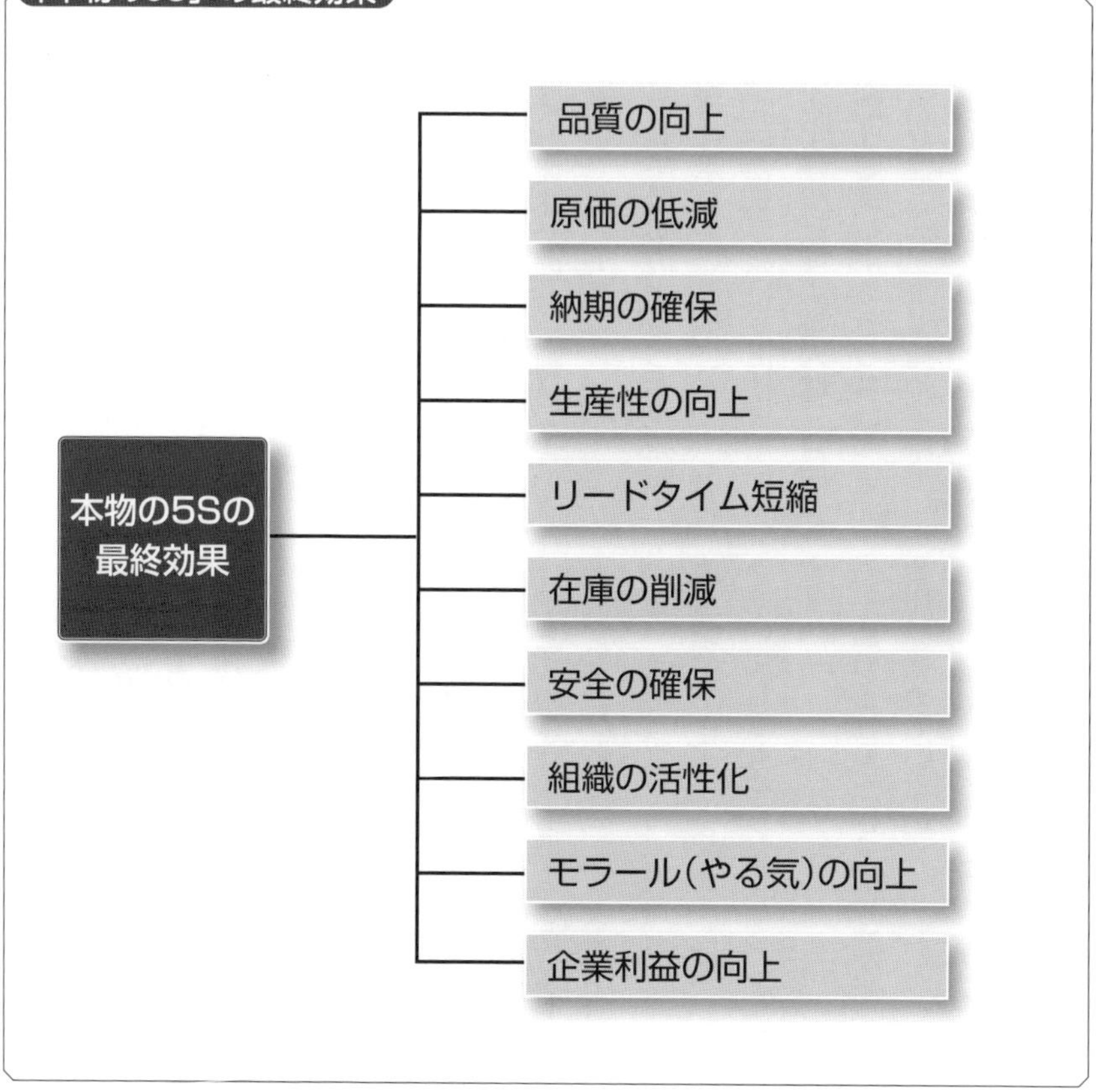

SECTION 3

「本物の5S」の基本プログラム

「本物の5S」によって5Sの停滞を打破する

Q1 5Sを導入しましたが、どうやっても停滞しマンネリ化します。なぜ停滞するのでしょうか?

A1 筆者は、5Sを導入した企業において、うまくいっていない企業の実態調査をした結果として、多くの企業で5Sが停滞しマンネリ化しているという現実を目にしてきました。色々な原因が考えられますが、主な理由として次のことが挙げられます。

①2S・3Sを目的にした常識だけで進めている

多くの企業が取り組んでいる5Sは、実態として2S・3S(整理・整頓・清掃)だけを目的にしています。要するに片付けと掃除だけの活動になり、いずれ停滞していきます。

②何のためにやるのかという目的を従業員に明確に示していない

目的のはっきりしない、掛け声だけの活動は必ず停滞します。**人は、目的のない活動は継続しようとしない**からです。その背景には、工場長や生産スタッフ自身が生産現場の実態を把握していないという問題があります。

③工場長と生産スタッフが先頭に立って進めていない

いまだに5Sは生産現場が自主的に進める活動であるという間違った認識を持っている工場長を多く見かけます。非正規社員や若手社員が増加する中で、工場長や生産スタッフが先頭に立って進めない限り、5Sは停滞するしかありません。

④活動時間がないため従業員がいやいややっている

5S活動は仕事時間の一部として実施することが必要になります。暇があったらやろうという考えでは、活動時間を確保できず、〝やらされ感〟によっていずれ誰もやらなくなってしまいます。

⑤一部の正社員だけで取り組み、全員参加で進めていない

一部の正社員だけでやっているケースも多く見かけます。確かに、正社員が多数を占めていた時代には意義がありましたが、非正規社員が多数を占める近年では、意味のない活動になってしまいます。

⑥生産現場に必要な新たな全員参加の「本物の5S」を導入していない

すでに述べた、現場問題を解決して、**新たな時代に生産現場が生き残るための活動として生み出されたのが、全員参加の「本物の5S」**です。

Q2 「本物の5S」をうまく導入するポイントには何がありますか?

A2 「本物の5S」は、成り行きで導入しても決して継続・定着に成功することはありません。そのために、**5S導入の基本プログラム**に従って導入することが必要になります。多くのモノづくり工場がせっかく「本物の5S」を導入しても、結局は定着せずに停滞・マンネリ化していく理由として、5S基本プログラムと関係のない経験だけの5Sで定着できるという安易な考え方が必ずあります。「本物の5S」導入の重点は次の事項です。

①工場長と生産スタッフが先頭に立って推進する

「本物の5S」の導入は、工場長と生産スタッフが先頭に立って推進することが基本になります。そのため、非正規社員や若手社員が増加する生産現場では、工場長の熱意ある率先行動が不可欠になります。

②6ヶ月ごとに5Sサイクルを回す

昔の日本人の生活サイクル(お盆と正月で1年のサイクルが回る)に合わせ、年2回サイクルで推進します。**サイクルの区切りは、5Sコンクール**になります。

③導入準備事項を実施した後に5Sキックオフから開始する

「本物の5S」は、全員が参加して進めることが基本です。そのために、キックオフを開催して5S活動に参加することを全員で誓います。

④整理の次は清掃で工場をお風呂に入れる

導入段階での、整理の次は整頓ではなく清掃です。それは、整理によって不要品が大幅に排除され、長年の大きな汚れが表面化するためです。そのため、不要品処分後に、全員参加で工場を一斉清掃します。

⑤5Sパトロールで問題を発見する

5Sチェックリストの活用で生産現場を観察し、問題を発見します。

⑥職場ミーティングと5S委員会で5Sを定着させる

5S職場ミーティングで現場の声を吸い上げ、5S委員会で推進上の問題を検討し解決します。

⑦5Sコンクールで活動を評価する

5S活動に参加し、優れた活動を表彰し、快善の努力に報います。

SECTION 4

成功の3原則と導入準備

「本物の5S」成功3原則と導入準備事項が継続と定着の秘訣だ

Q1 「本物の5S」の継続と定着の秘訣を教えてください。

A1 「本物の5S」は基本プログラムに従って推進していきますが、定着の秘訣として、**成功3原則**があります。さらに、5S活動を開始するまでの**準備事項**も、「本物の5S」を定着させるための重要事項です。

Q2 「本物の5S」成功3原則とは何をどうすることですか?

A2 成功3原則とは次の事項です。

原則1 工場長と管理者が先頭に立って推進せよ!

「本物の5S」の先頭に立って推進するのは工場長です。現場任せの5Sではやった振りだけの中身のない活動になります。そのため、工場長が先頭に立つことが必要なのです。さらに、**5S推進委員として、管理者(部課長)を指名します。管理者が率先して「本物の5S」活動の手本となることが大事**なのです。「本物の5S」とは、美化運動ではなく、生産現場を改革する活動を目指します。導入当初は、一般社員には分からないことが多いため、推進委員である管理者が「本物の5S」について学習し、自らやって見せることが必要なのです。

原則2 全員参加で推進せよ!

「本物の5S」は社員全員が参加して実践することが基本です。「本物の5S」の5Sメンバーには一人の例外もいません。正社員、派遣社員、パート社員、アルバイト社員など全ての働く人が参加する活動なのです。

原則3 オンタイム(時間内)に活動せよ!

「本物の5S」は仕事の一部として就業時間内に実施します。なぜなら、**「本物の5S」の目的は、職場のムリ・ムラ・ムダをとることによって、社員全員が楽に、早く、確実に作業を実施できる職場づくりを目指している**からです。もし、時間外にやろうとすると、今日は忙しいからと先延ばしにして結局は消えてしまいます。そのため、就業時間内(約10分間)に活動することが5Sを継続する原則なのです。

Q3 「本物の5S」の準備事項とは何をどうすることですか?

A3 5S活動開始の前に、次の準備事項を実施します。今後の定着のためには、しっかりした準備事項を欠かすことはできません。

①「本物の5S」の基本学習をする

5Sについての基礎知識を学習し、正しい進め方を理解し活動します。推進委員と5Sリーダーが本物の5Sのテキスト(参考図書『5S導入ハンドブック』かんき出版)で学習し、次に従業員全員に指導します。

②全員参加の推進体制をつくる

社長または工場長が委員長となり、管理者は推進委員となり、5S活動を積極的に推進する役割を担当します。**5S活動の対象者は、企業内で働く人全員**です。パート、派遣社員、アルバイトなど企業で働く人全ての人を含む推進体制をつくります。

③5チームを編成する

5Sチームは、原則として**5名**で編成します。これ以上の人数だと機動的な活動ができず、やらない人がいても分からなくなるからです。次に、**リーダーとサブリーダーを指名**します。

④5S推進委員を指名する

管理者(部課長)には、5S推進委員として5S推進の責任を持ってもらいます。

⑤5S事務局を設置する

5S事務局は、課長クラスが事務局長になり、若手が委員になって3~4名で編成し、各5Sチームの活動を継続的に支援します。

⑥5S推進区を掲示する

5S活動をする担当場所を推進区として決め、図にして職場に掲示します。

⑦組織図と5S定義を掲示する

5S推進組織全体図と「5Sの定義」を食堂など皆が集まる場所に掲示し、定義を繰り返し声に出して唱和させることによって、繰り返し5Sの本当の意味を理解させていきます。

⑧5S看板の設置

工場の入り口に「本物の5S運動推進中」の大きな看板を立て、内外に当社が5Sに取り組んでいることを知らせます。全従業員が毎日5S看板を目にすることによって、不退転の取り組みを意識できるようになります。さらに、お客様の営業マンが活動を知り、信頼をもってくれるようになります。

⑨5Sキックオフの開催

5Sの取り組み開始を宣言するために、全従業員や関係者全員の出席の上でキックオフ大会を開催します。社長、5S推進委員、5Sリーダーが、不退転の気持ちで5Sに取り込むことを宣言することによって、翌日からの5S活動につなげていきます。

「本物の5S」の基本プログラム（導入前半期）

区分	項目　　月	1	2	3	4	5	6
整理	1）キックオフ·整理の進め方の説明	━					
	2）整理の計画	━					
	3）不要品の摘出	━	━				
	4）不要品の判定		━				
	5）不要品の集積・処分		━	━			
清掃	6）清掃の進め方の説明		━	━			
	7）清掃用具の見直し・整備			━			
	8）一斉大掃除の計画と実施			━			
	9）日常清掃ルールの作成・実施				━		
整頓	10）整頓の進め方の説明				━		
	11）実施計画書作成				━	━	
	12）整頓の実施					━	━
	13）運用ルールの作成・実施						━
躾	14）躾の進め方の説明		━				
	15）「あ·じ·か·げん」の実施			━	━	━	━
5Sパトロール	16）自主パトロール	○	○	○	○	○	○
	17）相互パトロール	○	○	○	○	○	○
	18）推進委員パトロール	○	○	○	○	○	○
	19）委員長パトロール	○	○	○	○	○	○
行事	20）5S職場ミーティング（月2回）	○	○	○	○	○	○
	21）5S委員会	○	○	○	○	○	○
	22）5Sコンクール						○

注：1．5Sパトロールは「5S点検チェックリスト」（P.51）を使用し実施する。
　2．5S職場ミーティングは5Sチーム推進の原動力となる場であり、必ず月2回、就業時間内に10分程度開催する。
　3．5S委員会は工場トップと推進委員、並びに5Sリーダー出席の上、毎月1回開催する。

「本物の５Ｓ」の準備事項

５S推進組織図

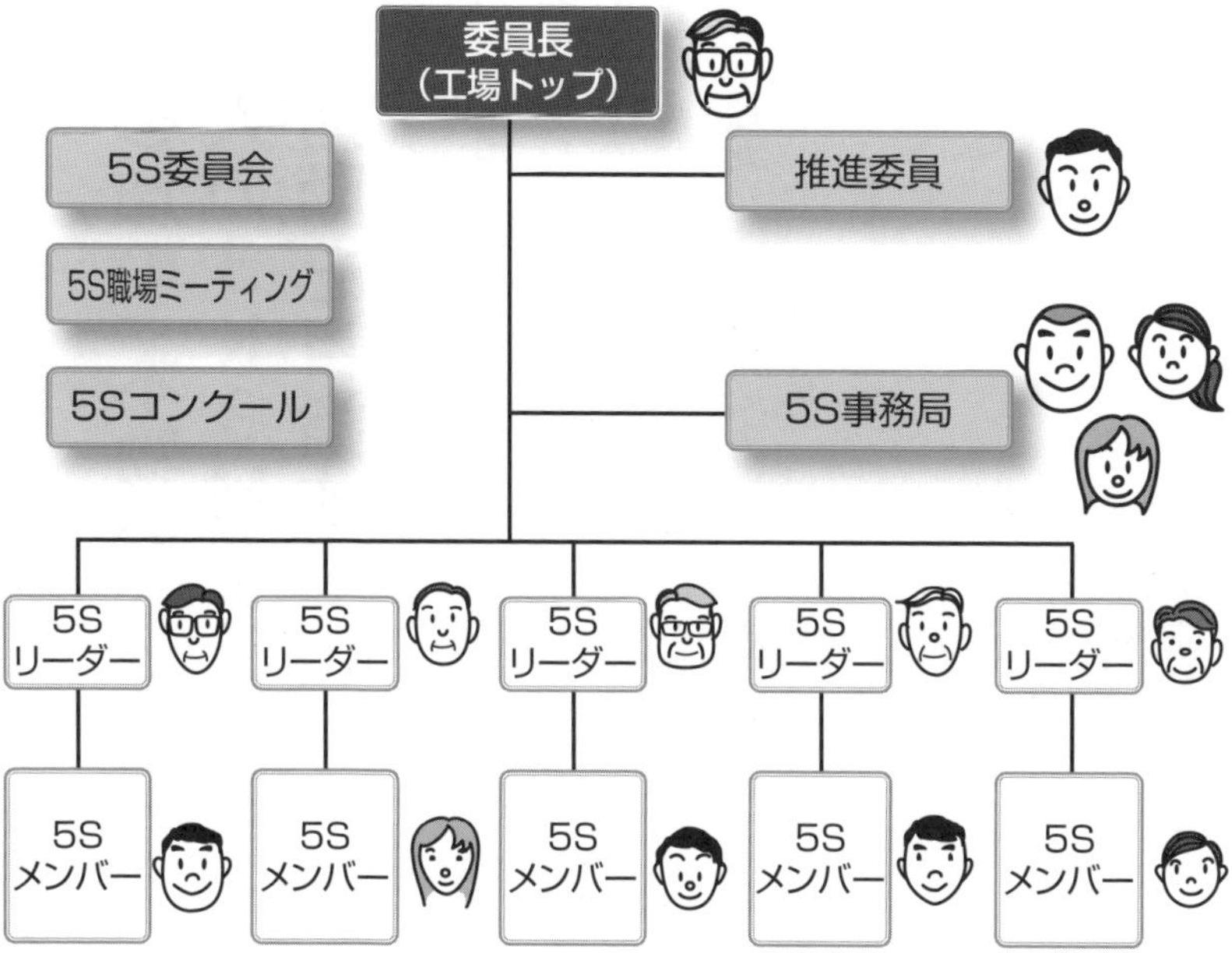

5S看板

5S推進区

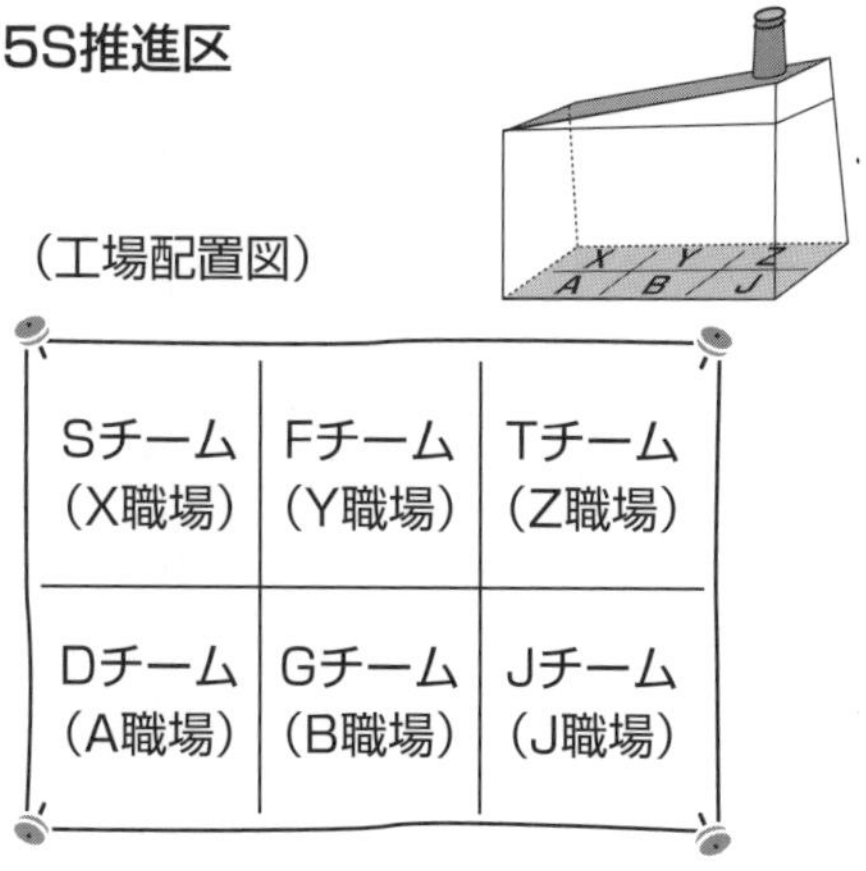

SECTION 5

3K3Mをとる

全員参加の「本物の5S」で働く人の3K3Mをとる活動を目指す

Q1 最近の生産現場では、今までにない問題が発生していると聞きましたが、なぜ発生するのですか?

A1 生産現場に発生している人の質の低下が、さらに新たな生産現場のトラブルを発生させています。最近の生産現場では、次のようなトラブルが多発する傾向を示しています。

・労働災害の増加
・初歩的品質不良の増加
・機械設備故障の増加
・低次元クレームの増加
・生産ラインのトラブルの増加
・コミュニケーションの欠落

これらのトラブルに関し、最近の発生内容を見ると、その傾向は明らかに悪化しています。例えば、労働災害についてみると高齢化社員に関わる過去にない重大災害、未熟な作業者による低次元の品質不良とクレームが多くなっています。その結果、今までの検査をすり抜けてクレームになり、あまりの次元の低さから、顧客の信頼を失う結果になっているのです。即ち、トラブルの内容が今までになかった悪化傾向が見られるのです。今後、これらのトラブルはますます増加する傾向にあり、その結果によっては〝品質偽装〟というような経営危機を生ずる恐れもあるのです。

Q2 新たに発生している生産現場問題の原因には何があるのですか?

A2 新たに発生しているトラブルの原因には**3K・3M問題**があります。このことを理解しない限り、問題解決はできなくなります。

すでに述べたように、背景に生産現場の顕著な人の質の低下があるからなのです。この変化は、近年急速に全国の生産現場に広がっています。主には、次の変化です。

・高齢化
・非正規社員の増加
・若い新人社員の参入
・働く人の格差（知識、経験）の拡大

これらの現象が急速に進む中でトラブルが増加しているのです。しかしながら、これらのトラブルが突然に生じているかというと、そうではありません。通常トラブルは、必ず**前兆**を伴います。労働災害が発生する前には、ヒヤリハット（ヒヤッとしたり、ハッとするケガの前兆）があり、生産現場全体にキケンやキツイが生じています。さらに、指導育成されないまま仕事につく非正規社員の中に、ムリ（指示された通りの作業の達成が難しい現象）が生じています。

Q3 3K・3M問題に対してどう取り組んでいけばよいのでしょうか?

A3 **3K・3Mに対して**、次のような安全・安心が確保できる生産現場づくりが必要になります。3K・3Mという新たな現象に対してやるべきことは、新たな人の変化に対して**安全な生産現場づくりと人づくり**です。高齢者や新人社員にとって安全な職場環境をつくることが第一優先です。次に、作業者の短期育成による人づくりをやって、安心して品質をつくり込める作業を実現することが求められます。

①新たな3Kに対して何をすべきか

3K（キケン、キツイ、キタナイ）とは、生産現場の新たな実態を意味します。今まで無災害であった職場に突然のごとく重大災害が発生し、その後、連鎖反応のごとく災害が発生する傾向が出ています。このような現象に対してまず打つ手としては、主に次の現状把握が必要です。

・働く人たちが感じる危険な現場や兆候の声（ヒヤリハット）を吸い上げ、安全対策を打つ
・生産現場をパトロール（観察）し、高齢者にとって、キケン、キツイ、キタナイに関する実態調査をする

②3Mに対して何をすべきか

ベテラン社員が活躍した時代には、3M（ムリ・ムラ・ムダ）現象は生産現場には見られませんでしたが、近年の生産現場では多発しているのです。その結果として発生しているのが、今までになかった低次元クレームです。その要因はなんと言っても、経験不足の作業者が急増していることにあります。品質トラブルの前兆である3Mを取るには、次の対策が必要になります。

・経験の少ない作業者が、どこで何をどれだけ準備したらよいかが見える職場環境をつくる
・作業者を指導育成して、指示された作業ができる職場をつくる

③3K・3Mをとって3Aを実現する

3K・3Mは、生産現場の変化によって発生する労災やクレームの前兆現象です。**「本物の5S」で、3K・3Mを積極的にとり3A（安全・安心・安定）を実現する**ことによって初めて安全で安心な生産現場が生まれます。

SECTION 6

「整理」の進め方

「整理」とは何をどうすることなのか

Q1 「整理」は何をすることですか？

A1 「整理」とは、捨てることだけを意味しません。「本物の5S」では、「整理」とは「理」に従って「整」っていることを意味します。「理」は、作業者にとっての道理、理屈、理解を意味します。「整理」の反対語は「無理（ムリ）」、です。ムリから生まれるのは、現場丸投げと手抜きだけです。

「整理」の定義は次の通りです。

> 要るモノ・情報と要らないモノ・情報を、使用頻度に基づいて区分し、要らないモノと情報を処分すること。

不要品に対し、不用品という言葉を使用している進め方を見かけますが、ただ捨てるだけの活動で終わっています。**「整理」の目的は、使用頻度の高いモノと情報をすぐに使用できる鮮度の高い生産現場づくり**にあります。

Q2 「整理」導入の進め方はどうやったらよいのでしょうか？

A2 導入は次のステップで進めます。

ステップ1 整理基準表の作成

整理基準表とは、整理をするための判断基準の一覧表です。不要品であるかどうかの判断基準ですので、工場長が承認した上で、全ての職場で使用します。作成に当たり、工場内の全てのモノと情報に関し、未使用期間（使用しなかった期間）を設定します。

ステップ2 不要品の選定

「整理」の第二段階は、整理基準表に基づき使用頻度の低いモノと情報の選定です。選定は、整理基準表の一次判定者が実施します。次に、不要品に不要品伝票（通称「赤札」と呼ばれる）を貼り付けます。

ステップ3 不要品の処分

不要品の搬出場所を決め、不要品と判定されたモノと情報を職場から搬出します。搬出する際に、赤札を見て処分することの痛みを感じます。

ステップ4 再発防止対策

処分を実施したら赤札を事務局が回収します。処分結果を集計し、今後の再発防止対策に活用します。

「整理」のツール

整理基準表（記入例）

対象	内容	未使用期間 (今までどのくらいの期間使用しなかったのか)	不要品摘出	1次判定	2次判定	不要品リスト
製品	完成品	製造日から6ヶ月経ったモノ	○	推進委員	部長	○
仕掛品	工程内	製造日から3ヶ月経ったモノ	○	推進委員	部長	○
部品材料		購入日から6ヶ月経ったモノ	○	5Sリーダー	推進委員	○
機械設備	加工用	12ヶ月使用していないモノ	○	推進委員	部長	○
治工具		6ヶ月使用していないモノ	○	5Sリーダー	推進委員	○
消耗工具		3ヶ月間使用していないモノ	○	5Sリーダー	推進委員	○
サンプル	試作用	6ヶ月使用していないモノ	○	5Sリーダー	推進委員	○
運搬具		3ヶ月使用していないモノ	○	5Sリーダー	推進委員	○
標準見本		有効期限の過ぎたモノ	○	推進委員	部長	—
測定具		6ヶ月間使用していないモノ	○	5Sリーダー	推進委員	○
消耗品		3ヶ月間使用していないモノ	—	5Sリーダー	推進委員	—
事務用品		3ヶ月間使用していないモノ	○	5Sリーダー	推進委員	—
文房具		一人1個以上所有のモノ	○	5Sリーダー	推進委員	—
文書		文書管理規定による	—	5Sリーダー	推進委員	—

不要品伝票（赤札）

不要品伝票（赤札）（作成日：　年　月　日）

品名：	品番：	数量：	作成者：

分類：□製品　□仕掛品　□部品材料　□機械設備　□治工具　□運搬具
□サンプル　□標準見本　□測定具　□事務用品
□その他（　　）

理由：□注文変更　□作りすぎ　□生産計画不備　□設計変更
□過剰発注　□加工組立不具合　□品質劣化　□用途消滅
□その他（　　）

処分：□返却　□廃棄　□転用　□売却　□手直し　□その他（　　）

判定者	1次		2次		最終	
判定日	年　月　日		年　月　日		年　月　日	

SECTION 7

●「整頓」の進め方

「整頓」とは何をどうすることなのか

Q1「整頓」は何をすることですか?

A1「整頓」とは、単に並べ替えることを意味しません。「整頓」とは、「頓(すぐ)に整い」、すぐに作業に取りかかれるような生産現場をつくることを意味します。整頓の反対語は、「無等(ムラ)」です。ムラの多い職場は、やってみなければ分からない、成り行きだけの不安定職場になっていきます。そのようなことを防ぐため、「整頓」では次の活動から取り組んでいきます。

> 必要なモノ・情報を定置(所定の場所、置き方、モノと場所の表示方法を決めること)し、誰でも、いつでも、必要な時にすぐ、見える、分かる、できるようにすること。

「整頓」活動は、定置に始まり、定置で終わります。整理が実施され、必要なモノと情報が明確になったら、整頓で仕上げていきます。「整頓」は、**全員参加で知恵を出し工夫改善していく活動**です。定置なしに、非正規社員や新人社員のモノ探しをなくし、駅前広場化を防ぐことはできないのです。

Q2「整頓」導入の進め方はどうやったらよいのでしょうか?

A2 導入は次のステップで進めます。

ステップ1 整頓対象を設定する

何を整頓の対象にするか決めます。

ステップ2 置き場所を決める

整理に基づく、使用頻度に応じた置き場所を設定します。

ステップ3 置き方を決める

取り出しやすく、戻しやすい置き方を設定します。**定置は、いかに戻しやすくできるかを関係者が参加し、工夫快善することが成功のポイント**です。

ステップ4 表示をする

モノと場所の両方に、一目で分かる表示方法を工夫します。

ステップ5 整頓道具を準備する

5S事務局が整頓道具を準備し、すばやく提供します。

ステップ6 整頓日程と分担を決める

日程と分担を決め、実施します。

「整頓」のツール

①整頓の小道具

整頓の小道具

- **筆記用具**
  マジック、マーカー、ボールペン
- **印字機**
  ラベルライター、色テープ
- **パソコン、コピー**
  インクジェットプリンター、
  コピー用紙
- **表示道具**
  ホワイトボード、マグネットシート
  マグネット、プレート、ラベル
- **接着剤**
  接着剤、接着テープ、接着ラベル

②工具管理板

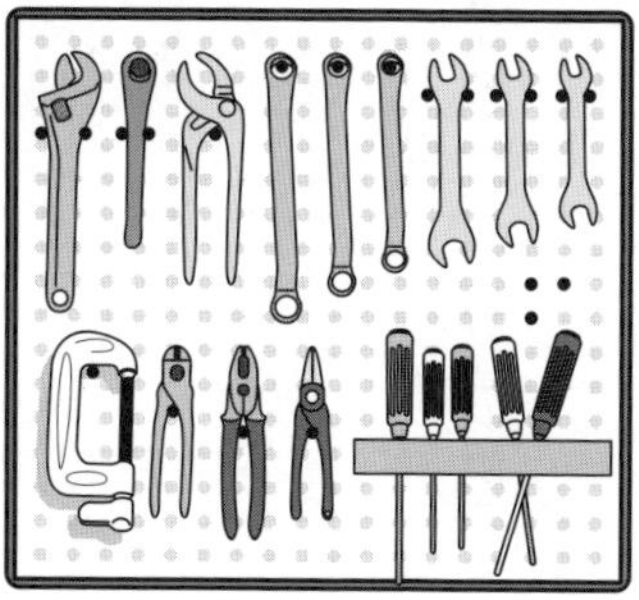

③生産管理板

品目	時間	計画数	実績数	差異
ABC	9:00	100	80	−20（20）

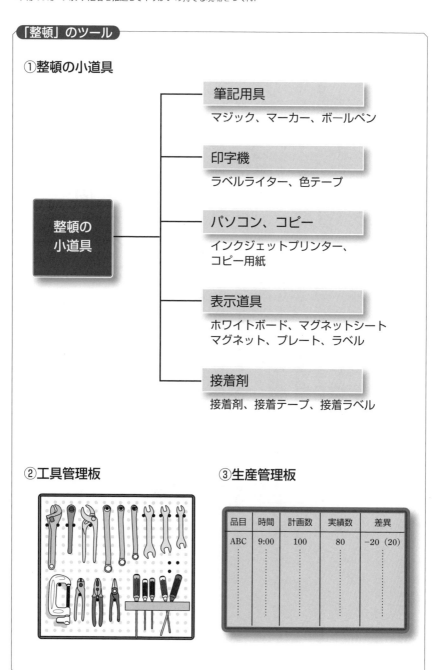

SECTION 8

「清掃」の進め方

「清掃」とは何をどうすることなのか

Q1 「清掃」は何をすることですか?

A1 「清掃」とは、ただ掃除をすることだけを意味しません。「本物の5S」では、「清掃」とは職場を「掃(みが)き」上げ、「清(クリーン)」にすることを意味します。掃くことは磨くことに通じます。清掃の反対はムダ(無駄)です。ムダは付加価値を生まず、手抜きとマンネリを生み、問題を解決せずに棚上げしたまま先送りします。そのようなことを防止するため、「清掃」とは次のように定義されます。

> 「清掃」とは、モノと情報を加工した結果を清掃・点検し、汚れや問題の要因を追究し、快善によって磨き上げ、絶えず進化する体質をつくること。

「清掃」では、まず全員参加の掃除活動から始め、次に**汚れの要因を追究し、問題発生の元を断つ活動**を実践します。さらに、そもそも掃除という付加価値を生まないムダな行為をなくしていく活動に展開していきます。

Q2 「清掃」導入の進め方はどうやったらよいのでしょうか?

A2 導入は次のステップで進めます。

ステップ1 大掃除の実施

不要品処分の後、空いたスペースの表面化した長年蓄積した汚れを取り除きます。

ステップ2 汚れ発生源を突き止める

大きな汚れの発生源を突き止めます。

ステップ3 清掃方法を決める

「清掃ルール表」と「清掃分担点検表」を作成します。

ステップ4 清掃道具を整備する

全員に必要な清掃道具をそろえ、全員参加の清掃を準備します。

ステップ5 全員参加で実施する

清掃を全員参加で実施します。

ステップ6 汚れの発生源対策をする

汚れの発生源を突き止め、汚れ防止対策を実施します。

ステップ7 快善活動でムダとり

清掃活動で、汚れ・問題の元を断ち、ムダとり快善を実施します。

「清掃」のツール

清掃ルール表

清掃ルール表　（職場名：　　　　　　　　）

1．各5Sメンバーは、清掃ルール表に従った清掃分担箇所を、時間内に、効率よく、清潔な職場を目指して清掃を実施してください。

2．毎日清掃は、始業時に7分間実施します。
毎週清掃は、毎週金曜日16:00より15分間実施します。
毎月清掃は、毎月第4週の水曜日に16:00より20分間実施します。

3．毎日清掃は、床の拭き掃除、作業台の上の拭き掃除、モップがけ、ゴミ捨て、機械や工具の簡単な拭き掃除、事務机の上の拭き掃除　等
毎週清掃は、くもの巣取り、蛍光灯の拭き掃除、機械の下の掃き掃除、パソコンの拭き掃除、汚れの目立つ場所の拭き掃除　等
毎月清掃は、機械の上や隅の拭き掃除、床や天井の汚れ取り、窓や手すりの拭き掃除、机･ロッカー・扉の汚れ取り　等

5S清掃分担点検表

5S清掃分担点検表　（職場名：　　　　　　　　）（　　年　　月）

種類	清掃場所	担当者	実施時間	清掃用具	1	2	3	4	5	6	7	8	9	10	20	21	22	23	24	25	26	27	28	29	30	31
毎日清掃																										

SECTION 9

「清潔」とは何をどうすることなのか

Q1 「清潔」は何をすることですか?

A2 「清潔」とは、ただキレイにする活動だけを意味しません。「本物の5S」では、「清潔」とは、「潔（いさぎよ）」く「本物の5S」を実施し、「清（クリーン）」にすることを意味します。「本物の5S」には「清潔」という活動はないのですが、なぜ「清潔」が4番目に位置づけられているのでしょうか。それは、**「本物の5S」の活動の中で、最も難しいのが、整理、整頓、清掃、躾を毎日、仕事の一部として徹底してやり続けること**だからです。多くの企業では5Sをやっていると言いますが、実際には、清掃と片付けだけの美化運動になっています。

「清潔」は、次のように定義します。

「清潔」とは、整理・整頓・清掃・躾を仕事の一部として毎日継続・徹底し、いつ誰が見てもスッキリとした、ムリ・ムラ・ムダのない職場を維持・快善すること。

「清潔」の反対語は、不潔です。「本物の5S」を継続・徹底できない職場は、薄汚れ、活気のない暗い体質をもたらします。「清潔」とは、ただきれいにする活動ではありません。5Sの乱れは職場の乱れを示すサインです。1日やらなければ、2日、3日と先延ばしになり、「本物の5S」の火が消えてしまいます。その結果、職場のムリ・ムラ・ムダが増大するのです。

Q2 「清潔」の進め方はどうやったらよいのでしょうか?

A2 定着を目指した清潔のために次の活動を実施します。

①全員が参加して5S活動を実施する**5Sタイム**（1回10分程度）を設定し、継続して実施します。

②**5S点検チェックリスト**を活用し、5Sパトロールで職場の問題や乱れを発見します。

③**5S職場ミーティング**によって職場の声を吸い上げます。

④**5S推進委員**が先頭に立って5Sを実施し、5S推進の手本を示します。

「清潔」のツール

5S点検チェックリスト

対象職場		点検者		点検日				月　日
区分	点　検　項　目	評　価　点						(点検中に気づいた点)
		5	4	3	2	1		
整理	①不明なモノが職場にないか							
整理	②不要な部品・材料・仕掛品がないか							
整理	③不要な工具、治具がないか							
整理	④不要な不良品、サンプルがないか							
整理	⑤不要な箱や容器がないか							
整頓	⑥文房具類は定置されているか							
整頓	⑦ファイルの背表紙が表示されているか							
整頓	⑧不良品、サンプルは定置され、表示されて置かれているか							
整頓	⑨仕事の道具は取り出しやすく置かれ、表示されているか							
整頓	⑩モノの置き方に探しにくさがないか							
清掃	⑪職場にゴミ、ホコリはないか							
清掃	⑫机やOA機器周辺は清掃されているか							
清掃	⑬清掃ルール通りに実施しているか							
清掃	⑭汚れ発生源対策は実施しているか							
清潔	⑮職場は衛生的で清潔か							
清潔	⑯スッキリした職場が維持されているか							
清潔	⑰清潔の定期点検は実施しているか							
躾	⑱職場ルールは明確になっているか							
躾	⑲5S活動は定期的に実施しているか							
躾	⑳職場全員で挨拶を実施しているか							
	小　計							合計点数：
対策								

注：採点は、十分＝5点、要快善＝3点、なし＝1点とし、総合点60点以下は対策が必要。

SECTION 10

「躾」の進め方

「躾」とは何をどうすることなのか

Q1 「躾」は何をすることですか?

A1 「躾」とは、礼儀作法を教えることだけを意味しません。「本物の5S」では、「躾」とは、「身」に付いて自然に「美」しく実行できるようにすることを意味します。「躾」では、職場ルール(5Sルール、職場規律、作業標準)を身に付けさせることが基本です。派遣社員が増大する多くの職場では、「躾」が徹底せず、作業ミスやクレームが発生しています。このようなことを防ぐため、「躾」を徹底することが工場の重要課題になっています。

「躾」は、次のように定義します。

> **「躾」とは、職場ルール(5Sルール、職場規律、作業標準)を徹底して身に付けさせ、さらに「人づくり」をし、人財を育成していくこと。**

「躾」の反対語は、〝放置〟です。作業者をしっかりと「躾」し、**指示された作業を確実に実施できる人づくりが「躾」の目指すところ**です。

Q2 「躾」の進め方はどのようにやったらよいのですか?

A2 近年、教育現場の崩壊、家庭の崩壊が社会問題になっています。要は、「躾」が社会・学校・家庭から消えつつあるのです。そのため、新人や派遣社員による常識のない行動によって、職場がトラブルに巻き込まれるケースが多くなってきています。「躾」導入のステップは次の通りです。

ステップ1 あいさつ(挨拶)運動

〝おあしす〟を声に出し実行します。

ステップ2 じかん(時間)を守る運動

決められた時間通り5S活動を始め、終わらせことを実行します。

ステップ3 かんが(考)える運動

知恵を出し、快善を実行します。

ステップ4 さんげん(三現)主義

現場・現物・現実に基づき行動します。

ステップ5 職場ルールの設定と指導

職場ルールを設定し指導します。

ステップ6 実施状況の観察と再指導

実施状況を観察し、必要なら再指導します。

「躾」のツール

[あ・じ・か・げん] 運動

「本物の5S」の「躾」は、「あ・じ・か・げん」を実行することが基本であり、職場全体が働きがいのある職場に生まれ変わっていきます。

あ＝挨拶

・“おあしす”運動で、明るい挨拶ができる職場づくりをすることが必要です。“おあしす”運動とは、職場の基本的な挨拶を意味します。このような挨拶を、職場の従業員全員がしっかりとできるようになるためには、職場全員の努力が必要です。挨拶のできない職場にチームワークは期待できません。次の挨拶を必要な時に、必ず口に出す運動を全員が実践していきます。

おはようございます（朝の挨拶の言葉）
ありがとうございます（感謝の言葉）
しつれいします（帰宅時の言葉）
すみません（反省の言葉）

・声の出ない職場からは、新たなテーマへのチャレンジや、職場の快善活動も生まれません。声が出るようになれば、自分の意見を声に出すようになり、意見を出すための問題意識を持つことができるようになります。

じ＝時間・時刻

・決められた時刻を守り、「5Sミーティング」を予定通りに始め、予定通りの時間でアイデアを出し、終了する習慣をつけます。

か＝考える・快善する

・職場全員が自ら進んで“考え行動する能動的人間”を目指します。
・思いついたアイデアは快善アイデアにし、「5S実施計画表」に基づいて快善の実現化に取り組みます。

げん＝現場、現物、現実（三現主義）

・現場、現物、現実を基準に的確な行動を目指します。
・そのために、三現主義によって全員参加で職場問題を発見し、快善活動に展開できるように取り組みます。

SECTION 11

「本物の5S」でオフィスの問題を「見える化」する

●オフィスの「本物の5S」

Q1 **オフィス問題がなぜ「本物の5S」で快善できるのですか?**

A1 「本物の5S」で初めて、オフィスの業務と問題を「見える化」できるようになります。生産現場がモノを加工するのと同様に、**オフィスワーク（事務所の管理・間接業務）は情報を加工する作業**です。にもかかわらず、特別な業務をしていると勘違いしている人が多いのが現実です。その結果として、次の問題点が発生しています。

・作業レベルが低下しても分からない

・時間管理のない作業をしている

・快善と無縁になっている

オフィスワークは事務作業であるという理解が必要です。そのため、オフィスの問題を「見える化」する「本物の5S」導入が必要になるのです。

Q2 **オフィスの「本物の5S」では何をどう進めたらよいのですか?**

A2 オフィスワークはモノづくり職場と異なり、何がどうなっているかが見えない職場であるために、快善を進めにくい状況にあります。さらに、派遣社員を活用できず、オフィスは工場の抵抗勢力になっています。そのために、「本物の5S」を導入し、次のステップによってオフィスワークの「見える化」に取り組むことが必要になっています。

①整理
ワンベストによってオフィスの不要品の処分と意識改革をします。

②整頓
机の上と引き出しの定置、さらに**フアイリングの仕組み**を導入します。

③清掃
オフィスの清掃基準づくりをし、**全員参加の清掃活動**を実施します。

④清潔
職場ミーティングと**5Sチェックリストによる職場パトロール**で問題を発見し快善します。

⑤躾
オフィスの**「あじかげん」運動**によって、全員の意識を変え、さらに職場ルールの指導を実施していきます。

オフィスの5Sツール

オフィスの「見える化」

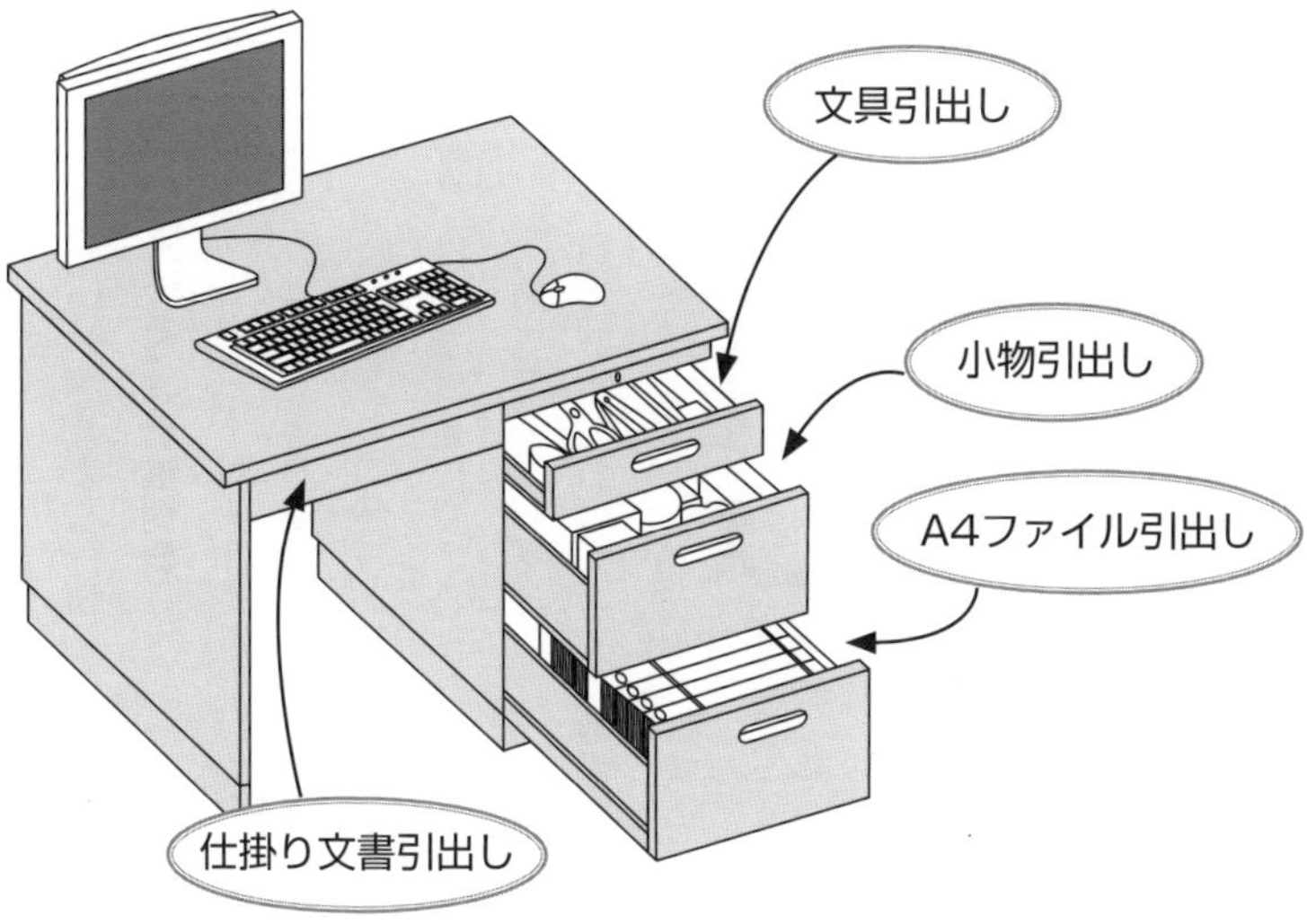

SECTION 12

快善活動の活性化

「本物の5S」で工場の快善活動を活性化する

Q1 今必要な快善活動とは、何をどうすることですか?

A1 今日の生産現場で求められている快善活動の基本は、職場のムダと問題を小さいうちに発見し、それらの要因を明確にし、ムダと問題の元を断つことにあります。今日の生産現場では派遣社員や新人社員が増大し、駅前広場現象が広がっていく傾向にあり、日々の快善活動が重要な役割を担うようになっています。その意味で快善活動の今日の目的を従来の改善ではなく、**快善**(作業者にとってやりがいのある**快**適な職場をつくる活動)に置くことが求められているのです。

Q2 「本物の5S」による快善の3つのツールとは何ですか?

A2 日々の生産活動の中で発生するムダや問題を快善していく活動の基本は「本物の5S」にあります。5S活動から数多くの快善効果が得られ、特に有効な快善ツールが次の3要素です。

①5S点検チェックリスト

5S点検チェックリストは、5Sパトロールの際に、現場の問題を発見するツールです。三現主義によって定期的に生産現場を巡回し、5Sチェックリストの点検項目に従ってムリ・ムラ・ムダや問題を発見し、快善方法はないかを考える行動をとります。

②5S快善展開表

5Sパトロールや5S職場ミーティングによって発見された問題を、5S活動によってどのように快善していくのかを考え、見える化していくツールが5S快善展開表です。5Sの各種手段を活用すれば、多くの職場問題を快善することができます。

③5S実施計画表

5S快善展開表で明確になった5S活動を、**仕事の一部として実践するためのツールが5S実施計画表**です。推進委員が先頭に立ち、全員参加で、時間内に実践します。実施事項はあらかじめ実施日を決め、当日は推進委員が実施時間を確保し、実施したら実績の項に矢印を入れます。

5S快善展開表から5S実施計画表への展開法

職場の5Sパトロールや5S職場ミーティングを通して問題を発見したら、その内容を「5S快善展開表」で明確にします。

展開表の中で、快善方法は何か、5S手法でさらに具体的な快善方法と内容・分担を決めます。

その結果を、「5S実施計画表」に1ヶ月の実施予定として記入します。その際、具体的に、どの場所で、誰が、何をどうすると表現しておきます。各担当者は、計画通り実施したら赤字の矢印を記入します。5Sリーダーは実施結果を確認すると共に、未記入のメンバーに対して実施するようアドバイスすることが必要です。

5S快善展開表

［作成者：5S委員会］［作成日：　　年　　月　　日］(1/1)

No	問題点リスト (何が問題かを具体的に書く)	快善点リスト (5Sの手法を使って具体的に快善方法を書く)	5S 手法	担当者	期限
1	文房具の発注点が不明	発注点カードの確実な表示と担当者の設定	整頓		
2	ファイリングのルールが守られていない	ファイリング・ルールの確認と説明会の開催	ファイリング		
3	引出しのワンベスト・ルールが守られていない	5Sパトロールによる指摘	整理		
4	書類がすみやかにファイリングされていない	5S委員による帰宅時の机の上の書類整理チェックの実施と結果の表示	ファイリング		
5	伝票類の保管場所が明確でない	伝票保管場所の設置と表示	整頓		
6	事務所の清掃が毎日確実に実施されていない	清掃分担点検表の再活用	清掃		
7	服装が以前よりだらしなくなった	5S委員によるシッカリした服装奨励の表示と5Sミーティングでの伝達	躾		
8	5Sミーティングが定期的に開催されなくなった	5Sミーティングの開催方法の快善と開催日のテーマの事前伝達(話し合うテーマを事前に決める)	躾		

注：1. 問題点は、現場観察や5S点検チェックリストなどにより具体的に把握する。
　　2. 5S手法は、整理、整頓、清掃、清潔、躾、ファイリングのいずれかの用語を使う。

☑ 整理　☑ 整頓　☑ 清掃　☑ 清潔　☑ 躾　[　　年 10月 30日]

5S委員	リーダー	作成
(笹川)	(坂田)	(坂田)

実施計画

9	10	11	12	13	14	15	16	17	18	19	20	21	22	23	24	25	26	27	28	29	30	31

5S実施計画表

＿＿月度　5S実施計画表

[推進体制]

推進区名	職場名	人員	5S委員	5Sリーダー	メンバー
A-2	製造課	8	笹川課長	坂田主任	山田、鈴木、中森、吉沢

No.	どこの (場所)	なにを (物)	だれが (メンバー)		1	2	3	4	5	6	7	8
1	部品保管場所	部品保管場所表示	山田 鈴木	計画					←--	----	--→	
				実績								
2	仕掛品置き場	仕掛品の標準手持量表示	坂田 主任	計画								←--
				実績								
3	工具置き場	工具持出しカード作成・表示	中森 吉沢	計画								
				実績								
4	作業現場	不要品調査・ 再発防止対策	坂田 主任	計画					←--	----	----	--→
				実績								
5	機械まわり	清掃分担点検表・ パトロール	吉沢 山田	計画	←--	--→						
				実績								
6	不要品置き場	不要品置き場の表示	中森 鈴木	計画							←--	----
				実績								
7	製造現場	5Sルールの周知徹底	笹川 課長	計画								←--
				実績								
8	製造課	5Sミーティング開催方法快善と定期的な開催	坂田 主任	計画	←--	--→						
				実績								
				計画								
				実績								
				計画								
				実績								

注：計画は点線（------）で、実績は実線（——）で必ず記入する。

SECTION 13

●工場長の悩み相談

工場長のよくある悩み相談室Q&A【「本物の5S」編】

Q1 今まで、5S活動を片付けと清掃を中心に実施してきましたが、何の効果もありませんでした。どんな理由でそうなったのでしょうか？

A1 5Sの一般的な進め方は、整理・整頓・清掃の3Sを中心に実施されます。そして、整理は捨てること、整頓は並び替えること、清掃は掃除という活動となります。この結果得られるのは、清潔な職場という普通より少しキレイな生産現場だけです。残念ながら、御社がやってきた5Sはそのような活動でしかないと言えるでしょう。

しかしながら、5Sが持っている可能性はそのような表面的なものではありません。世界一のモノづくり企業であるトヨタが、トヨタ式5Sによって生産現場のムダをとり、人が育つ企業体質を維持していることは意外と知られていません。トヨタに源流をもつ**「本物の5S」は時代の転換期に人が育ち、ムダをとる活動**なのです。本章の説明をもう一度読み返した上で、「本物の5S」にぜひ取り組んでいただき、工場の生き残りに活用されることを期待いたします。

Q2 5Sは作業者が中心になって進める活動と理解していますが、「本物の5S」ではなぜ工場長が先頭に立って進めなければならないのですか？

A2 「本物の5S」は、何もせずに放置しておけば、生産現場が駅前広場になることを防ぐ活動です。過去の5Sは、掃除と片付け中心の進め方をしている企業が多かったので、確かに作業者に任せておけばよかったかもしれません。しかしながら、**生産現場を改革し、素人作業者が短期間で育つ現場、偽装と隠蔽のない職場、ムダをとって利益を生む職場づくりをしなければ、モノづくり工場として生き残ることができなくなっています。「本物の5S」は、そのことを目指した活動**なのです。そのため、工場長と管理者が中心になって進めていかなければ実現しないのです。ぜひ、トップダウンによる効果出しを目指して推進してください。

Q3「本物の5S」の導入に際し、推進の責任は管理職（部課長）であると聞きました。なぜ部課長が推進の責任を持たなければならないのですか？

A3 管理者の責任とは何でしょうか。管理者の責任とは、職場の業務を計画し、管理し、職場のムダをなくして顧客満足を達成し、黒字の職場をつくることにあります。従って、「本物の5S」の推進に当たっても、5S活動を継続させ、効果を生み出す責任者は管理者なのです。そのために、「本物の5S」では5S活動を推進する原動力として、管理者に責任を持って推進委員として先頭に立ってもらい、実施していきます。推進委員の主な役割は、担当する5Sチームをサポートし、5S活動を活性化させていくことにあります。**「本物の5S」導入の成否は、5S推進委員の熱意と努力にかかっている**といっても過言ではありません。

Q4「本物の5S」は、就業時間内に実施するオンタイム活動が原則であると聞きました。しかしながら、毎日の忙しい作業時間に組み入れることは難しく、どうしてもヒマがあった時や、残業時間になりがちです。どうやったら時間内活動ができるようになりますか？

A4 本書の10章で詳しく解説しているように、生産現場はムリ・ムラ・ムダであふれています。**「本物の5S」の目的は、生産現場のムリ・ムラ・ムダをとることによって、社員全員が楽に、早く、確実に作業を実施できる職場づくりにあります。**そのため、就業時間内に活動することが5S活動から効果を生み出す原則なのです。忙しい時ほど「本物の5S」が効果を発揮します。そのためには、1日1回10分程度の全員参加の5Sタイムを設定することが必要となります。

Q5 私の工場では長年、改善活動を積極的に推進してきました。最近では派遣社員や若手社員が増加したため改善活動が消えつつあります。「本物の5S」は、改善を活性化する活動であると聞きましたが何をどうすればよいのですか？

A5 従来の改善活動は、経験ある正社員主体にそれなりの効果を生み出してきました。一方、非正規社員主体の生産現場では、経験不足の作業者が作業ミスやトラブルを多発し、改善活動が消えつつあります。そのために、改善活動は、**快善**（作業者が快適に良い作業をできる現場環境づくり）活動に切り替えていくことが求められています。「本物の5S」では、生産現場の問題を先取り的に発見し、小さいうちに問題を解決します。ぜひ「本物の5S」による快善活動によって職場を活性化してください。

3章

作業標準化で非正規社員・新人社員の短期人づくりを推進せよ！

SECTION❶ 非正規社員・新人社員を短期育成しなければ工場は生き残れない（事例研究）

SECTION❷ 作業者の短期育成のためにはまず作業標準化が必要だ

SECTION❸ 作業標準化はスキルのＡＢＣ分類から始めＣレベルに絞る

SECTION❹ 非正規社員・新人社員が分かる新作業標準書とは

SECTION❺ 事務作業標準書で時間に基づく仕事をする

SECTION❻ 人材育成は「職場規律」の指導から始める

SECTION❼ 非正規社員・新人作業者の短期育成はどうやればよいのか

SECTION❽ スキルマップを活用して多能化を推進する

SECTION❾ 工場長のよくある悩み相談Ｑ＆Ａ［標準化と人づくり編］

SECTION 1

非正規社員の育成

非正規社員・新人社員を短期育成しなければ工場は生き残れない（事例研究）

生産現場の問題と工場長の悩み

［事例1　素人作業者が放置されている］

T社の最近の生産現場では、非正規社員や新人社員の増加によって、作業ミスや納期遅れ、さらにはクレームが多発するようになった。しかも、今まではあり得なかった低次元のトラブルが多発する傾向が出ている。T社の佐野工場長は、今までは当工場での品質不良は少なく、当社のグループ工場では品質優秀工場として表彰されたことも過去には幾度かあったことを思い出しました。今まで、工場長が率先して築いてきた品質保証レベルはどうなってしまったのか理由が分かりません。

佐野工場長が最近の生産現場の作業風景を観察してみると、以前のようにきびきびした動きがなく、あまり見かけない作業者がぎこちない動作で作業をしているのが目立つので、製造課長を呼んで、経験不足の作業者は何に基づいて作業をしているのかと質問してもハッキリした答えが返ってきません。素人レベルといわれる作業者には、**それなりに理解できる作業標準書を与えることが必要**なのではないかと製造課の佐藤係長に質問してもはっきりとした答えが返ってきませんでした。この点を厳しく追及すると、「自分たちは、特に作業標準書などなくても良いモノをつくってきた。だから、いまさらそんなことを言われても忙しくてできない」という答えが返ってきました。佐野工場長は、どうやったら素人作業者にも理解できる作業標準書ができるのかと悩む毎日です。

生産現場の問題と工場長の悩み

［事例2　作業者を指導してない！］

最近、品質保証課が作成するクレームや品質不良の再発防止対策書を見ていて、佐野工場長はどうもスッキリ理解できないことが多くなりました。それは、品質不良の原因が「本人の注意不足、ポカミス、うっかりミス」という記述が多くなっていることにあります。こんな理由が、最近多発しているクレームや品質不良の真の原因なのだろうか。現在、生産現場の作業者の主体は非正規社員に移行しつつあり、実体として作業者全体に占める比率が5割を超えつつある。そうしたら、**素人作業者とも呼ばれる作業者に対する育成指導をしなければ、まともなモノづくりなどできない**ことは誰が考えても当たり前なはずだ。しかし、製造部門の管理者・監督者はといえば、生産現場で発生するトラブルの後処理に追われている。このままではトラブル処理の悪循環から逃れられなくなってしまう。佐野工場長は、何とかして非正規社員に対する指導育成の仕組みができないかと悩む毎日です。

生産現場がなぜこうなってしまったのか、問題の真の要因は何か

日本の生産現場には、次のような実態が広がっており、最近の生産現場問題の要因になっています。

・生産現場では、年数をかけて作業者が先輩社員の背中を見て育つという風土があったため、非正規社員や新人社員を短期間で育てるという経験がない

・知識と経験の乏しい非正規社員を短期間で育成するためには、経験不足の作業者が理解できる新作業標準書が必要になっているが作成した経験がない

・経験がない作業者を短期間で育てたという経験がないので、育成のために何をどうすればよいのか、生産現場の管理者・監督者が知らない

・このまま非正規社員や新人社員を指導もせずに放置することは許されないし、工場の生き残りにも悪影響がある

このような現場を工場長はどう変えたらよいのか

モノづくりは人づくり、と昔から言われます。最近の生産現場の実態はと言えば、受注の変動に対応して非正規社員を育成せずに使う傾向が見られます。しかしながら、人づくりをせずに工場が生き残ることができないことは明らかです。工場長が先頭に立つ、次の取り組みが待ったなしで必要になっているのです。

①非正規社員や新人社員など経験不足の作業者にも分かる新作業標準書づくりを、管理者・監督者が組織的に進めるよう工場長が主導する。
②非正規社員の作業者スキル指導をすることが、工場の生き残りのために重要であることを工場長が明示して推進する。
③非正規社員に対する指導の仕組みをつくり、管理者・監督者が推進していくことの重要性を説得する。

本章では、非正規社員や新人社員に対応する新作業標準書のつくり方、効果的に指導育成する方法を具体的に解説していきます。

SECTION 2

● 作業標準化

作業者の短期育成のためにはまず作業標準化が必要だ

Q1 今、改めて作業標準化が必要になっている理由は何ですか?

A1 新人社員や非正規社員が増加している生産現場の体質が悪化し、長年培ってきた生産現場の作業者の経験とノウハウが失われようとしています。生産現場の経験と知識のない作業者を、教育訓練なしに無理やり作業に就かせようとしている生産現場が増えています。非正規社員主体の生産現場において、素人社員と呼ばれる**非正規社員や若手新人社員のための新たな作業標準化が待ったなしで必要**になっているのです。作業が標準化されていないと、作業者による作業のバラツキが発生し、その結果生じる不良品の後処理のためだけのムダコストは、不良品自体のコストの約10倍かかると言われます。

Q2 作業標準書は、なぜ生産現場になくてはならないのですか?

A2 最近の傾向として、過去に発生したことのない低レベルの品質不良の発生が多く、最終検査項目に含まれない品質不良が流出してクレームとなるケースが増加しています。こうした不良品が得意先に納入されると次のような問題が発生し、注文が減ったり顧客が離れていく結果をもたらします。

①顧客の信用を失い、製品の返却や、最悪の場合は注文が停止するというケースが発生する。

②不良品を手直しするか代品を納入するしかないのでムダコストがかかる。

③不良品発生のために売上代金が予定通り回収できない。

そのため、作業標準書は次の理由で、本来は生産現場になくてはならない作業者育成手段なのです。

①作業方法を一定にして、作業者によるバラツキを少なくする。

②新規作業者に対する教育用のテキストとする。

③作業の習熟を早くする。

④現場の監督者が、作業者を指導する時の説明の補助手段とする。

⑤作業改善をしようとする場合の叩き台とする。

⑥企業ノウハウを文書の形で残す。

Q3 作業標準書作成によるメリットにはどのようなものがありますか？

A3 作業標準書を作成し、現場で使用することで、次のようなメリットがあり、他の方法では達成できません。

①熟練度の低い作業者を短期間で確実に育成することができる。

②**ST（標準時間）**を設定することにより、作業の時間計画を立てられる。

③作業標準書を使えば現場の監督者が作業者に仕事を教えやすい。

④慣れない作業者が手元に置き、内容を忘れた時に見直すことができる。

⑤企業として、最適の作業方法を決めることができる。

⑥企業として、決めた方法を文書の形にして残すことができる。

⑦不良を減らしたり作業時間を短縮するという、作業改善時の準拠資料となる。

作業標準書の役割

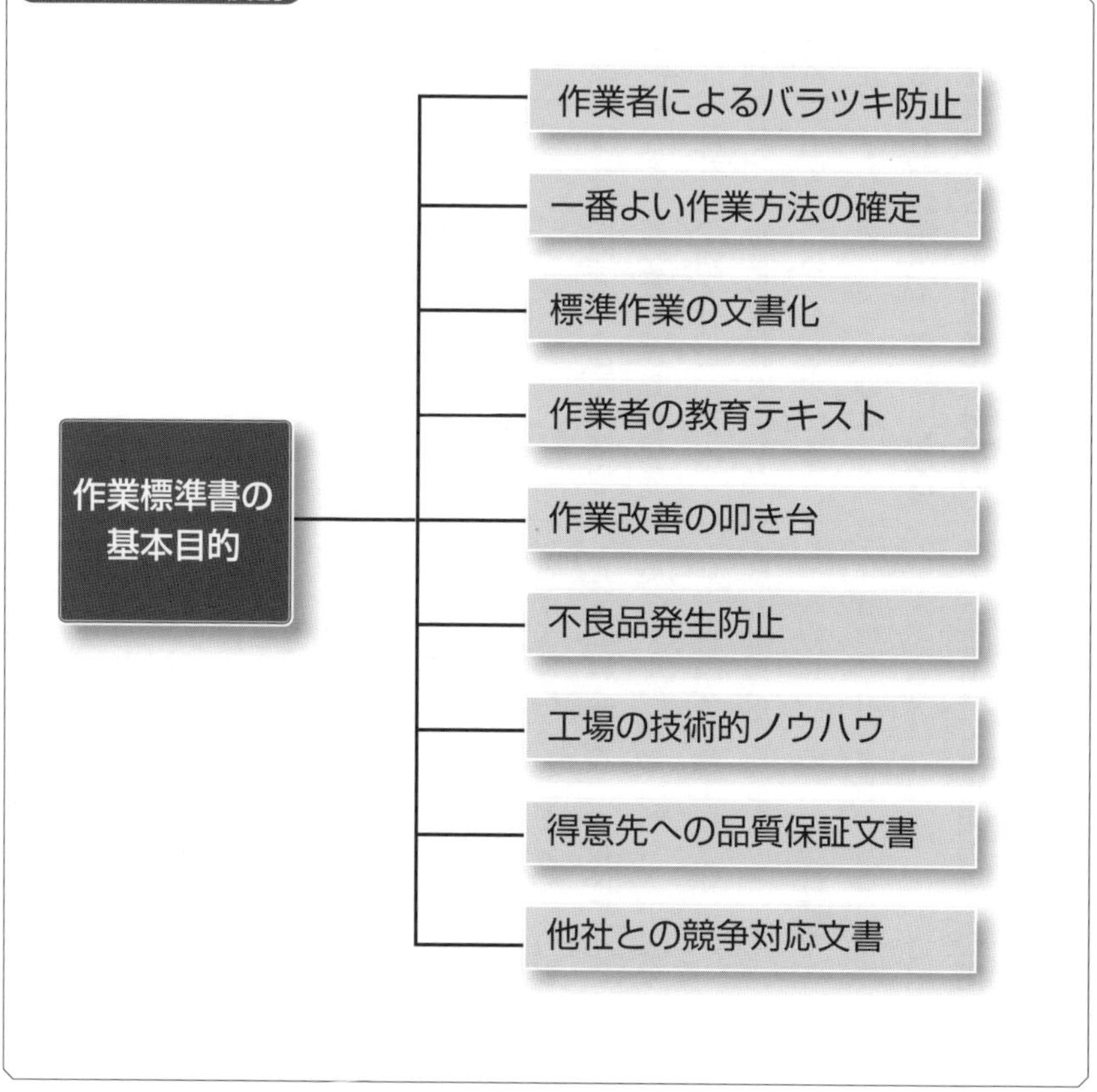

SECTION 3

●作業のABC分類

作業標準化はスキルのABC分類から始めCレベルに絞る

Q1 非正規社員が理解できる作業標準書がなぜ必要なのですか?

A1 多くの生産現場には作業標準書が備えられていますが、それらの作業標準書は実際には手順書として作成され、本作業の手順のみ書かれている例を多く見かけます。しかしながら、生産現場での知識や経験のない非正規社員や新人社員にとって、手順のみが書かれた手順書では、何をどうしてよいのかがまったく分からないのです。今までにつくられた作業標準書では役に立たないのです。**短期間で新人作業者を育成するために、従来の作業標準書の基本的な見直しが必要になっている**のです。

Q2 非正規社員に理解できる作業標準化のため、まず何をすべきですか?

A2 非正規社員や新人社員が増大する生産現場で、多発する品質不良やクレームを防止するために何をすべきでしょうか。そのためにまず必要なことは、作業のレベル別見直しです。**生産現場の作業をABCの3段階に分解し、Cレベルスキルに絞った新作業標準書を作成することが、今必要な生産現場の対応**です。その理由は、多くのモノづくり生産現場の作業を筆者が分析してみると、作業レベルは次の3段階に分けられるからです。

A 高度レベルスキル

このレベルのスキルは通常、企業のノウハウに通じる高度な技術・技能を要求されます。企業の競争力を決定するような重要な蓄積技術・技能です。長年の経験のある優れた技術者と作業者が一体になったモノづくり競争力として発展させるべき技能です。Aレベルスキルの作業は通常、工場全体の約10%程度を占めています。

B 中堅レベルスキル

このレベルのスキルは通常、5~10年程度の経験と教育訓練によって実施できるようになります。初心者レベルの経験を経て、応用の効く段階になってから実施できるようになります。非正規社員でも、やる気と能力があればこのレベルのスキルをこなせる作業者は多く見られます。そのためには、しっかりとした現場指導と技術知識を与えることが必要となります。通常、工場全体の作業の約20％程度はBレベルで占められます。

C 初級レベルスキル

このレベルのスキルは、生産現場の作業量としては最も多いというのが通常の工場の実態です。業種や製品に求められる品質レベルによって異なりますが、**工場全体の約70％程度の作業はCレベルスキルで成り立っているというのが多くの生産現場の実態です。Cレベルは通常、初めて作業に就いてから3～5年程度で習得できます。**非正規社員に対しては、Cレベルの新作業標準書をつくり、基本動作を含めてしっかり指導をすることが必要になっているのです。Cレベルスキルの作業は誰にでもできるという安易な考えで、指導もせずに非正規社員を生産現場に放置したため、今まではあり得なかった初歩的なミスが多発しているのが多くの生産現場の実態です。日本人作業者の持っている、義務教育水準と理解能力の高さがあって、今日の日本のモノづくりは世界トップレベルを達成してきました。**Cレベルスキルの作業標準書を、素人作業者に理解できるようやさしく分かりやすく表現し、継続して指導することによって、初めて非正規社員にクレームや不良品をつくらせずにすむ**のです。現場リーダーが中心になってCレベルの作業標準書を作成しない限り、非正規社員による品質問題を解決することはできません。非正規社員が分かる内容の作業標準書を作成していない工場が多くあります。経験も知識もない非正規社員を指導もせずに作業に就かせている現実を放置してはならないのです。

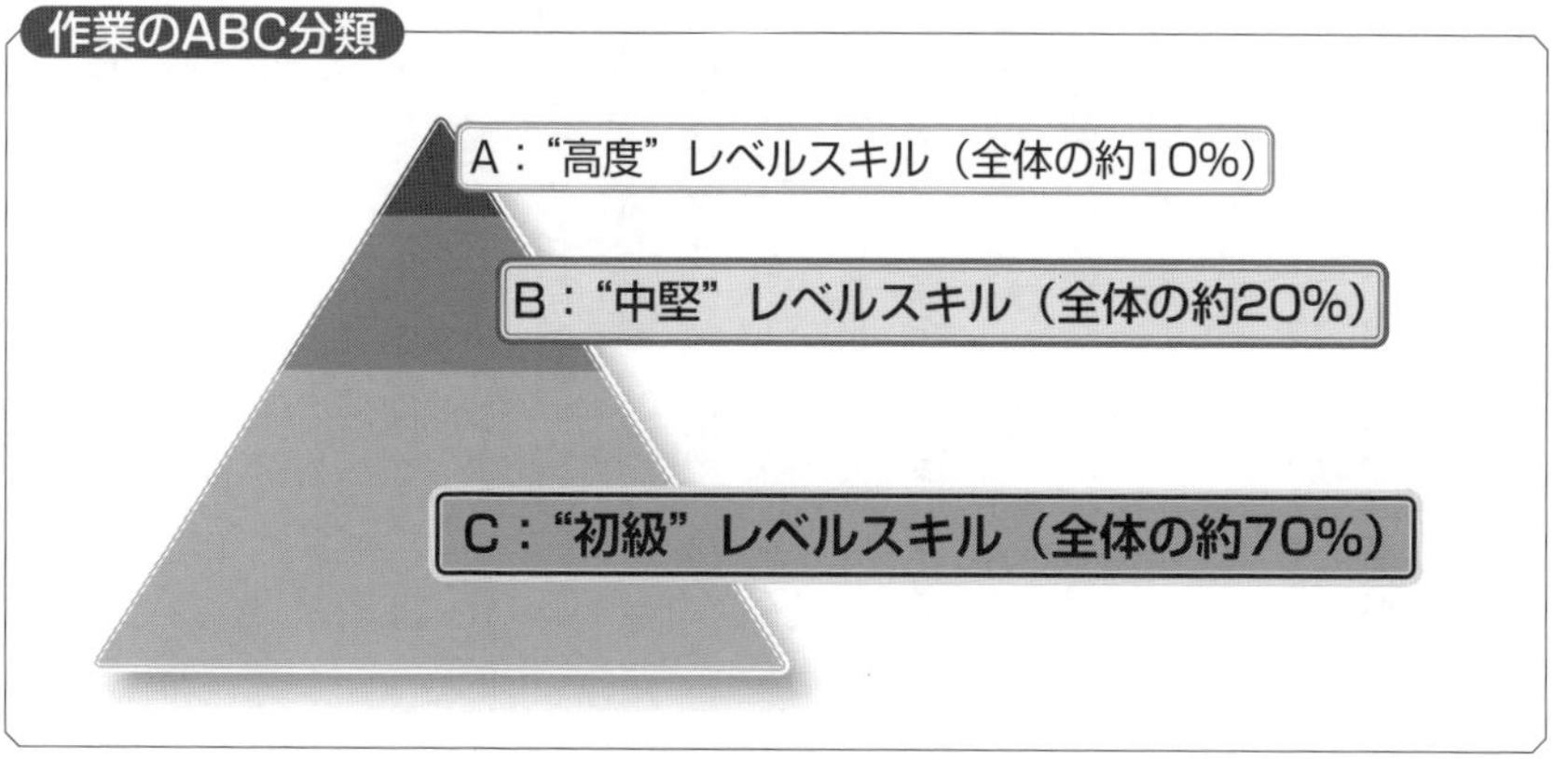

非正規社員・新人社員が分かる新作業標準書とは

Q1 非正規社員・新人社員が分かる新作業標準書の内容を教えてください。

A1 新作業標準書の構成内容は、次の5つのステップで作成することが必要になります。従来からある作業標準書は通常、正味作業のみで構成されています。そのため**作業の5つのステップ**が必要な理由と、各ステップの内容は次の通りです。

ステップ1 準備

作業に使用する部品や材料、治工具など、**何をどこにどのくらい準備するのかを明記する**。作業者がまず分からないのは、何がどこにあり、どこにどのくらい準備したらよいか、なのです。

ステップ2 段取り

正味作業を間違えなく実施できるかどうかは段取りで8割決まる。素人社員と呼ばれる新人若手社員や非正規社員にとって大事なのは、**作業をどう進めるかの事前確認**です。まずは、作業を進める手順、技術事項とうまくやるポイント、作業に使用する治工具や計測器の機能チェックと使い方の確認、本日の加工条件の適切な設定です。

ステップ3 正味作業

このステップが唯一、**付加価値をもたらす作業**です。従来の作業手順書は、正味作業の手順のみ記述しているため、スキルの低い作業者にとっては何をどうやるのかが具体的に分かりません。従って、新たな作業標準書では、**〝動作とうまくやるポイント〟を具体的に記述することが必要**です。

ステップ4 確認

新人若手社員や非正規社員の後工程で不良が発見されるというトラブルが最近多く見られます。その問題を防止するため、**正味作業の後に作業結果を計測・確認・記録・検査させることで、工程間の品質保証**が可能になります。

ステップ5 後片付け

作業の最後のステップでは、後始末として3つの事項を実施させます。まず**次工程渡し、次に清掃・点検（使用した道具や計測器の機能）、道具などの返却を実施させます**。

作業標準書（例） 製造作業

作　業　標　準　書				
製品名： 作業指示書にて指定	製品番号： 作業指示書にて指定	工程番号： 30	工程名： ドリル加工	スキルレベル： C
使用材料･部品： 図面指定材料、数量		使用機械、治工具： ボール盤、ドリルチャック、ノギス		

	作業手順	主なポイント
準備	①材料、ドリル、チャックを用意	①材料表示で識別する
段取り	①使用材料を点検する	①材質、キズの有無、寸法、数量を確認後、加工作業台に並べる
	②ボール盤を始業点検する	②始業点検チェックリストを使用する
	③図面、加工基準書を点検する	③図面と作業指示書の改訂版数が一致していること
	④ノギスを始業点検する	④ノギスの校正標識を点検する
	⑤指定ドリルを装着する	⑤ドリルにガタツキ、傾斜がないこと
本作業	①治具とドリルの位置合わせをする	①位置合わせ時にガタツキがないこと
	②治具を固定する	②安全のため、軍手は外すこと!
	③スイッチを入れ、ドリルをワークに挿入する	③加工時に、ドリルの振れがないこと
確認	①n=5のサンプルを寸法計測する	①図面公差指定寸法を目視点検する
	②目視で加工面の状態を点検する	②異常品発見の時は現場長の指示によって処置すること
後片付け	①数量点検後、次工程に移動する	①移動表にチェックを入れること
	②使用器具を返却する	②使用器具の機能点検をする

平成　年　月　日			回	年 月 日	変更内容	作業標準書番号	改訂
承認	確認	作成	①	. .			
山田	林	佐藤	②	. .		○○ 株式会社	
			③	. .			

SECTION 5

事務作業標準書で時間に基づく仕事をする

●事務作業標準書のつくり方、使い方

Q1 事務作業の作業標準書が必要な理由とは何ですか？

A1 管理間接業務と言われる作業は、事務作業として位置づけられます。しかしながら、事務作業は標準化もされず、本人任せで遂行されているのが実態です。近年は、事務所にも新人作業者や派遣社員が増加しているのに、一貫性のある指導がないために、事務作業のミスや時間管理ができない職場が多くなっています。**これらの問題点は、管理間接業務の新作業標準書を作成することによって解決**します。その結果として、時間計画に基づいた事務作業が可能になるのです。

Q2 事務作業の新作業標準書の様式と記入方法を教えてください。

A2 事務作業の新作業標準書の様式と記入要領は次の通りです。

業務名　業務の流れをフローチャートに書き出し、各ステップを「業務名」とする、さらに業務目的を明記し、何のための業務かを明確にする

担当部門名　担当する部門名を記入する

担当職位　当該職務を担当する人の職位が、管理者なのか、担当者なのかを明確にする

インプット　この作業を行なうに当たり準備すべき資料を列記する

アウトプット　一連の作業の結果として作成すべき資料を記入する

作業期間と頻度　毎月の何日頃、どのくらいの頻度で作成するかを記入する

所要工数　一連の作業の総所要時間を記入する

作業手順と内容　準備された資料をどのような手順で処理するか、作業内容を記入する

作成者　原案を作成する担当者のデータ印を捺印する

確認者　確認を担当する監督者のデータ印を捺印する

承認者　最終承認する管理者のデータ印を捺印する

文書番号　管理間接業務標準書について一連の文書番号を付す

作業標準書（例） 事務作業

<table>
<tr><th colspan="4">事 務 作 業 標 準 書 （1/1）</th></tr>
<tr><td>作業名（作業目的）：
オンライン発注作業（発注洩れ防止）</td><td>担当部門名：
資材部</td><td>担当職位：
資材担当者</td><td>スキルレベル：
C</td></tr>
<tr><td>インプット（事前準備資料）：
発注品リスト、発注先一覧表、発注伝票</td><td colspan="3">アウトプット（作成資料）：
発注品リスト（記入済み、相手先受注確認済み）</td></tr>
<tr><td>作業期間と頻度:
毎週、1～2回</td><td colspan="3">所要工数（人数M×時間H=MH）：
120分×1=120（MM）</td></tr>
<tr><td>作業手順と内容</td><td colspan="3">主なポイント</td></tr>
<tr><td>準備</td><td colspan="3"></td></tr>
<tr><td>①発注品リスト点検</td><td colspan="3">①上司指示印確認（なければ指示を仰ぐ）</td></tr>
<tr><td>段取り</td><td colspan="3"></td></tr>
<tr><td>①発注先リスト点検</td><td colspan="3">①発注先リスト最新版確認（日付点検）</td></tr>
<tr><td>本作業</td><td colspan="3"></td></tr>
<tr><td>①発注伝票フォームに入力</td><td colspan="3">発注先、品名、数量、納期を記入し、</td></tr>
<tr><td>②発注先にデータ送付（データ送付要領書）</td><td colspan="3">正式送付前に記入内容を再チェックする</td></tr>
<tr><td>③発注先から受注確認情報を得る</td><td colspan="3">②受注確認は翌日中に行なう
（ない場合は電話にて確認、今後は義務付けるよう指示する）</td></tr>
<tr><td>確認、後片付け</td><td colspan="3"></td></tr>
<tr><td>①受注確認済みのリストを上司に終了報告</td><td colspan="3">① 終了後に発注品リストに印鑑捺印</td></tr>
<tr><td>②発注リストをコピーしてファイル</td><td colspan="3">②発注リストファイルにファイルする</td></tr>
<tr><td>[作業の問題点]
発注後、回答確認忘れによる納期遅れがある</td><td colspan="3">[今後の改善方向]
回答確認忘れ防止対策を6月中に実施する</td></tr>
</table>

<table>
<tr><td colspan="3">年 月 日</td><td>③</td><td>・ ・</td><td></td><td>作業標準書番号</td></tr>
<tr><td>承認</td><td>確認</td><td>作成</td><td>②</td><td>・ ・</td><td></td><td>S12-4501</td></tr>
<tr><td rowspan="2">飯島</td><td rowspan="2">加藤</td><td rowspan="2">佐藤</td><td>①</td><td>・ ・</td><td></td><td rowspan="2">○○株式会社</td></tr>
<tr><td>回</td><td>年 月 日</td><td>変更内容</td></tr>
</table>

SECTION 6

職場規律の指導

人材育成は「職場規律」の指導から始める

Q1 人材育成は短期間でやることが必要だと言われますがなぜですか？

A1 非正規社員や若手新人社員が職場に入ってきてから、作業者を短期間で育てることが重要な管理事項になっています。経験ある先輩社員の代わりの若手新人社員や非正規社員でも、それなりの仕事をしてもらわなくてはならないので、時間をかけて人を育てるということが許されません。短期間で一人前の作業ができるようにならなければ、納期達成はおろかクレームが放置され、顧客が離れてしまいかねません。さらに、職場内の規律や常識が破られることが日常的に発生し、生産現場の混乱も増大してしまいます。そのため、生産現場では経験不足の社員を短期間で育てない限り、まともなモノづくりができなくなっているのです。

Q2 作業者の育成は何から始めたらよいのですか？

A2 最近多発している生産現場の混乱を防止するため、まず**非正規社員に対し職場の一員としての規律を守ることを繰り返し教えることが必要**です。そのために、**職場の規律を職場内に掲示し、毎朝全員で声に出して唱和することが効果的**です。それでもできないやらない、目に余る行為を繰り返す非正規社員は、本人に直接注意し、それでも直らない場合には、派遣元企業に具体的な対応を要求する必要があります。そうしないと、今まで規律を守っていた新人社員や非正規社員までが守らなくなってしまうからです。

Q3 職場規律には何がありますか？

A3 職場規律とは、職場の作業者全員が守らなければいけない生産現場のルールを意味します。**職場規律を維持することが生産目標達成の基本**です。

そのために、生産現場の一員としての規律を繰り返し教えることが必要になります。生産現場のパトロール時に規律違反を発見した場合には、その場で叱ることが必要です。見て見ぬふりをすると、他の非正規社員も同様の行動をとることを防げなくなるからです。

職場規律の例

① 本気で作業をする

作業中には私語をせずに、集中力を持って作業をする。

② 作業標準書に従って正しい作業をする

作業にかかる前に、必ず作業標準書を手渡し、作業中に迷ったら必ず作業標準書を見て、正しい作業内容を確認する。

③ 指示された内容を必ず再確認してから行動する

作業指示内容を理解できない場合には必ず質問する。あいまいな理解のまま、作業に就かないようにする。

④ 指示されたことを催促される前に、終了や遅れを「報告」する

作業指示されたこと(何を、どのくらい、いつまで)は終わったら必ず報告する。特に、計画より遅れることがはっきりしたら、早めに報告することを義務付けることが必要である。早めに報告すれば挽回する可能性がある。

⑤ 不良品発生や機械故障等の問題(トラブル)はただちに上司に連絡する

不良品の発生や機械故障などのトラブルは、即座に対処しないと状況がさらに悪化する。発生したらすぐに現場長に連絡をし、対応方法の指示を仰ぐ。

⑥ 治工具や材料・部品など使用したモノは必ず元の位置に返却する

必要な作業を、必要な時にすぐ始めるためには、必要な治工具が元の位置に返却されていることが必要になる。そのために、使用したモノを必ず元の位置に戻すよう習慣づける。

⑦ 安全衛生上のルールを守る

どのような行動をとると事故が発生するのか、安全衛生上の義務は何なのか、ルールを説明し、これを守らない作業者を厳しく取り締まる。労働災害が発生すると、生産性の維持はおろか、工場の生産が停止するという重大な損失につながる。

⑧ 職場内や通路を走り回らない

生産現場を平気で走り回る作業者が多い。走り回ることによって、粉塵が舞い上がり品質不良の原因になるばかりでなく、転倒や衝突事故といった労働災害の発生をもたらす。

⑨ 作業改善を心がけ、作業改善に協力する

作業改善は、工場の進化発展の重要事項である。工場で働く人は全員が改善活動に積極的に協力する。

SECTION 7

● 作業指導

非正規社員・新人作業者の短期育成はどうやればよいのか

Q1 **新人作業者の短期育成をうまくやるポイントを教えてください。**

A1 新人作業者の作業指導は、次のポイントに従って実施します。

①まず基礎作業の指導から始める

まず基礎作業の指導から入って、基本をしっかりと身に付けさせます。配置する職場によって、基礎的な指導内容は異なります。

②指導を受ける心構えを持たせる

受け身ではなく積極的に指導を受ける心構えを持つように指導します。そのためには、メモ用紙を持たせ、指導した内容を記録に取らせることが必要になります。その結果として、指導者が理解度を確認でき、本人も書くことによって、しっかりと記憶できるようになります。

③育成する際には指導者を付ける

教育訓練をする際には、必ず指導者を付けて指導させます。分からなかったら、誰でもいいから教えてもらえというのは丸投げ指導になります。

④指導者は一対一に特定する

特定の指導者を決め、**一対一の指導原則**で一貫性のある指導をします。指導者が数人いても、指導してもらう相手は一人に限定することが必要です。その結果として、一貫性のある指導ができるようになります。

⑤作業の教え方の7ステップによって指導する

我流の訓練にならないよう、必ず教え方の7ステップで指導します。このステップを繰り返し実施することで、効果的な指導が可能になります。

⑥人づくりは計画的に実施する

教育訓練は、訓練計画表（80ページ参照）を使って計画的に実施します。その結果として、教える側、指導される側の双方に責任感が生まれます。

⑦人づくりしたら評価をする

一定期間訓練をしたら、スキルがどの程度向上したかを評価します。評価内容は、ST（標準時間）と出来ばえの質によって評価します。

Q2 **基礎作業指導の内容には何があ**

りますか?

A2 どのような生産現場の作業にも基本作業ともいうべき作業があります。特に、新人には基礎作業から指導しなければなりません。基礎作業のテキストは監督者や生産技術部門が作成し、次の育成指導を実施します。

①組立ての基礎作業

・部品の名称と使い方
・治工具の名称と使い方
・測定器の名称と使い方
・新作業標準書の見方、使い方など

②機械加工の基礎作業

・安全作業
・機械の点検方法
・機械の基本操作方法
・加工材料の名称と種類
・図面の読み方
・新作業標準書の見方、使い方など

Q3 作業者のスキル指導7ステップはどうやって実践したらよいですか?

A3 初心者レベル作業者に対しては、本人のレベルに適合する指導方法が必要になります。そのため、次の7ステップで作業者の指導を実施することが必要になります。

ステップ1 準備させる

作業を教える前に作業標準書を渡し、事前に理解させておく。分からないことは必ず本人に質問させ、分かりやすく説明する。説明したことは、必ず書き留めさせる。

ステップ2 言って聞かせる

作業の進め方や作業動作の意味を説明し、うまくやるポイントも説明する。相手が理解しているかどうかを、指導者側から質問して確認する。

ステップ3 実際にやって見せる

生産現場で、**指導者が実際に作業をやり、作業のコツや要領をやって見せる。**ビデオやタブレットを活用することも、繰り返して確認できるという点で効果的です。

ステップ4 本人にやらせてみる

作業者本人に、実際に作業をやらせてみる。決して急がずに、着実に習得させるように指導します。

ステップ5 作業結果をまずほめる

作業結果を観察し、うまくできた点をまずほめてあげる。人は、ほめられることによって、やる気が出て、さらに積極的に習得しようという意欲が生まれます。

ステップ6 問題点を指摘し指導する

作業を観察した結果、うまくできていない点が多くあるが、**品質上まずい点を中心に、どうやればうまくできるかを具体的に指導します。**

ステップ7 次回までの目標を設定する

次回の指導日までに作業のどのポイントを習得したらよいか、**具体的な目標を持たせます。**

SECTION 8

●スキルマップ

スキルマップを活用して多能化を推進する

Q1「多能化」が必要と言われますが、何をどうすることですか?

A1 人づくりに際し、多能化を目指すことが必要になっています。多能化とは、次のように定義されます。

①多能化とは、作業者がひとつの作業だけをマスターするのではなく、複数の種類の作業をマスターすることを言います。

②多能化とは、一人の作業者がひとつの仕事だけを守っていくという、今までの作業の取り組み方へのチャレンジです。

③多能化された作業者を育成することで、フレキシブルな生産現場の人の配置ができるようになります。

Q2「多能化」の利点は何ですか?

A2 多能化は個人にとって、次のような多くの利点があります。

①人手不足の時代に、一人で複数の仕事をこなせる作業者がいれば、生産の変化に対応できる。

②厳しい時代に複数の仕事を能率よくこなすことができ、新たな仕事をマスターする意欲のある作業者は価値ある人になれる。

③複数の作業に取り組むことで作業のマンネリ化がなくなる。

④マスターすべき作業が明らかになって、チャレンジ目標が設定でき、作業にやりがいを持てる。

⑤作業の幅が広がり、全体的な視点で作業のやり方を改善できる。

Q3「多能化」をうまく進めるための重点項目は何ですか。

A3 多能化は生産現場の作業者だけではなく、管理間接業務の事務現場にも必要なのです。多能**工**という文字がない理由はそのためです。事務現場の作業者も多能化に取り組むことが必要になっています。工場長と管理者が率先し、工場の各職場に多能化を導入するために、次の基本事項を実施することが求められます。

①**職場の意識改革**

工場と管理者が多能化にチャレンジする意識と行動をもち、職場全員に多能化を要求することが必要です。

②スキルマップの活用

現場の多能化レベルを計測し、問題点を発見し、スキルアップ目標を立てるための基本ツールです。スキルマップを活用することによって、多能化を推進するための教育訓練プログラムを設定できます。

③教育訓練計画表の設定

個々の作業者に対する明確な教育訓練を推進するスケジュール表です。

④教育訓練テキストの使用

従来からやっている作業内容を見直して作業を標準化し、標準化したら新作業標準書として文書化し、育成テキストとして活用します。

⑤教育訓練時間の確保

多能化を確実に進めるためには、次のような方法によって指導時間を確保させることが必要です。

・時間内に現場で教える
・時間内に事務所で教える
・時間外に教える
・作業のローテーションによって、多くの作業を経験させる

⑥作業者のスキル評価の実施

教育訓練した結果、作業者のスキルを評価します。評価のために、作業の出来ばえを品質と生産数量で評価することが必要です。品質は不良の発生率で、生産数量はＳＴ（標準時間）の生産個数で判定します。

⑦職場に掲示する

スキルマップを職場に掲示し、作業者にチャレンジ意識を持たせます。

Q4 スキルマップをうまくつくるポイントには何がありますか？

A4 スキルマップは、次のポイントに従って作成します。

スキルマップの目的とは何か

スキルマップは、作業者が持っている実務的な作業能力の一覧表として位置づけられ、次の目的を持っています。

①スキル継承の基本ツール

個々の作業に対する作業者のスキル習得状況を把握し、スキル継承と習得の計画を立てる基本ツールである。

②スキル継承の現状評価ができる

スキル継承と習得の取り組みのために、あらかじめスキルマップによって、作業者が持っているスキル（実務的な作業遂行能力）を評価するツールである。

③作業者のスキルを見える化できる

スキルマップによって、誰がどのようなスキルを持っているかを具体的に見える化することができる。

④作業者の計画的な育成ができる

作業者の育成目標を設定し、スキルレベルを計画的に上げていくための作業者育成の基本ツールである。

スキルマップの記入方法

①縦軸に職場の主な作業名を、横軸には作業者の名前を記入する。作業名

には、作業の難易度としてABCレベルを記入します。

②管理者・監督者が協力し、全作業者の作業遂行能力を最近の作業実績を基に調査し、4段階に分けて記入します。

③スキルマップでは、作業者を「◎：指導できるレベル、○：一人前のレベル、△：援助を必要とするレベル、×：できない」の4段階に分けて評価します。

④作業ごとの多能化と、個人別の多能化を集計します。

⑤職場全体の**多能化率**を全員のスキルレベルの平均値として計算します。

スキルマップの特徴と使い方

①全作業者のスキルレベル明確にすることによって、職場のどの仕事にできる人が片寄っているのか、不足している能力は何かが把握でき、どのような能力の人を優先して育てていけばよいのかという、教育・訓練ニーズを明確にすることができます。

②職場全体の多能化レベルが、**多能化率**として明確になります。

③作業者の作業配置をする際の適性能力判断に使用します。

スキルマップ活用上の留意点

①スキルマップでは人の能力評価の結果を数値化できますが、作業者の側からすると、かなり抵抗があるのが現実です。そのため、**管理・監督者は、企業が生き残りを図るためにスキルマップに基づいた能力向上を図ることが必須条件である**ことを、職場で作業者に十分説明することが必要です。

②作業者のスキルレベルを評価し、作業者育成計画のため教育訓練計画表を作成します。期間は3ヶ月とし、結果を監督者が評価します。

③訓練が終了し、能力評価が終了した

らに掲示しているスキルマップを毎月改訂します。

教育訓練計画表（例）

No	訓練作業内容	現状レベル	目標レベル	訓練対象者 訓練担当者	1月	2月	3月	評価
1	ケース組立作業	△	○	松岡良夫 山田主任	─── - - -	─── - - -	──→ - - →	○
2	梱包作業	×	△	小山誠 佐藤リーダー	─── - - -	─── - - -	──→ - - →	△

注：1. 計画は実線で、実績は破線で記入する。
　　2. 現状レベル△は‘半人前レベル’の記号、目標レベル○は‘一人前のレベル’の記号を示す。

多能化のためのスキルマップの事例

スキルマップ			(作成日：) (部門名：)					認証	作成
番号	作　業　名　称	難易度	安藤	坂東	千葉	田中	中村	中島	合計
1	図取り作業	L1	◎	◎	◎	○	△	△	4.7
2	せん断作業	L1	◎	◎	○	○	×	×	3.4
3	ハンマー作業	L1	◎	○	○	△	△	×	3.4
4	ロール作業	L1	◎	○	○	△	×	×	2.9
5	歪み取り作業	L1	◎	◎	◎	○	○	△	4.9
6	折り曲げ作業	L1	◎	○	◎	○	○	×	4.1
7	ヤスリ掛け作業	L1	◎	◎	○	△	△	×	3.7
8	型しぼり作業	L1	◎	◎	○	○	×	×	3.4
9	鋲打ち作業	L2	◎	○	○	○	△	×	3.6
10	組立作業	L2	◎	◎	○	◎	○	△	4.9
11	仕上げ作業	L2	◎	◎	○	○	×	×	3.4
12	熱処理作業	L3	◎	○	△	△	×	×	2.7
13	はんだ付け作業	L3	◎	○	○	○	○	△	4.3
14	溶接作業	L3	◎	○	○	○	×	×	3.1
15	塗装作業	L3	◎	◎	△	△	×	×	3.0
◎の数　×　1.0			15	8	3	1	0	0	27
○の数　×　0.7			0	4.9	7	6.3	2.8	0	21
△の数　×　0.5			0	0	1	2.5	2	2	7.5
×の数　×　0			0	0	0	0	0	0	0
多能化率=[(◎+○+△)/15]×100(%)			個人別の多能化率						職場全体の多能化率
			100	86	73	65	32	13	62

注：1.　◎=指導できるレベル、○=一人前のレベル、△=援助を必要とするレベル、×=できない。
　　2.　難易度は、L1（Cレベル）、L2（Bレベル）、L3（Aレベル）に区分する。

SECTION 9

工場長のよくある悩み相談Q&A【標準化と人づくり編】

Q1 **私の工場では、精密部品を加工していますが、今まで特に作業標準書などなくても、大きなクレームを出さずにモノづくりをしてきました。しかし最近は非正規社員も多く、不良が発生しています。このような工場では、何から始めたらよいのでしょうか?**

A1 多くの生産現場では、作業標準書など必要がなく、アウンの呼吸でよいモノが加工されていました。しかしながら、非正規社員や若手新人社員を長い期間をかけて育てることが許されなくなっています。そのためには、**経験不足の作業者に対して、その場限りの口頭指示ではなく、適切な指導がない限り良品が時間通りできることはない**、という点を工場長が中心になって指導することが必要です。特に作業標準書をつくらなくてもやってこられた経験ある作業者には、作業標準書の必要性がなかなか理解できないというのが現実なのです。本章を参考にして、**作業標準書の必要性とメリットについてしっかりとした共通認識を持たせることが重要**になります。また、新人作業者が作業ミスをした場合、手直しをするだけではなく、なぜ作業ミスを起こしたのか、今後の再発を防ぐためにはどのような作業方法に修正すればよいのかを必ず指導することで、作業者のスキルが着実に向上するということを理解させることが必要になります。工場長の指導によって、そのような意識改革をすることが求められているのです。

Q2 **工場に非正規社員が新たに入ってくると、生産現場の管理者・監督者は訓練もせずにすぐに作業に就かせることが多くなっています。そのせいか、非正規社員がすぐに辞めてしまう傾向が多くなっています。このような現状に対して、どのような手を打てばよいのでしょうか?**

A2 非正規社員が頻繁に変わると、生産現場はいつも素人作業者しかいないという悪循環を繰り返すことになります。このようなことを防ぐために、次の手順で非正規社員を指導していくことが必要になります。

手順1 まず、会社の職務規定や職場規律を説明する。特に、職場規律は、質問を交えながら、規律の理由を理解させることが必要になる(ここまでは総務部門が担当する)。

手順2 工場内を見学させ、生産現場の配置やモノの流れを説明する(ここからは、製造部門が担当する)。

手順3 次に、作業に就かせる生産現場の基礎的な作業説明をする。その際に必要なことは、指導内容は本人にメモを取らせると共に、道具などは現物を見せながら説明すると、理解力が高まる。

手順4 実際に、本人に担当させる作業の説明をする。その後は、生産現場の指導担当者を決め、教え方の7ステップに従い、必要において繰り返し指導を継続する。

手順5 ある程度の期間(3ヶ月程度)を過ぎたら、本人のスキルの向上具合を監督者と指導者が話し合って評価する。さらに、本人が作業習得についてどう意識しているかを調査する。

Q3 工場長から製造課長に、「多能化」に取り組むように指示を出していますが、推進上問題が多く難しいと、なかなか進まず困っています。推進上の問題と対応策について教えてください。

A3 多能化を推進する際、問題が発生することが多く、そのため、次のような対応が必要となります。

①一時的な生産効率低下への対応

作業に就かせる際、指導者の近くに付けて生産性低下を最小限にする。

②熟練者不足への対応

作業を標準化することで技能レベルを確保する。

③教育テキスト不足への対応

多能化教育のためのテキストとして、すでに職場にある図面や作業標準書の内容を見直し、修正した後に用いる。

④指導担当者の養成への対応

職場リーダーや、指導力と熱意のある作業者を中心に仕事の教え方を学習しておく。技術知識や製品知識などの専門知識は、設計課や技術課からの応援を頼む。

⑤指導時間の取り方への対応

いくら忙しくても必要な時間なのだという考えで、計画的に時間を確保する。これには時間外で取る場合と、定時間内に取る場合がある。

⑥多能化を嫌がる人への対応

多能化を嫌がる人は、わがままで言っているのか、それとも不適性なのかを見極める。わがままなら、会社の方針であるから個人の勝手は許さないという強い姿勢で説得する。

4章

「見える化」と「コミュニケーション」で変化対応力の高い生産現場をつくれ！

「見える化」とコミュニケーションを強化しないと偽装・隠蔽が横行する（事例研究）

生産現場の問題と工場長の悩み

［事例1　現場の問題が見えない］

S社の清水工場長は、毎日の工場現場巡回を欠かさず実施しています。倉庫から、製造工程、現場事務所などを洩れなく巡回し、問題を発見したらすぐに記録に取り、必要に応じて部門管理者を呼び、原因と対策を指示するようにしています。しかしながら、いつもイライラさせられることがある。それは生産現場で誰かに聞かないと問題が見えないという点です。さらに、工場長だけではなく、**管理者や監督者にも生産現場の問題をリアルタイムに解決する責任があるにもかかわらず、このような見えない生産現場で、果たして問題の早期発見ができるのだろうか。**

先日も、生産現場に不良品らしき仕掛品が放置されていたので、製造の佐藤係長に質問をしたら、調べて報告しますとその場を去り、夕方、品質不良品だったので手直しをして出荷しましたとの報告がありました。さらに、先週は納期遅れが発生し、客先の生産ラインを止める結果になり、清水工場長が顧客からの呼び出しを受け、厳重注意を受けたばかりです。その際、顧客から今後の再発防止対策を明確にして報告するように指示を受けた。今日も、組立職場の巡回をした際に、生産工程が遅れているのかどうかを確認するため町田係長に質問をしたが、調べておきますという返事しか得られませんでした。最近、「見える化」という言葉をよく聞くようになったが、問題が見える生産現場をつくらず、再度同じような納期遅れを発生させたらどうしようかと悩む毎日です。

生産現場の問題と工場長の悩み

［事例2　コミュニケーション不足］

最近のS社の工場では、非正規社員が増加傾向にあり、生産現場の作業者の主力になりつつあります。そのような中で、生産現場の職場環境が悪化しているという話を耳にするようになりました。

具体的には、職場内での人間関係が悪化しているらしい。先日も、作業中に非正規社員同士のトラブルがあり、生産ラインが止まったと清水工場長に報告がありました。山本係長を呼んで話を聞いて実態が把握できました。

それは、非正規社員が作業中に作業ミスの原因をめぐり、責任のなすりあいから騒ぎになったとのことでした。最近、同様のトラブルが生産現場で多発するようになっているとの説明もありました。

たとえ非正規社員同士であっても、職場でのコミュニケーションを維持し、お互いに助け合わなければ生産目標など達成できないことは明らかです。工場長は係長に、ところで朝礼を実施し、作業指示を出して「報・連・相」を指導しているかと質問したところ、時々やっているとの返事でした。課長からそのような指示が出ていないと言うのです。清水工場長は職場コミュニケーションの重要性を再度説得したが、具体的にどう指導を進めればよいのか迷うこの頃です。

生産現場がなぜこうなってしまったのか、問題の真の要因は何か?

最近の生産現場は、変種変量変人生産と言われるように、製品の変化や注文量の変化の程度が大きくなっています。さらに、非正規社員や新人社員などの人の変化の影響も大きくなっています。そのような中で、**生産現場の問題が作業ミスや納期遅れをもたらしています。このような中で、問題を早めに発見できる「見える化」が必要になっている**が、工場の生産現場において明確な「見える化」の取り組みがない。さらに、生産現場の作業者の雇用形態が多様化し、特に非正規社員が増大する中で、「朝礼」を毎日開催し経験不足の作業者にも分かる作業指示を出していない。その結果として、作業者の責任である「報・連・相」も実施されなくなり、職場の問題が隠蔽されているのです。

このような生産現場を工場長はどう変えたらよいのか?

変種変量変人生産の中で工場の生き残りの努力が問われている。工場長には次の責任と役割が求められています。

①「見える化」のない職場体質を否定し、生産現場の作業問題や工程遅れが早めに発見できる職場づくりの必要性を管理者・監督者に説得する。
②コミュニケーションのない職場は偽装と隠蔽が広がる。そのために、朝礼を徹底させると共に、全作業者に「報・連・相」を実行させるよう管理者・監督者に指示する。
③監督者の職場パトロールによって作業者とコミュニケーションを取ることを実施させる。

本章では、工場長が主導する「見える化」と「報・連・相」の進め方を具体的に解説していきます。

SECTION 2

見える化とコミュニケーションの効果

「見える化」とコミュニケーションが日本の生産現場で効果を発揮する理由とは

Q1 最近、当社の生産現場では、実態の見えない問題が多発し、対応に苦慮しています。それには、「見える化」とコミュニケーションの強化に取り組むことが有効であると聞きました。どのような理由で有効なのですか？

A1 「見える化」とコミュニケーションの強化は、急激に悪化する今日の生産現場で取り組むべき重要事項になっています。**見える化とは、誰でも見える・分かる・できる、の3要素を備えた職場をつくること**を意味します。見える化とコミュニケーションの強化に取り組まないと、生産現場は作業者による偽装と隠蔽が横行してしまう恐れがあります。さらに、近年多くの職場で人間関係が悪化している中で、**働く人同士の心のつながりを持てるコミュニケーション（心頼関係）が重要に**なっています。見える化の効果として次の点が挙げられます。

①生産現場のどこに何があるかが分かるようになり、非正規社員が〝モノ探しのムダ〟をせずに、指示された作業を実施できるようになる。

②新人作業者に対し、分かりやすい作業指示を出し、知らなかった、聞いていなかったという問題を防止する。

③作業者の「報・連・相」を習慣づけることができるため、生産現場の問題を先取り的に把握し、迅速に対応できるようになる。

④作業者とのコミュニケーションを密にすることで、作業者指導を強化し、作業者の短期育成が可能になる。

Q2 日本の生産現場では「見える化」とコミュニケーションが特に効果的だと聞きましたがなぜですか？

A2 **日本の生産現場には、日本語を中心にして必要な情報を「見える化」すれば、生産現場の駅前広場化を防止できる**可能性があります。その理由として、日本の生産現場はそのほとんどが日本人で占められている（外国人作業者比率は2018年現在2・2％）ことが挙げられます。海外の生産現場は多数の国籍の労働者がおり、言葉もほとんど通じない状況を筆者は経験しました。一方で、日本の生産現場には次のような条件があり、見える化が大変に効果的なのです。

①日本人の非正規社員の持っている教育水準が高い

日本人の我々は、しっかりとした義務教育を一人の例外もなく受け、日本語を書くことができ、新聞を読み、理解できる能力という高い教育水準を持っている。そのため、日本人共通の日本語を活用した見える化の素地がある。

②日本語による「見える化」とコミュニケーションができる

日本人の持っている、単一文化、単一民族という強みから、日本語を主体とした情報を活用することによって、作業者全員が理解できる素地がある。

Q3 「見える化」とコミュニケーションには科学的根拠があると聞きましたが、具体的にはどういうことですか？

A3 「見える化」とは、人間の視覚と右脳の潜在力を結びつけ、右脳の持っているイメージ記憶能力と、左脳が持っている言葉情報記憶能力を活用した科学的手法であると言えます。「見える化」を用いる場合とそうでない場合の、人間の記憶に残る程度の違いを比較したデータとして、下の例を参考に示します。この例のように、ただ話しただけの指示の場合と比較して、見える化による指導によって、3週間後の記憶量が約10倍以上であるという傾向があることは明らかです。

これはひとつの参考データでしかありませんが、日本の生産現場で、「見える化」とコミュニケーションの効果によって、**非正規社員が短期間で作業内容を確実に理解し、記憶し、適切な記憶に基づいて正しい作業をできるようになっていく傾向は確か**であると言えます。

見える化とコミュニケーションの効果

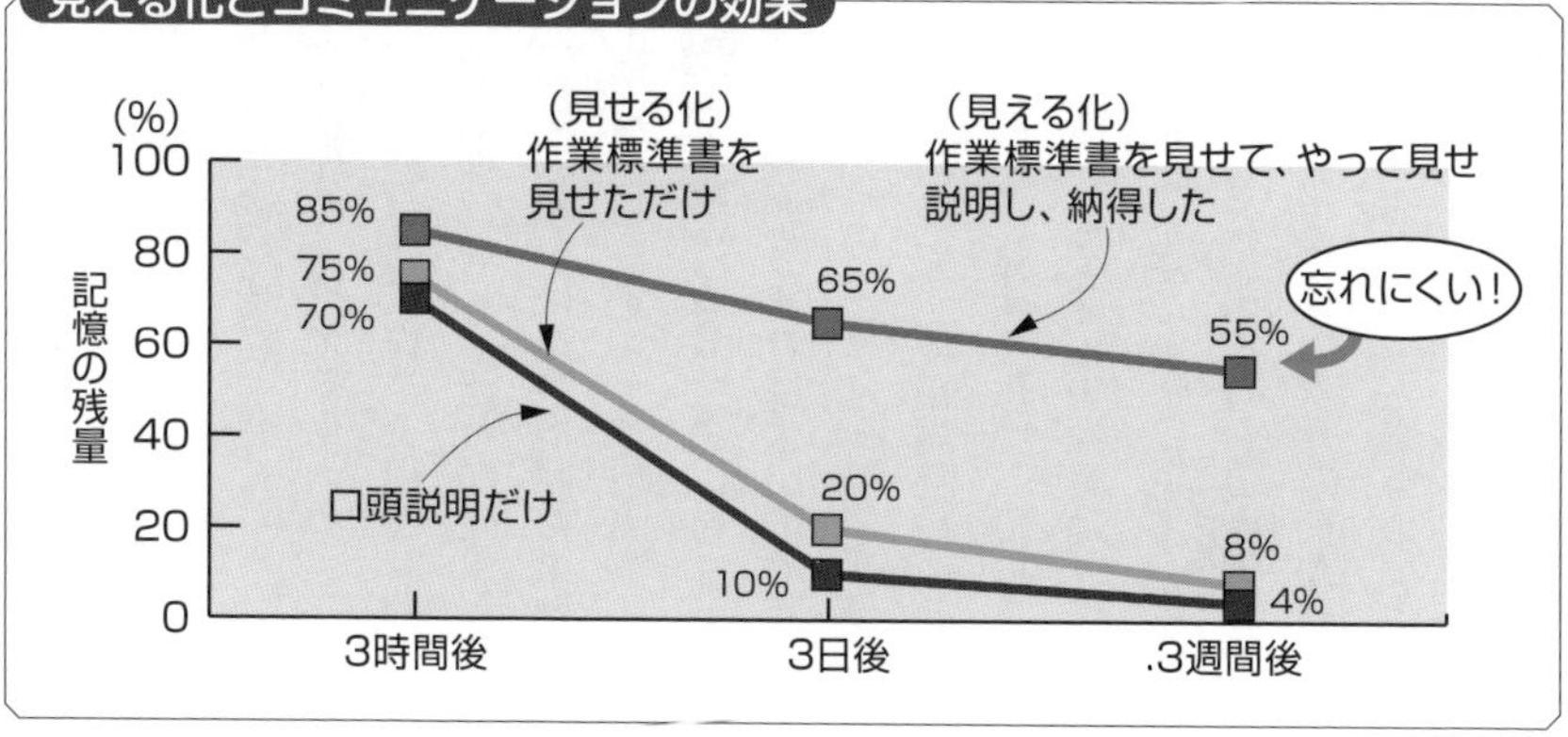

「見える化」は「本物の5S」から始める

Q1 生産現場の「見える化」とは、何をどうすることですか?

A1 生産現場を「見える化」する対象は数多くありますが、非正規社員と若手新人社員が増加する職場が駅前広場化することを防止するために、次の事項に対する「見える化」の仕組みづくりが効果を発揮します。

①5Sによるモノと情報の「見える化」

生産現場が駅前広場化している理由として、作業に必要なモノと情報がどこにあり、どのように識別するかが見えないという問題があります。この問題に対する対応としては、「本物の5S」による生産現場のモノと情報の「見える化」が効果的です(2章参照)。

②作業習得の「見える化」

素人作業者と言われる作業者に短期間で作業を習得させるため、「見える化」が効果的です(3章参照)。

③生産現場のムダと問題の「見える化」

生産現場では、毎日のように、ムダと問題が発生しています。管理ボードなどを活用して「見える化」することで、ムダと問題の発生を未然に防止できるようになります。

④作業指示の「見える化」

作業指示の内容を的確に作業者に伝えるための、「見える化」のツールの活用が効果的です。

⑤工程管理の「見える化」

工程管理では、作業工程を時間に基づいて進捗管理し、遅れが発生した場合に、すみやかに遅れ挽回対策と再発防止を実施します(8章参照)。

Q2 「本物の5S」の「見える化」とは、何をどうすればよいのですか?

A2 「本物の5S」を活用することによって初めて、非正規社員にとって生産現場が「見える化」していきます。そうしないと、非正規社員は、作業にかかる前に、モノ探し、モノの運搬、指示待ちなどのムダな行為を繰り返し、本作業開始までにムダな時間が費やされていくことになってしまうのです。「本物の5S」による生産現場の「見える化」の内容は次ページの通りです。

「本物の5S」による「見える化」の例

①整理の「見える化」(例)

(a) 要品と不要品を区別する不要品基準書をつくり、これに従って不要品に赤札を貼り、不要品であることが見て分かるようにする。
(b) 本日の作業に必要な材料や治工具を指示書で明示することで、必要なモノを見て分かるようにする。
(c) 生産現場の不要品処分を赤札を活用して実施し、職場から不要品を排除し、派遣社員が間違ったモノを使用することを防ぐ。

②整頓の「見える化」(例)

(a) 職場にある全てのモノの定位置を決め、置き方を決め、モノと場所の両方に表示する。置き方については、戻しやすい方法を決める。
(b) 生産現場を線引き(テープ引き)し、運搬通路、作業場所、保管場所を見て分かるようにする。
(c) 職場全体の配置マップをつくり、職場や生産ラインごとの表示を作業者の目の高さに設置し、見ればすぐに分かり、誰でも必要な場所に移動できるようにする。
(d) 全てのモノと場所を表示することで、見れば分かるようにし、慣れない作業者でも必要な場所で、すばやく必要なモノを探し、元に確実に戻せるようにする。
(e) 倉庫では、棚マップ(どの棚に何があるかを表示する棚の配置図)によって、モノの保管棚が見て分かり、入出庫作業が、正確に、迅速に実施できるようになる。
(f) 作業に使う治工具類は、絵姿表示をすること(工具管理板と呼ぶ)で、必要な工具が見て分かり、使用後確実に元の場所に戻し、探すムダを排除できる。

③躾の見える化(例)

(a) 「職場の規律」を掲示し、繰り返し見ながら唱和させ、職場規律の重要性と職場のルールを理解させる。
(b) 作業ルールとして、作業標準書を作成して、これを担当者に渡し、必要な場合に、繰り返し作業標準書を見て習得させる。
(c) 職場で発生した作業ミスや労働災害について、対策を文書や写真で掲示し、一人ひとりの作業者がやるべきこと、やってはいけないことを見て理解させる。

SECTION 4

作業指示の「見える化」

「見える化」を作業指示に展開する

Q1 経験不足の作業者への作業指示の内容には何が必要ですか?

A1 作業指示によって作業者に明確な作業内容を伝えるためには、作業の基本事項を確実に指示することが求められます。特に、作業経験の不足している非正規社員や新人社員に対しては、次の事項を分かりやすく具体的に指示することが必要になります。

①作業準備事項

作業指示書、材料・部品、設備、作業標準、記録用紙、記録方法などを明確に指示する。

②当日の生産目標

その日に何個生産するか、どの程度まで生産するか、誰が、いつまでに、どの生産ラインで作業するのか、生産スケジュールの時間はどう設定されているのか、などを明確に指示する。

③作業の方法

図面、仕様書、QC工程表、作業標準書、作業基準書などによって作業の方法を明確に指示する。

④安全な作業方法

作業開始時、作業中、作業終了後のそれぞれの安全注意事項、ヒヤリハットの事例など、労働災害に関する注意事項を明確に指示する。

⑤作業終了後の確認と後始末

作業終了後の製品品質の確認方法、清掃点検の方法、使用した部品や道具の返却先について明確に指示する。

⑥前日のパトロールによる指示

前日の現場パトロールで発見した生産現場の問題(トラブル)、または問題の前兆(放置しておくとトラブルに発展しそうな現象)と、そのための解決方法や再発防止対策を事前に明確に指示する。

Q2 作業指示を出すための手法と、その特徴を教えてください

A2 作業指示の方法として、次の手法があります。これらの手法を効果的に組み合わせた作業指示を実施することが必要です。

①作業指示書

作業項目と作業時間を明確に記述し

た作業伝票です。作業者は以下の「作業指示書」によって、どのような作業を実施し、何時までに、何個、または、どのくらいまで加工するのかを明確に理解できます。その結果、当日の作業目標と具体的な作業遂行責任が明確になります。さらに、作業終了後に終了時間を記入させて回収すれば、生産出来高の把握、超過作業時間の有無や、実績原価を明確にすることができます。

②生産実績管理板

　生産実績管理板は、当日の生産予定を、1時間ごとに管理板の中に記入し、作業時間の経過と共に生産実績を記入していくという使い方をする管理板です。通常は、ホワイトボードを使用し、生産現場に置いて、1時間ごとに作業の進捗状況を記入していきます。その結果として、作業が計画より遅れ始めた時点で、遅れの原因を調査し、作業終了時までに遅れ挽回対策を図ることで、スケジュール通りの生産目標を達成することができるようになります。このような管理方法を、**先取り管理**と言い、今後の非正規社員の増大する生産現場において、遅れの兆候を捉えて先手を打つ管理が求められるようになっており、工程管理のための重要なツールとしての活用が必要になっています。

③掲示板

　本日の作業スケジュールをコピーし、掲示板に掲示しておく方法です。ただし、この方法では作業の進捗が把握しにくい、文字が小さくて見づらいという結果となり、3メートル程度離れても見えるように拡大しないと掲示板の効果は少なくなります。

④作業標準書、記録書

　本日実施する作業の標準的な方法を明記した文書です。作業手順や要領を記述してあり、作業者が作業中に迷った場合に参照することができ、あいまいな理解のまま発生する作業ミスを防止することができます。記録書に、当日の作業条件や作業結果の確認事項を明記することによって、品質不良の防止効果が得られます。

⑤口頭指示、メモ

　口頭による指示は、あくまでも作業指示書や作業標準書を作業者に渡し、指示事項を補足するために行なうことが基本です。

作業指示書の例

作業指示書（伝票No.20110）

（発行日：　　年２月３日）　（発行部門：製造1課）

製造番号	品名	図番	製造数	作業時間	工程名作業名	作業者
N115	製品ABC	AP 1155	計画：10	計画：140分 開始：9:00 終了：11:20	第2ライン 最終組立	山田真
			実績：	実績： 開始： 終了：		

記事：

承認	石原	確認	池田	作成	佐藤

SECTION 5

「見える化」の3原則

「見える化」3原則を活用する

Q1 「見える化」を実施する見える化3原則には何がありますか？

A1 「見える化」が、思ったほど効果を発揮しない例を多く見かけます。それは、「見える化」を効果的に実践するための次の3つの原則に従って行動していないからです。

原則1　三現主義（現場、現物、現実）に基づき、自分の体（足で歩き、眼で観て、耳で聴く）を使って生産現場の変化する事実を把握する。

定期的に現場をパトロールし、直接自分の体（足で歩き、眼で観て、耳で聴く）を活用することによって、初めて生産現場の問題や変化の兆候を発見することができます。そのため、何か問題が発生したらすぐに生産現場に直行することが求められます。非正規社員の急増によって、生産現場にはムリ・ムラ・ムダが多発しています。これらの問題やムリ・ムラ・ムダをとる実践行動が「見える化」の基本目的です。三現主義によって、**現場、現物、現実を捉えることなしに、事実を把握することはできません。常に三現主義を徹底し、生産現場を歩き、生産現場を直視する**行動なしには、変化していく現場の事実を把握することはできないのです。

原則2　IT（スマートフォン・パソコン・メール）のみに頼らず、人の五官と感性の活用によって問題とその前兆、さらにムダの発生を把握する。

事実と情報は違う。事実とは実際に発生している事柄を言い、情報とは、感情が入り、事実を加工したある価値判断の入った結果を報告することを言います。したがって、ITツールは事実の伝達手段ではなく、情報を知らせる道具でしかないことをしっかりと認識しておくことが重要です。しかも、ある心理学者の研究の結果によると、文字情報によって伝えられることは、伝えるべき事実の7％に過ぎないとあります。ITツールが、事実を正確に伝える手段ではなく、情報操作するための手段であるという本質を忘れてはなりません。筆者は、今日のインターネット社会を否定するものでもないし、すばやく情報を取得できるＩＴ活用の必要性を感じ、頻繁に活用している者です。しかしながら、**事実とは人の五官（眼、耳、鼻、皮膚、舌）と感性（変だなと感じる力）によってのみ捉えることができる**ことは決して忘れないようにしています。そのため、事実に即して観察（事実の背景にある真の要因を捉える行為）する力を磨くことに日々努めています。「観察力」を強化する方法は、繰り返し観察を実践し、五官と感性を研ぎ澄まし、事実をすぐにメモし、考える習慣を続けていくことしかありません。自らの行動で事実を捉えることなしに、他人の情報に振り回されるようなことがあってはなりません。観察力を強化することによってのみ、初めて実際に発生している事実（問題とその兆候）が「見える化」し、問題とムダの発見が可能になります。

原則３　自分の頭を使って知恵を出して考え、問題とムダの真の要因を掘り下げ、問題解決・改善対策を出し、ムダとり方策を関係者に指示する。

問題を観察することで、発生している問題の要因を明確にし、さらに問題の真の要因を掘り下げていく材料が揃います。その結果、把握した事実に基づいて、問題が発生した真の要因が何であるのかを掘り下げていくことができるようになります。さらに、問題の真の要因に対し、「６Ｍ問題解決法」（９章参照）によって再発防止対策を打つことができるようになるのです。その結果を〝問題再発防止見える化ボード〟（図表）に見えるように記入し、関係者に対して必要な行動をとるように指示を出すことができるようになります。

問題再発防止見える化ボード

No.	発生日	発生した問題 (5W2Hで詳しく)	問題の真の要因 (なぜなぜ5回)	再発防止・ ムダとり対策	誰が	予定	実施効果	今後の 水平展開

SECTION 6

3礼と報・連・相

コミュニケーションの基本「報・連・相」では何をやればよいのか

Q1 **最近「3礼」がコミュニケーションに役立つと聞きましたが、具体的に何をどうすることを言うのですか?**

A1 職場の作業者として非正規社員が増加する中で、生産現場の乱れが多発しています。そのようなことを防ぐため、職場リーダーと作業者の間のコミュニケーションを強化することが重要課題になっています。今までのような、言わなくても分かってくれるアウンの呼吸が通じなくなっているのです。作業に必要な知識と経験が不足している作業者は、リーダーによる指導を求めています。**指導とは、作業者に対しリーダーが明確な作業指示を出し、作業者の困り事にリアルタイムに指導対応をすること**を意味します。生産現場の目標達成は、リーダーによる作業指示と指導の有無によって左右されるのです。そのための「場」として「**朝礼**」「**昼礼**」「**終礼**」(これらをまとめて「**3礼**」と言う)を実施することが必要になっています。3礼は、次の目的を持った場として位置づけられます。

① **朝礼** 朝一番に具体的な作業指示を出す場

② **昼礼** 昼までの作業の進捗経過を報告させる場

③ **終礼** 朝礼で指示した作業目標の達成結果を終業時に報告させる場

非正規社員が増加していく生産現場にとって、朝礼・昼礼・終礼は必須事項になっています。毎日確実に実施することによって、初めて生産目標を計画通り維持でき、そして同時に作業者を育成できるようになるのです。3礼を実施することによって、さらに作業遅れの後処理のない生産現場をつくることができるようになります。

Q2 **「報・連・相」とは何をどうすることか具体的に教えてください。**

A2 **「報・連・相」とは「報告・連絡・相談」を意味します。**まず、「報・連・相」の言葉の意味を作業者にしっかりと理解させることが必要になります。

①「報告」とは何をどうすることか

現場長から作業指示されたことの結

果を、催促される前に報告させます。特に、**遅れの程度が大きく、予定に間に合わない場合、残業しなければとても終わらないような事態が発生した場合には、事前に報告させる**ようにします。現場での報告は口頭で行なってもよいが、なぜ作業指示時間に終了しなかったのかについて理由を把握し、再発防止対策をとることが必要です。

②「連絡」とは何をどうすることか

非正規社員が慣れない作業を進めていく過程では、作業ミスをした、機械操作を誤った、作業方法が分からないなどのトラブルが発生します。その場合には、**まず作業チームのリーダーに「連絡」をして指示を仰ぐようにさせる必要があります。**もし作業リーダーが不在の場合には、関係者（品質不良であれば検査責任者、機械故障の場合であれば機械責任者など）に発生状況を早急に連絡させることが必要になります。その連絡を受けた人は、それによりすぐに行動を起こします。連絡を受けた関係者は、スマートフォンで指示するのではなく、必ず連絡を受けた生産現場に直行し、三現主義（現場、現物、現実）で問題を確認し、挽回対策をとることが基本となります。

③「相談」とは何をどうすることか

トラブルの解決方法について、関係者が相談して決めます。一部の人が勝手に判断して進めてはいけません。現場で発生した問題の再発防止対策を打つためには「相談」が必要になります。その場合に、現場長が上司と話し合って対策をあらかじめ決めておいたとしても、職場として対策を正式に決定する場合には、**職場のメンバーを集め、全員の意見を確認した上で決定すれば、自分達で決定したこととして、全員が実施することが可能になります。**実施を怠った場合には、なぜ自分が参加して決めたことを守らないのか？　と作業者を叱ることができます。

④異常事態に対処する場合に「報・連・相」が特に必要である

品質不良、機械故障、あるいは労災発生などの場合は、特に「報・連・相」の徹底が必要です。生産工程はお互いに関連があるため、異常事態の対応や再発防止対策を立てるのに、正確なトラブル内容の「連絡」と「相談」が再発防止のために必要なのです。

⑤「報・連・相」を指導する現場リーダーの責任とは何か

・現場長は「報告」を聞かないと分からないから、必ず指示されたことを報告させる
・「連絡」を受けた関係者は三現主義で現場に直行する
・現場長は職場の作業者に対して「報・連・相」の〝習慣付け〟をする責任がある

SECTION 7

3礼

「3礼（朝礼、昼礼、終礼）」の活用で「働き方改革関連法」に対応できる

Q1 3礼が生産現場にとって重要であることは理解できましたが、実際にどのような効果があるのでしょうか？

A1 朝礼は、3礼のうちで最も重要な場となります。朝礼というと、学生時代の、全員が集まった朝の集会を思い浮かべますが、生産現場で行なう朝礼はかなり内容が違っています。朝礼は、次のように定義できます。

> 職場で始業前に、作業チーム全員が集まって、挨拶やリーダーによる作業指示などを行なう朝のコミュニケーションの場。

朝礼を毎朝実施することは今日の生産現場の必須事項であり、次のような目的を達成できます。

①職場として重要な情報を伝達する
②その日の生産スケジュールを全員に指示する
③一人ひとりの作業者のやるべきことを明確に指示する
④リーダーが作業者を観察し、健康状態とやる気の有無を察知する
⑤作業者の問題点の指導や教育をする
⑥作業者にとって不明な点の質問や建設的な発言のチャンスを与える

Q2 昼礼と終礼はあまり聞き慣れませんが、その目的は何ですか？

A2 昼礼と終礼の共通目的は、毎日の生産目標を確実に達成し、人づくりをすることにあります。しかし、個別目的は次のようになります。

昼礼

朝礼の次に行なうのが昼礼です。昼礼は1日の作業サイクルの中間段階、通常は昼休みが終わった午後の始業時に実施するので昼礼と呼びます。昼礼の定義は次の通りです。

> 午後の始業前にチーム全員が集まり、午前中の作業の進捗状況を報告するコミュニケーションの場。

朝礼と終礼を実施している生産現場を見かけることはありますが、昼礼を実施している職場はまだほとんど見られません。**昼礼は働き方改革関連法のための新たな管理ツール**になっています。その理由は次の通りです。

①経験の少ない非正規社員や新人のいる職場では、朝礼で作業指示をし、終礼で結果を確認しても、指示通りの生産目標を達成できていないケースが多発するようになった。

②1日の中間点で作業の進捗状況を報告させ、午後の時間帯に遅れの挽回対策と、作業者に対する指導を実施することで**残業を防止し、「働き方改革関連法」への対応が可能になる**。

③非正規社員が増加していく中で、生産現場での指導を通して短期間で作業者を育成することができる。

終礼

1日の最後に実施するのが終礼です。終礼は次のように定義できます。

当日の作業予定が終了したことを報告するコミュニケーションの場。

終礼では、当日の作業が終了したか、終了してない場合の原因は何かを報告させます。

朝礼の目的と進め方

「朝礼」の目的

① 職場として重要な情報を伝達する
② その日の生産予定を全員に指示する
③ 一人ひとりの作業者のやるべきことを明確にする
④ 監督者がメンバーを観察し、健康状態とやる気の有無を察知する
⑤ メンバーの教育をする
⑥ メンバーに不明な点の質問や建設的な発言のチャンスを与える

「朝礼」の標準的な進め方

① **開始号令**:「集まってください、今から朝礼を始めます」
② **挨拶**:「おはようございます」
③ **人員点呼**:「一人ひとりの氏名をフルネームで呼び、呼ばれたらハイと答える」
④ **報告**:「昨日の業績」「現場パトロールでの発見事項と注意事項」
⑤ **発表**:「本日の計画」、「作業者の作業目標」「作業の注意事項、作業標準書の確認」
⑥ **メンバーの質問**:「何か発言することはありませんか」
⑦ **一斉唱和**:標語またはスローガンを全員で唱和する(一週間ごとの標語を決めて唱和する)
⑧ **終了宣言**:「朝礼を終わります、解散して作業に就いてください」

SECTION 8

工場長のよくある悩み相談Q&A【見える化・コミュニケーション編】

Q1 「見える化」は変化の多い生産現場の重要テーマであるため、生産現場リーダーに推進を指示していますが思ったように進んでいません。「見える化」をうまくやるポイントは何ですか?

A1 「見える化」されていない職場は、言わないほうが得だ、隠しても分からないという生産現場体質となり、最後は顧客の期待を裏切る結果、企業が崩壊する傾向は最近多発している企業不祥事でも明らかです。そのためにも、監督者が中心になって、次のポイントによって実践することが重要です。

① 「見える化」の目的と重要性を監督者が理解する

監督者が目的と重要性を理解しないと「見える化」を実践できない。

② 「見える化」は監督者の実践行動なしに効果を出せない

「見える化」は、毎日の監督者行動の実践なしに効果を得られない。

③ 「見える化」は三現主義行動によって把握した「事実」に対して行なう

スマートフォンなどに頼ることなく、観察力を研ぎ澄ました監督者による三現主義で、発見された事実に対して「見える化」する。

④ 「見える化」は「本物の5S」の実践が基本である

「本物の5S」による全員参加活動によって、いつでも誰でも見える・分かる・できる職場づくりができる。

⑤ 「見える化」でムダを発見する

「見える化」によって、迅速に問題とその前兆、さらにムダを発見できる。

⑥問題を発見したら再発防止対策を立てる

問題を発見したら、なぜなぜと要因を考えて再発防止対策を立てる。

⑦全員参加で問題の再発防止と改善を実施する

「見える化」で全員が問題再発防止と改善を実施できるようになる。

Q2 「3礼」を必ず実施するように工場長から指示を出していますが、製造部門の管理者・監督者がうまくやれ

ないという理由で徹底できません。3礼を徹底する基本を教えてください。

A2 非正規社員や新人社員の増加する最近の生産現場では、生産目標は3礼の実施なしには達成が困難になっています。今やリーダーの責任事項になった3礼には、うまくやる次のポイントがあります。

①5～6名のチーム単位で実施する

10～15人の多人数で朝礼を実施しても、時間がかかってダラダラし、聴いていない作業者が多くなる。

②監督者が目的を理解する

3礼の必要性とメリットを監督者がしっかりと理解し、自分の重要な責任であるという自覚を持つ。

③定期的に実施する

3礼は時間と場所を決め、毎日1回のサイクルで実施する。

④作業者に理解させる

3礼は遅れ支援と作業指導を受けるチャンスであることを作業者に理解させる。

Q3 経験不足の作業者に対しては、作業指示を確実に伝えることが重要になりますが、なかなか明確な作業指示が出せなくて困っています、うまくやるコツを教えてください。

A3 経験者主体の今までの職場では特に作業指示がなくても、問題なく作業が進みました。そのため、作業指示を確実に伝えることがうまくいかない生産現場が多くなっています。作業指示をうまくやるコツは次の点です。

①5W2Hを具体的に指示する

何を、いつまでに、どこの現場で、誰が、どのように(作業標準書など)、何個、どの程度、作業を実施するのかを具体的に指示する。

②文書や作業標準書を見せながら説明する

作業指示書や管理板を使って、見せながら作業指示をする。ただ口頭で説明しただけでは、伝えるべきことは正確には伝わらない。やるべきことを、文字情報とイメージ情報の両方で伝えることで理解が進み、忘れにくくなる。

③明確な表現で指示する

「…をしたほうがよい」などのあいまいな表現ではなく、「…を実施してください」というように、作業者が迷うことがないよう明確に指示する。

④作業指示の受け方を教える

作業指示を受けたら、しっかりと理解しているかを確認するために、作業者自身に指示事項を〝復唱〟させる。理解していなければ復唱することはできないからだ。

⑤大事な指示事項は必ずメモをとらせる

作業者が自分の手でメモをとることで、理解度が高まり、しっかりと記憶できるようになる。

5章

管理者と監督者を育成して「組織力」を強化せよ！

SECTION 1

管理者・監督者の育成が工場生き残りの基本要件だ（事例研究）

生産現場の問題と工場長の悩み

［事例1　監督者責任を理解しない］

山田工場長が、今日も生産現場を巡回しています。毎日の工場長の現場巡回は、急速に変化する最近の生産現場の実態を捉えるために欠かすことのできない行動と位置づけています。第一ラインの職場で目に入ってきたのは、製造課の鈴木係長が現場でまた、作業の手伝いをしている風景でした。先日も、生産計画の調整をそっちのけにし、生産工程の遅れ挽回と称して、生産現場の応援をしていたので注意したばかりでした。その時は、Sラインの工程遅れが発生しており、その理由としては追加注文が入ったためと、前工程のトラブルでSラインが一時停止したためと説明がありました。係長の職務から考えれば、追加注文を強引にラインに突っ込むのではなく、生産計画の修正をすべきでした。さらに、前工程の遅れの原因を把握し、再発防止対策を立てることにあるはずでした。あの時、鈴木係長は工場長が叱った意味が分かっていなかったのかと思うと気持ちが暗くなってしまいました。今回も、本人に注意をしただけでは理解されないだろう。工場長から製造部門の監督者に対し、常に現場に入れ、と言ってきたが、このことが誤解されていることにいまさらながら気がつく、気の重くなる毎日でした。先週は、鈴木係長の上司である坂本課長を呼んで意見を聞いたら、「私も注意しているのですが」という無責任な意見しか得られませんでした。係長の本来の監督者行動は、どうしたらできるのか。現状の係長の行動をこのまま放置しておくことはできないと悩むこの頃です。

生産現場の問題と工場長の悩み

［事例2　課長責任を実施してない］

R社はこの数年間、新製品の売れ行きがいまひとつで、さらに納期遅れやクレームが増大しており、このままでは生き残りが難しくなっています。会社のこのような苦境を乗り切るため、新たな会社方針が出され、工場のモノづくり体制を改革していくことが決まりました。中村工場長は、生産リードタイム短縮、クレーム半減、コストダウンの3つの基本方針を打ち出した。今年は生産現場の改革の年であり、製造部門の管理者が先頭に立って推進するように指示を出した。さらに、生産改革プロジェクトを管理者中心に設立しました。その後、3ヶ月経過した時点で、メンバーの管理者に推進状況をヒアリングしてみました。その結果として分かったのが、生産改革とは名ばかりで、具体的な改革の施策が打ち出されていないばかりか、課長は今までと変わらず日常業務に忙殺されているというのです。なぜ、方針に従った生産改革に取り組まないのかという質問に対し、現場問題の後処理に追われているためとの説明であった。中村工場長は、管理者行動をどうすべきなのか悩みが深い。

生産現場はなぜこうなってしまったのか、問題の真の要因は何か?

係長や主任という**「監督者」の本来の責務は、生産目標を達成するための生産現場の司令塔としての、工程管理や作業者の指導にあります**。しかしながら実態は、係長が生産現場で起きる問題の後処理を主業務としています。最近増加している派遣社員の指導どころか、生産現場問題の解決を見て見ぬ**振りをする結果**になっています。

一方で、**部課長という「管理者」は、QCT（品質、コスト、リードタイム）の目標を達成できる生産管理体制を維持すると共に、工場生き残りの改革を推進することが本業**です。しかしながら、中村工場長は管理者と監督者の責任と役割を明確にせず、結果だけを求めています。トップダウンで階層別責任を明確にし、指導することが必要になっています。

このような生産現場を工場長はどう変えたらよいのか?

工場の生き残りのための基本要件として、**階層別の組織責任が確実に実施されなければならない**ということが挙げられます。工場長の責任とは、工場組織を本来のあるべき姿に改革するための次の行動なのです。

①管理者には管理者としての責任と行動、監督者には監督者としての責任と行動を、各組織階層の責任と行動として明確にする。

②現場問題の後処理だけで忙しいという現実を変えるために、管理者と監督者の行動をあるべき姿に戻す。その結果として、現状の生産現場を改革するための本当の問題・課題が明確になっていく。

本章では、管理者・監督者の本業とは何か、どうやって育成すべきかについて、具体的に解説していきます。

SECTION 2

工場組織の改革

工場の新たな組織構造と階層別役割を明確にする

Q1 工場長として工場組織を基本から見直していくべきであるということは分かりますが、もうひとつなぜ必要なのかが釈然としません。工場トップとして説得力を持たないと、組織を変えただけでは、管理者・監督者が何をどうすべきかを理解できません。

A1 多くの工場で、日々発生する生産現場問題を先送りする、問題隠蔽の組織体質が蔓延しています。**生産現場の人の質が低下する中で、問題解決のできる組織体制と、人が育ち進化する組織体質がない工場は明らかに生き残れなくなっている**のです。組織の再構築に取り組まずに、管理者・監督者がトップの顔色だけをうかがって、やるべき改革を先送りした企業が、結局は顧客の期待を裏切り、市場から追放される事例が後を絶ちません。それらの企業の背景には、変化することのできない工場の現状維持と守りの組織体質があることが明らかになっています。

そのためにも、管理者と監督者の新たな責任と役割を階層別組織によって明確にすることが重要になっているのです。

Q2 工場長として、早急に新たな組織構造をつくる取り組みをしたいと考えていますが、どのような組織づくりをしたらよいのかを教えてください。

A2 工場の生き残りを最も真剣に考える人は、工場長をおいて他にありません。そのため、工場長の重要な責任・役割として、組織力を強化するために階層別組織と機能別組織を再構築することが挙げられます。生産性を維持することも重要ですが、変化に対応できる工場体質をつくるためには、組織構造をもう一度基本から見直すことが必要なのです。**組織のあり方の基本は、次の2種類の組織機能の明確化にあります**。これらの組織構造が、織物の縦糸と横糸のように相互に影響し合って、初めて厳しい変化に対応でき、工場生き残りが可能になります。

階層別組織づくり

階層別組織は、**第1階層の工場トップから第5階層の作業者**に至る5つの階層で構成されます。重要なのは、中間の3階層です。それぞれの役割については、本章で解説していきます。

第2階層　**管理者の組織階層**で、業務プロセスのPDCA（プラン・ドゥ・チェック・アクション）サイクルを回し、QCT（品質、コスト、リードタイム）の成果を確保すると共に、工場生き残りの生産改革を計画的に推進する。

第3階層　**監督者の組織階層**で、日常の生産工程の目標達成を確保する司令塔としての役割を持つ。監督者は、生産ライン全体を監督する**上位監督者（係長と呼ばれる）**と、個別職場を監督する**下位監督者（組長、班長）**に分かれる。下位監督者は、作業チームリーダーや作業者の指導を担当すると共に、現場問題の改善も推進する。

第4階層　**作業チームリーダーの組織階層**で、以前はあまり注目されなかったが、派遣社員を中心とした経験不足の作業者が増加する生産現場で、作業者の身近な指導を担当する。

機能別組織づくり

機能別組織は、生産プロセスに必須の組織である。しかし、多くのモノづくり工場において、組織自体がなかったり、組織があっても活動の実態がないケースを多く見かけます。機能別組織の要素は、具体的には次の4つを指し、それぞれが専門的な能力を必要とします。個別の組織機能については7、8章で解説します。

組織機能1　**生産管理組織**で、顧客要求に対する対応を管理する機能を持つ。

組織機能2　**品質保証組織**で、顧客の品質要求とクレーム対応機能を持つ。

組織機能3　**設備管理組織**で、設備の可動を確保するための統括機能を持つ。

組織機能4　**労災管理組織**で、作業者による労働災害の防止機能を持つ。

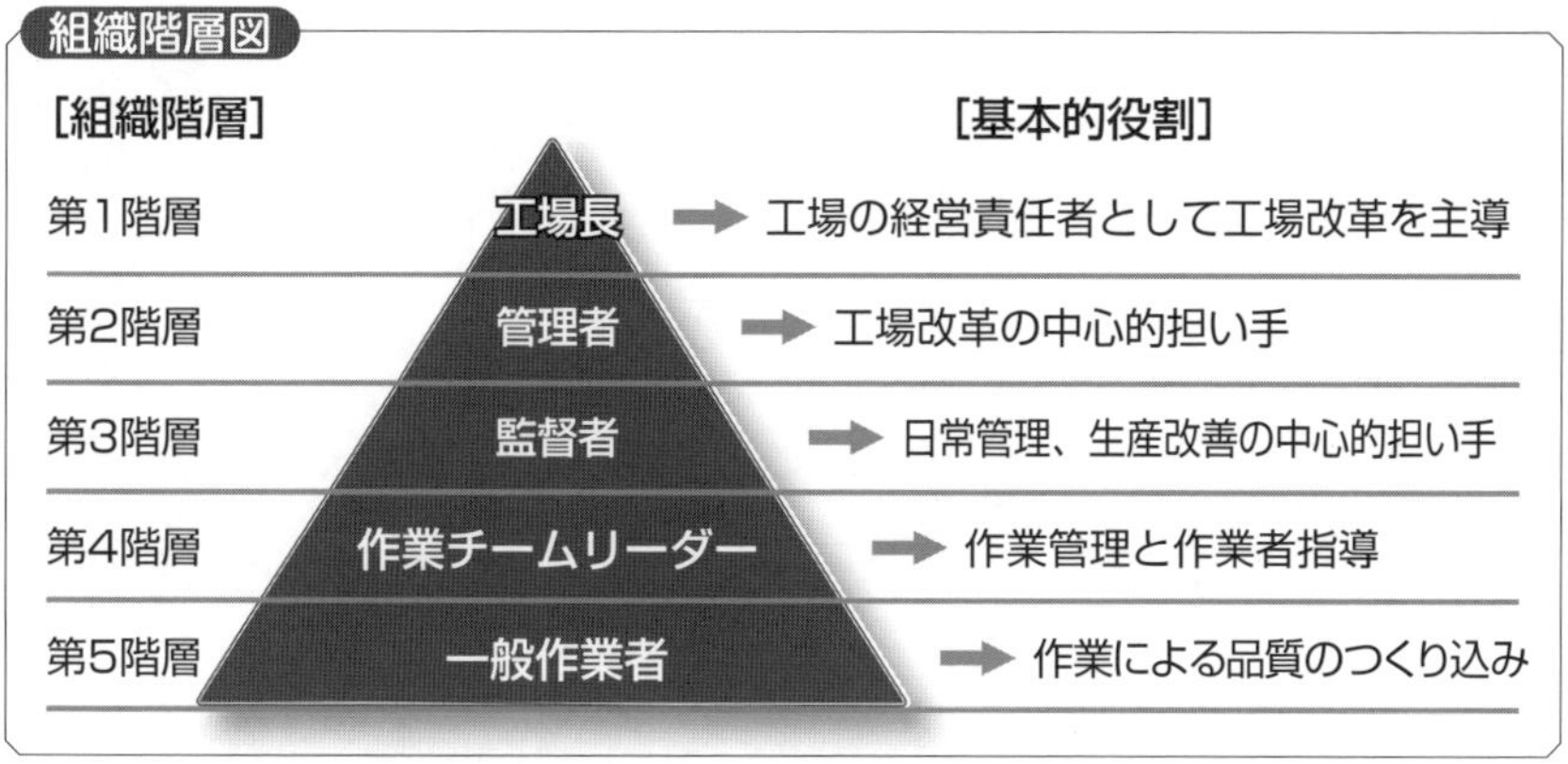

SECTION 3

管理者の責任・役割と基本行動

管理者の本来の責任・役割と基本行動とは何か

Q1 工場長から管理者に対し、生産部門の管理者の責任とは何かを具体的に指示したいのですが、どのようにすべきか悩んでいます。管理者の具体的な責任・役割を教えてください。

A1 多くの企業において、管理者本来の責任（マネジメント）が不明確になり、その結果として生産現場の偽装・隠蔽が横行するという結果をもたらしました。管理者階層が本来持つべき責任には次の事項があり、いずれも工場の生き残りのための必須事項です。

①品質の維持・向上
②計画コストの維持・向上
③計画納期の維持・向上
④生産現場の労働安全衛生の維持
⑤機械設備の維持・保全
⑥業務プロセス、生産プロセスの改革・改善の推進とQCTの向上
⑦監督者と作業者の技術・技能向上と、多能化の推進
⑧生産現場の活性化と、モチベーションの維持・向上
⑨工場利益の確保

Q2 管理者の役割を果たす基本行動が明確でないため、工場長からの指示が出せなくて困っています。管理者の基本行動には何がありますか？

A2 生産部門の管理者の役割を果たすための基本行動と具体的な実施事項は、次のようになります。

①**生産計画** 生産現場の稼働状態を確保する業務計画、生産計画を立案する（8章参照）。

・生産管理部門の立てた生産計画を、各生産ラインごとの稼働率確保の生産スケジュールに展開する

②**利益管理** 変動費、固定費等を管理し、利益を確保するための計画を立案し、フォローアップする。

・生産現場の変動費・固定費の予算計画作成（12章参照）

・予算計画のフォローアップ

③**労務管理** 生産現場の適正人員配置の確認と、監督者の行動管理を行なうことで、工場内の生産活動の維持と活性化を図る。

・監督者会議の定期的開催と、職場の問題点の検討・対策指示
・各監督者の行動報告書のチェックと、問題点の検討・指示

④**品質管理・品質保証** 品質要求事項を明確にすると共に、社内不良や顧客クレームに対する要因の調査と再発防止対策の立案、実施指示を行なう（8章参照)。
・作業標準書とQC工程表の作成を監督者に指導する
・品質不良、クレーム情報の集計
・品質不良、クレーム要因の調査、対策検討・指示、効果の確認

⑤**工程管理** 各生産現場の監督者を対象に**工程会議**を開催し、生産ラインの進捗を確認すると共に、生産スケジュールの遅れに対する対策を検討し、該当する監督者に対策を指示する（8章参照)。
・工程会議の準備、運用、まとめ
・工程管理の問題の検討・対策指示

⑥**人材育成** 所属部員の能力向上のため、教育訓練計画を立案し、監督者に指示する（3章参照)。
・作業者の教育訓練の効果の確認と監督者の指導育成活動の支援

⑦**生産プロセス・業務プロセスの改革管理** 生産ラインのモノづくり方法やレイアウトの見直し、業務プロセスの見直しによって、QCTのレベル向上を達成する。
・生産ライン改革計画の作成
・生産現場の改革の推進と進捗管理

⑧**5S・快善管理** 5Sを中心とした全員参加の快善活動を推進委員として率先し、生産現場快善の効果出しを図る。
・5Sチーム活動（5Sミーティング、5S実施計画表）の支援
・5Sチェックリストによるパトロールの実施と快善の実施指導

⑨**機械設備管理** 機械設備の故障を防止し、可動率を向上するため、点検整備について計画し、部品手配と保全の指示をする。
・設備の点検・整備計画の作成指導
・設備故障の原因調査と再発防止対策立案（7章参照)

⑩**安全衛生管理** 安全衛生を維持するための組織づくり、作業者の健康維持と労災防止の対策を立案・指示する（7章参照)。
・安全衛生委員会の開催と安全衛生問題・ヒヤリハットの対策立案

⑪**生産現場問題解決** 現場巡回によって生産現場の問題点を発見し、関連部門との協力の下に解決策を検討し、指示する（9章参照)。
・現場パトロールチェックリストに基づく現場巡回
・現場巡回で発見した問題点の検討・改善指示

SECTION 4

●監督者の責任・役割と基本行動

監督者の本来の責任・役割と基本行動とは何か

Q1 生産現場の監督者が作業応援に入ってしまうので、生産目標達成の現場マネジメントの責任があいまいになっています。製造課長から指示を出させたいのですが、どう指示してよいか迷っています。監督者の本来の責任・役割とは何か教えてください。

A1 監督者が日常的に作業応援に入るようでは、生産目標達成と作業者指導の責任が棚上げになり、生産現場は無責任な体質になってしまいます。そのために、監督者の責任・役割を明確にすることが必要になります。監督者が会社から求められている責任・役割は次の事項であり、いずれも生産目標達成と作業者育成の必須事項です。

①コンパクトな組織づくり

現場組織を、各作業チームリーダーを中心に、5〜6名の人数に再編成する。その理由は、派遣社員や新人作業者をきめ細かく指導するために、コンパクトな人数の作業チーム編成が必要になっているからだ。

②生産スケジュールに基づき明確な作業指示を出す

作業終了結果を踏まえ、前日に準備状況を把握し、翌日の朝、作業計画を最終調整し、作業指示を出す。

③品質を維持・保証する

作業指示によって作業の質を明確にし、品質不良やクレームの再発防止対策を立てる。

④納期を厳守する

工程管理を徹底し、工程遅れを挽回することで、納期を確保する。

⑤安全衛生を確保する

ヒヤリハット事例や生産現場3K（キケン・キツイ・キタナイ）を観察し、安全で衛生的な職場をつくる。

⑥作業標準化と改善を推進する

新人作業者が短期間で習得できるよう、作業の標準化に取り組む。

⑦「本物の5S」と「見える化」の徹底

「本物の5S」を毎日実践すると共に、問題や困り事が見える仕組みを導入し、問題解決を推進する。

⑧生産改善の推進

レイアウト改善や仕掛在庫削減などによってモノづくりの流れを改善する。

⑨コストダウン

コストダウンの基本として、生産現場の3M（ムリ・ムラ・ムダ）をとることに取り組む。

⑩作業者を指導育成し、やる気を引き出す

経験不足でやる気に乏しい作業者を日常作業の中で指導し、スキルを身に付けさせ、やる気を引き出す。

⑪上司にタイムリーに報告する

監督者としての行動結果を毎日報告すると共に、上司である管理者の推進する生産改革に協力する。

Q2 生産現場のキーマンは何といっても監督者です。しかしながら、監督者の基本行動が明確になっていません。基本行動について教えてください。

A2 生産目標を確実に達成できる生産現場をつくるため、監督者には次の基本事項に対する具体的な行動と対策を取ることが求められます。

①不良品早期発見と修正

生産工程の中から不良品を早めに発見し、修正する（8章参照）。

②工程遅れの発見と挽回

工程の進捗状況を生産実績管理板や工程表によって「見える化」し、遅れの原因を把握し、挽回対策を指示する（8章参照）。

③機械設備故障の早期発見と対策

設備の始業点検を徹底させ、異常があった場合の連絡を確実に実施させることで、機械設備可動の対策を指示する（7章参照）。

④労働災害の予知と予防

生産現場を巡回することで、3K状態を発見し、具体的な改善対策を指示する（7章参照）。

⑤初心者向きの作業標準書をつくる

作業をABC分類し、Cレベルの作業標準書を作成する（3章参照）。

⑥職場環境の悪化の感知と修正

生産現場の人間関係が希薄になる中で、人間環境の悪化を早めに把握し、作業チーム編成や本人への指導によって修正する。

⑦「本物の5S」の乱れの発見と修正

職場の乱れは、5Sの乱れによって発見できる。特に躾の不足をなくすよう、作業者を指導し、5Sによって快善する（2章参照）。

⑧得意先クレームの迅速な処理

得意先のクレームを三現主義で把握し、クレーム再発防止の対策を打つ（8章参照）。

⑨経験不足の作業者の短期育成指導

経験不足の作業者を対象に生産現場の中で短期に指導育成する。

⑩活気のある職場づくり

やる気の出る職場をつくる。

管理者による業務プロセス改革とは何をどうすることか

Q1 業務プロセスを改革することが必要になっていますが、工場長の私に各部門の主業務のプロセスが見えるようになっていないため、業務改革がなかなか進みません。管理者による業務プロセスを「見える化」し、改革する手法を教えてください。

A1 工場の改革を推進する対象は、モノの流れの生産プロセスと、各部門が主管する業務プロセスになります。業務プロセスの流れを可視化することで、業務の改革・改善点を把握することができます。そのための手法として、筆者が編み出した**プロセスチャート法**があります。この手法には、次の特徴があります。

①主になる業務プロセスをPDCAI（計画→実行→チェック→是正アクション→改善〔Improvement/改善、Innovation/改革〕）のプロセスチャートのステップで表わすことで業務の流れを可視化できる。
②業務プロセスの流れの部門横断的な責任と実行内容を把握できる。
③業務プロセスの可視化によって、問題と要因の把握が可能になる。
④各部門業務の管理目標を明確にすることによって、業務改革をどう進めたらよいかを把握できる。

プロセスチャートの作成手順と活用のポイントは次の通りです。

①プロセスチャートを準備する。
②業務の流れを詳しくステップごとに記入し、複数のステップをPDCAIに分類し区分する。
③各ステップごとのインプット（準備情報）、アウトプット（作成情報）、活動内容、判断基準を設定する。
④管理指標の欄に業務プロセスにおいて達成すべき、管理指標を記入する。
⑤各部門の管理者は、管理サイクル（通常1ヶ月）ごとに、業務プロセスの問題点と管理指標の達成状況を把握し、業務改革・改善の対策を立て、率先して実施する。

生産管理プロセスチャート

ステップ	プロセス	インプット	アウトプット	責任者	活動内容	活動(判定)基準
P 受注	月次生産計画	過年度生産計画書 月次受注予測データ	月次生産計画書	製造課長	・月次生産計画書作成	月次受注予測データ 過年度生産計画書
月次計画	受注明細	受注データ	作業指示書（特注） 受注明細	生産管理課長		
日程計画	スケジューリング	人員出勤表 受注明細 作業指示書（特注） 前日生産日報	受注明細 作業指示書 (特注・規格)	生産管理課長	・加工日指定 ・加工優先順位指示 ・人員配置指示	受注データ 生産能力 月次生産計画書
D 加工	作業指示			生産管理課長		
	作業準備・段取り 加工プロセス	作業指示書 受注明細	設備点検チェックリスト 作業指示書 生産日報	製造課係長	・点検チェックリスト記入 ・加工 ・作業指示書・生産日報記入	設備点検基準書 治工具作業標準 作業標準書 QC工程表 作業指示書
工程内検査	工程内検査	作業指示書	管理図 工程内検査記録 作業指示書	製造課係長	・検査記録書・作業指示書記入	製造規準 図面
	組立プロセス	作業指示書 受注明細	作業指示書 生産日報	製造課係長	・加工 ・作業指示書・生産日報記入	作業標準書 QC工程表 作業指示書
C 最終検査 A 手直し	最終検査	作業指示書	最終検査記録書 作業指示書	製造課長	・検査記録書・作業指示書記入	最終検査管理規定
	梱包 製品倉庫	作業指示書 受注明細	作業指示書 生産日報	製造課係長	・作業指示書・生産日報記入 ・梱包	梱包作業標準書 QC工程表 作業指示書
出荷	出荷チェック	ピッキングリスト 作業計画書 品揃え表	品揃え表	製造課係長	・出荷作業 ・品揃え表保管	作業計画書
引渡し	引渡し	発送データ 送り状	回収データ 送り状控え	生産管理課長	・照合	
I	顧客評価	クレーム要求書	クレーム対策書	品質保証課長	・クレーム対策の計画・実施・効果確認	クレーム委員会

SECTION 6

監督者の日常基本行動

監督者の日常基本行動はどうあるべきか

Q1 毎日の生産目標達成のキーマンは監督者ですが、監督者のとるべき毎日の基本行動が明確になっていません。監督者の日常の基本行動として何が必要か教えてください。

A1 監督者の日常基本行動は次の6つのステップになります。監督者が6ステップを毎日確実に実践することで、初めて生産目標の達成と作業者の育成ができるようになります。

ステップ1　朝礼による作業指示

作業チームリーダーに毎朝「朝礼」を実施させ、一人ひとりの作業者に作業指示を出します。朝礼の実施されない生産現場は、糸の切れた凧のような成り行き職場になってしまいます。

ステップ2　現場のパトロールと指導

朝礼の作業指示の後、本作業に移るまでに、準備・段取り作業を要します。この時間帯をねらって監督者が生産現場をパトロールし、準備・段取り状況を把握します。パトロールは午前と午後に各1回実施することが必要です。

ステップ3　問題発見と暫定指示

生産現場の問題やトラブルは毎日発生します。ムダ発生やトラブルの前兆を捉え、その場で必要な暫定指示を出します。

ステップ4　問題の再発防止対策指示

すぐに事務所に戻り、現場のパトロール中に発見した問題の解決策や、改善事項について検討し、改善案を立案します。改善対策は、見て分かるように文書化することが必要です。その後、できるだけ早く生産現場に戻り、問題を起こした作業者に対し、再発防止のための対策を指導します。

ステップ5　昼礼で進捗状況を把握

「昼礼」で、昼時点での各作業者の進捗状況を報告させ、遅れ挽回対策の必要な作業者を明確にし、午後に遅れ挽回対策と作業者を指導します。

ステップ6　終礼で作業の終了確認

「終礼」で作業終了後の状況を確認します。終了した場合には感謝の意を伝え、未終了の場合には理由を本人に確認し、対策を指示します。

行動管理表による日常行動6ステップ

行動管理表（記入例）

名前：吉田良一		○月○日	工程：Xライン
時間	実施項目	評	実施記録
8−9	朝礼	○	作業ミスを指導した
9−10	パトロール	○	トラブル対策を実施した
10−11	対策指示	○	再発防止対策を作成した
11−12	改善検討	△	治具を作成した
13−14	昼礼	○	遅れ対策を指示した
14−15	パトロール	△	新人を作業指導した
15−16	リーダー会議	○	指導方法を検討した
16−17	終礼／準備	○	残業を指示した
[総評] 作業ミスが増加しているため、パトロール中の指導を強化する			

記号：○（十分）、△（要改善）、×（なし）

SECTION 7

●生産現場パトロール

監督者の生産現場パトロールで現場の宝を掘り起こす

Q1 生産現場問題を確実に把握し、作業者に対して指示を出す役目は監督者にあります。監督者の生産現場パトロールをどのように実施させたらよいか教えてください。

A1 現場をパトロールする際には、**人間の持っている5つの感覚器官（眼、耳、鼻、舌、皮膚）を研ぎすまし、活用する**ことが必要です。現場パトロールによって、現場はトラブルの発生源から、改善による宝の山に変化します。次のポイントを中心に観察します。

①**目で観る（人やモノの乱れを眼で観る）** 形状、模様、色、表面状態、異物、5Sの状態、油漏れ

②**音を聴く（相手の言っていることをメモしながら受け止める）** 口頭報告（作業者に声をかけ、生の声を聴く）、ガス漏れ、騒音、機械の音

③**臭いをかぐ（いつもと違う臭いを嗅ぐ）** 煙、芳香、悪臭

④**舌で味わう（製品の質の変化を舌で味わう）** 食品、薬品

⑤**手で触る（機械や仕掛品に触れてみる）** 表面状態、温度、弾力、肌触わり、表面の振動

さらに、次の視点が必要になります。

①**労働安全について**

落下や倒れる危険のあるモノの置き方、ムリな作業姿勢、油や水で滑りやすい床

②**品質不良**

作業標準書にない勝手な作業方法、不良の手直し品、新人作業者の動作、製品の味や感触

③**生産スケジュール遅れ**

生産予定からの遅れ（10%以上の遅れの有無）、部品の欠品や納期遅れ

④**設備故障**

始業点検記録の有無、機械の異常音や振動・発熱

⑤**5Sの乱れ**

不要物の有無、道具や材料の放置と散乱、職場の汚れ、作業者の勝手な行動（職場からの離脱、作業の中断、勝手なモノ探し）

ラインパトロール・チェックリスト

ラインパトロール・チェックリスト					
チェック日	年2月1日	職場名	製造1ライン	パトロール者	鈴木二郎

チェック項目 ＼ 指摘事項		午前（何が問題か）	午後（何が問題か）	改善点
1	製品の不良発生はないか	◎ 特になし	△ 製品の外観の傷あり、手直し実施	製品の取り扱い保護シートを設置する
2	生産計画の進度に遅れはないか	○ 大きな遅れはないが、作業者間のばらつきが多い	△ 工程遅れが発生、手空き作業者を応援に入れた	派遣社員に対する基本指導が必要、来週実施することにした
3	作業者の手待ちはないか	◎ 特になし	○ 手空き状態の作業者を見かける	「報・連・相」の指導が必要
4	設備の稼働に異常はないか	○ 始業点検をしていない作業者がいた	△ 油漏れしている機械を発見し、カバーを増し締めした	始業点検の方法についての指導をした
5	ムリな姿勢や、不安全作業はないか	○ ヒヤリハットの報告が3件あった	△ 新人作業者の赤チン災害あり	安全なモノの管理のために、5S定置を強化する必要あり
6	職場問題はないか	○ 職場コミュニケーションが不足している	△ 作業遅れがあっても協力がない	朝礼で作業指示を明示する必要あり
7	作業標準による作業をしているか	○作業標準書を無視した作業者あり	△ 新人の作業ミスが発生	作業標準書の使い方の指導が不足していた
8	生産スケジュール変更への対応は大丈夫か	◎ 問題なし	○ 計画変更が作業者に知らされていない	ラインに連絡ボードを設置し、計画変更を見える化する
9	材料・部品遅れへの対応はどうか	○ 部品遅れ票に記入がなかった	△ 部品納入遅れで手待ちが発生した	資材部門に遅れ対策を要請した
10	その他			
記事	[総合所見]　最近の派遣社員の増加によって、現場の乱れが増加している。まず、3礼を徹底し、現場規律を守る行動に取り組む [上司コメント]　現場パトロールをしっかり実施しています。今後は、作業標準化と作業者指導を強化して品質維持を中心に取り組んでください			

注：問題なし＝◎、改善点あり＝○、問題あり・即改善＝△、不明＝×と記入する。

SECTION 8

● やる気の出る生産現場

「やる気」を持てる生産現場づくりを推進する

Q1 最近の生産現場は、派遣社員と若手新人が増加しているためか、雰囲気が沈滞し、やる気の出る現場と無縁の状態になっているように感じます。工場長の私が言っても、現場監督者は理解していないようです。生産現場の活気が失われている兆候として、どのようなことがあるのでしょうか。その点を明確にして、現場を観察させようと思っています。

A1 最近の生産現場は、派遣社員や新人作業者の増加によって活気が失われる傾向にあります。このような現象を放置しておくと、職場のチームワークはおろか、問題隠しや見て見ぬふりが横行する恐れがあります。

①声が小さい

朝の挨拶、呼ばれた時の返事、ミーティング時の発言、危険なことに対する警告の声が小さい。

②当日の作業目標がはっきりしない

その日の作業計画と目標がはっきりせず、作業者の目標意識がない（「3礼」を実施していない）。

③整理、整頓、清掃、清潔、躾ができていない（「本物の5S」の不足）

・不要物が放置されている
・品物の置き場に表示がない
・職場が薄汚れている

④職場規律の乱れを放置している

・時間規律を守らない
・報・連・相が乱れている
・大事な掲示物を見ない

⑤グチ、陰口、ウソが横行する

・工場や職場の悪口を平気で言う
・上司や仲間の陰口を言いふらす
・ウソが横行する

⑥作業や設備を改善しない

・不良を減らす努力をしない
・設備故障を改善しようとしない

⑦監督者の意識と行動がゆるんでいる

・現場リーダーが部下の意見を聞こうとしない
・現場リーダーが部下の失敗を見ても知らん顔をしている
・自分の責任を部下になすりつける

Q2 生産現場の監督者や作業リーダ

ーを中心にした、活気のある、やる気の出る職場づくりに取り組む必要性を痛感しています。どのようにして監督者行動をとらせ、やる気の出る現場づくりを進めたらよいのでしょうか?

A2 やる気の出る生産現場づくりの基本は、監督者や作業リーダーが先頭に立った、次のようなリーダー行動の実践にあります。

①現場リーダーが本業に専念し、率先実行して手本を示す

監督者のやるべきことを「本業」という。監督者は、自分に与えられた本業を再確認し、生産目標の達成と、作業者の育成に取り組むことが重要です。さらに、作業者に命じたり、職場で確認したことを現場長自身が守り、手本を示す。

②作業の目的と目標を作業者に理解させ、徹底させる

現場の活動の目的とどこまでやるかの目標を作業者に理解させ、徹底させる。朝礼の場で繰り返し、作業者とのコミュニケーションを図る。

③現場の問題点を観察し、改善する

パトロール中やトラブル発生時に、三現主義で現場の問題を観察し、改善すべき問題点を把握する。

④作業者の意見を尊重する

現場の事情を一番よく知っているのは、実際に作業している人であるから、作業者の意見を尊重し、皆で話し合う。監督者の現場パトロールの際にも必ず声をかけて、作業者の意見を聴くようにする。

⑤「本物の5S」(整理、整頓、清掃、清潔、躾)を徹底させる

職場の整理、整頓、清掃、清潔、躾を徹底させ、職場規律を守らせる。

⑥作業者個人のポカミスをなくす努力をする

作業者個人のポカミス現象を調査して要因を突き止め、知恵を出して改善の取り組みをする。

⑦現場長自身が勉強する

・他人(上司と作業者)の言うことをよく聴く(必ずメモをとる)
・関連図書や資料を読む
・学習して新しい方法を案出する

⑧加工不良を減らす

・作業標準書に従った作業をさせる
・作業者の自己確認により不良品を発見し、要因を把握させる
・検査データを前工程にフィードバックし、要因対策をさせる

⑨作業のスピードアップ

・作業のムダをとって、段取り作業時間を短縮する
・加工時間を短縮する

⑩いつも改善を心がける

・監督者が工夫改善を提案する
・作業者の工夫改善を助ける
・職場に改善の雰囲気をつくる

SECTION 9

工場長のよくある悩み相談Q&A【管理者と現場リーダー編】

Q1 非正規社員が増加する中で、現場をあずかる監督者にリーダーとしての人間性（素養）が求められるようになっているように感じられます。そうしないと、人間として信頼できないような監督者の指示があっても実行されなくなってしまいます。そのような中で、監督者が持つべきリーダーとしての素養には何がありますか？

A1 最近の生産現場には、非正規社員が増加し、単に上司だというだけでは、作業者が指示に従わなくなっています。年上や他社の経験を積んだ作業者から信頼を得るために必要な監督者としての素養は次の点になります。一つひとつの事項に関し、普段から心がけて実行することが必要です。

①健康
・勤務に支障のある持病がない
・節制のある生活をしている

②性格
・明るい　・温和である
・几帳面　・規律正しい
・ユーモアがある

③人柄
・謙虚である（言葉づかいを丁寧に、「です」「ます」を使う）
・冷静　・率直
・情緒豊か　・公平

④人間関係
・気配りができる
・人情を理解する　・平和な家庭

⑤エチケット
・礼儀正しい（快活に大きな声で「挨拶」をする）
・身だしなみが良い
・良いマナー　・公私混同をしない

⑥心がけ
・誠実であろうとしている（作業者からの質問や相談に、タイムリーかつ親身に答える）
・進歩向上に努めている

⑦人生観
・人生観がハッキリしている（常に成長する自分を求める）
・独自の職業観を持っている（プロのリーダーを目指す）

Q2 監督者に求められるリーダーとしての基本能力にはどのようなことがありますか。基本能力を具体的に習得させたいと考えています。

A2 監督者が現場リーダーとして行動し、成果を出すためには、リーダーの能力を身に付けることが必要です。単なるやる気だけでは、効果的な指示を出したり、部下を指導育成することはできません。共通の能力としては、次の10の分野をカバーしておくことが求められます。

①製品知識
- 自社製品の性能、構造、用途、市場における位置づけ、加工・組立に関する技術知識

②生産管理の知識
- 工程管理・品質管理・納期管理
- 在庫管理・コストダウン
- ムダとり・リードタイム短縮

③指導力
- 目標を与え動機付けする
- やる気にさせる

④判断力
- 物事の良否を判断する
- 判断の分岐点で決断する

⑤表現力
- 明瞭な言葉づかい
- 理解しやすい文章を書く

⑥説得力
- **相手(作業者や上司)の質問や意見を親身になって聴く**
- 相手に説明し納得させる
- 順序正しく説明する

⑦問題解決・改善能力
- 問題点を把握する
- 知恵を出し、楽に早く確実にできる改善をする

⑧行動力
- すぐに行動を起こす
- 行動を億劫がらない
- 翌日回しにしない

⑨指導力
- 相手のレベルを見極め、分かるまで教える
- フォローアップする

⑩上司を動かす
- 上司を説得し自分の考えを実現する
- 上司とのコミュニケーションを図る

以上の能力の内で重要な項目は、**説得力**です。**説得力とは、部下や作業者の分からないことや質問に対し、分かりやすく答え指導すること**です。説得力を強化するためには次のサイクルを確実に回すことが基本です。

⑥相手の話を聴く→⑦問題解決のアイデア出し→⑧すぐに行動する→⑥説得する→⑨分かるように指導する

これによって、監督者のリーダー力が強化されると共に、人が育つ効果を得ることができます。

6章

新製品開発マネジメントで「新製品6M垂直立ち上げ」を実践せよ！

SECTION 1

新製品開発マネジメント

新製品開発マネジメントは工場生き残りの必須要件だ（事例研究）

生産現場の問題と工場長の悩み

［事例1　売れて儲かる新製品を生み出す新製品開発マネジメントがない］

T社は中堅食品メーカーである。近年の激化する新製品開発競争の中で生き残りを図るため、新製品をシリーズ化して開発し、市場の優位性を獲得すべく積極的な取り組みを展開しています。新製品の当初の売れ行きは順調でしたが、最近は受注が低下する傾向を示しています。最近の工場の業績が思わしくない状況を回復するべく、新製品開発チームを増員したにもかかわらず、現状の売上低下状態に陥ってしまい、要因把握を急ぐ佐藤工場長である。本日は、開発責任者である山田課長を呼んで新製品の売上低迷の原因を聞き出すつもりです。工場長の質問に対して山田課長の説明は、「他社同列製品の調査をして機能性の分析をし、それよりも優れた製品を開発したので、なぜ売れないのかが私も分からないのです」との答えでした。

佐藤工場長は、**顧客のニーズの変化に対応して、顧客ターゲットを明確にした商品を開発しなければ新商品はヒットしないし、開発後の商品のリニューアルもできない**という話を知り合いの社長から聞いたことを思い出しました。そこで山田課長に対して、顧客の声を把握した上で、新商品の開発を進めたのか質問をしました。

山田課長の答えは、「今まで当社は自社技術で最新の商品を開発して成長してきた実績があるから、モノさえ良ければ売れると思います」でした。この答えに対して、**モノありきの開発だけでは生き残れない**、という近年の市場競争激化に対する開発責任者の鈍感さにあきれる思いをしました。今後の当社の業績向上に悩む工場長である。

新製品開発問題と工場長の悩み

［事例2　マーケティングが不在］

S社では、新製品の売上のみならず、既存製品の売上も低迷しています。吉田工場長は、今後どうしたらよいか悩むこの頃です。そのため、松本営業課長と中島開発課長を呼んで売上低迷の理由を問いただすことにしました。営業と開発の両方から意見を聞けば、現状打破のヒントが得られるのではないかと考えたのです。

両者の意見を聞くと、松本営業課長は「新製品がお客のニーズに合っていないためだ」と言います。一方で、中島課長は、「営業が顧客情報を提供しないから顧客ニーズに合った新製品が生まれないのだ」との意見でした。打ち合わせの中では両課長の意見が対立し、一向に結論が出てきませんでした。

最近読んだ新製品開発の書籍には、**営業部門によるマーケティング活動によって顧客のニーズを把握することから新製品開発は始まる**とありました。そのため、吉田工場長は両課長に対して、どのようにしたら顧客のニーズを把握できるのかについて検討するよう指示を出した。両課長共に、モノさえ良ければ売れた時代に生きてきており、今後の取り組み成果に大きな不安が残っています。

新製品開発がなぜこうなってしまったのか。問題の真の要因は何か?

今日の市場競争は、顧客のニーズや期待の変化が激しく、また高齢化や少子化、働く女性の増加など、消費者ニーズの多様化の傾向もあり、単にモノさえ良ければ売れるという時代ではなくなったという現実を認識することが求められています。そのために、**多様化する顧客ニーズを把握する〝マーケティング活動〟であるという理解が重要になっている**のです。右の2つの事例では、開発責任者と営業責任者が、このような時代の変化を理解していないという点に大きな問題があると言えます。その解決には、両社がこれからの開発のあり方を学習することが必要になっています。

このような問題を工場長はどう変えたらよいのか?

まず今後の新製品開発の進め方・考え方として、セミナーや専門書を学習することによって、基本的な考え方を変える取り組みが必要になっています。これまでモノありきで新製品の売上を獲得してきた開発部門では、**今日のような顧客のニーズの多様化や、消費者自体の多様化について対応しなければ新商品が売れないという認識が必要**です。そのため、新たな新製品開発体制づくりが、生き残りのために求められているのです。

①工場長が先頭に立った、新製品開発プロセスの再構築。

②営業部門では、消費者ニーズを把握するマーケティング活動、新製品開発部門では、顧客ターゲットを明確にした開発の進め方。

SECTION 2

新製品開発マネジメント

マーケティングに基づく新製品開発マネジメント（STPC）があればヒット商品が生まれる

Q1 私の工場では昨年から市場競争力の強化を目指し、積極的に取り組んでいますが、顧客から評価される新製品が生まれていません。どのように進めたらよいのでしょうか？

A1 近年の市場競争は、熾烈を極めており、消費者ニーズの大きな変化もあり、ヒットする新製品の開発が難しくなっています。変化する時代の生き残りのために必要な新製品開発とは、**つくり手側にとって、より良い新製品を開発することではなく、消費者や顧客が何を必要としているのか（ニーズ）を把握した上で、自社のシーズ（自社の蓄積技術）をベースにした、独自の付加価値を持つ新製品を生み出すこと**にあります。近年では、消費者ニーズの変化が大きくなり、以前は十人一色と言われていたものが、十人十色に変化しています。すなわち、消費者がそれぞれ独自の価値を求めるようになっているのです。さらに、高齢化社会が進行していることもニーズの変化に大きく影響しています。

　そのために筆者が推奨するのが、**STPCの新製品開発マネジメントサイクル**です。

①マーケティングに基づく新製品開発マネジメント（STPC）サイクル

　STPCの流れとは、付加価値ある新商品を生み出していく新商品開発プロセスを意味します。まず、**S（セグメンテーション）**として消費者の**セグメント（消費者分類）**を設定します。次に**T（ターゲット）**として対象となる消費者を絞り込み、消費者の声やニーズを基に**仮説**（消費者はこのようなニーズを持っているのではないかという想定）を設定します。**P（ポジショニング）**では、仮説に対して新製品が持つべき付加価値を明確にします。**C（製品コンセプト）**では、具体的な新製品のコンセプトを設定します。

　この流れは、開発部門だけではなく、営業部門と一体になった取り組みなしには成功しないのです。その理由は、開発部門では顧客に関する情報が限られているからです。

②セグメンテーション（S）では、営業によるマーケティングが重要

セグメンテーションとは、人を主体とした消費者の具体的な区分による捉え方です。特に、近年の高齢化社会では人口の約三分の一が65歳以上の高齢者になっており、年齢構成の変化だけをとっても、「高齢者」というような表面的な捉え方では消費者ニーズは把握できなくなってしまいます。**近年のマーケティングにおいては、年齢別、収入別、所帯別、嗜好別、男女別、働き方別などの多様な捉え方が必須**になっており、近年のヒット商品は必ずこれらのセグメンテーションのいずれかに消費者ターゲットを絞った新商品開発を実践しています。

③ターゲット（T）では、対象になる主要顧客を絞り込む

そのためにやるべきなのが、マーケティング活動です。セグメンテーションによる消費者分類に基づいて、ターゲット消費者を絞り込んだ上で、**開発対象商品に対するターゲットの声VOC（voice of customer）を集めて分析し、その結果として〝仮説〟の設定が可能になります**。仮説とは、顧客の不満や、こうして欲しいという要望から生まれます。ここまでは、営業によるマーケティングを中心に進めます。

④ポジショニング（P）とは何か

次に、仮説に対して自社の持っているシーズ（自社技術）を使ってどのような技術面の付加価値が可能なのか、さらに独自の発想とアイデアによる付加価値を検討します。たとえば、ある焼きそばメーカーが、ターゲットとして昼食をオフィスで食べる若手社員に絞り、そのニーズを調査したところ、匂いが残って周りから迷惑がられた、平たい容器だとガッツリ系だと見られる、という声を聞き、自社開発チームが、焼そばの匂いを麺に封じ込める技術を開発すると共に、容器を縦型のスリムな形にしたところ、ヒット商品になったという事例がありました。この例では、自社技術（シーズ）を活用すると共に、独自のアイデアによって開発して消費者ニーズに適合させたことが、ポジショニングによる差別化につながったと言えます。

⑤コンセプト（C）に基づいて商品化し、さらに進化させていく

商品化において大切なことは、お客様の視点に立った「魅力的品質づくり」を製品コンセプトとして明確にすることです。魅力的品質が設定されれば、新商品の垂直立ち上げの狙いも絞れるようになります。そのために、立ち上げの段階では、開発と生産の緊密な協力が必要になります。

SECTION 3

営業のあり方を変えなければマーケティングは実現しない

●営業部門のあるべき姿

Q1 当社では、売上不振が続き、経営状況が大変に厳しくなっています。さらに、営業組織の世代交代が進み、ベテラン営業マンと若手営業マンのコミュニケーションが悪く、顧客の変化に対応した営業活動ができなくなっています。このような中で、マーケティング活動に基づく営業部門のあるべき姿を明確にすることが求められていますが、具体的にどのような形で設定すればよいのでしょう?

A1 近年、消費者の変化が著しいために、営業活動のあり方を変えていかなければなりません。また、経験不足の若手社員を育成するためにも、ベテラン社員が携わってきたモノ売り営業では、若手社員が成長することを期待できません。今後の営業の基本業務は、次の3項目として定義されます。

1 販売計画に基づいた売上目標を達成する

①あらかじめ自分の担当エリアに対する販売計画を立てる

②これに基づいて、個別の顧客に対する売上目標を設定する

③売上目標の達成計画は、営業チーム内で検討する

④毎月の訪問計画や営業行動を実行して、**売上目標を達成**する

2 顧客（個客）の問題・課題を解決する提案をする提案営業

①顧客（個客）との商談の中から、**顧客情報**を収集する

②顧客から得た情報を**分析**し考察する

③顧客の**問題・課題**を抽出する

④問題・課題に対する**仮説**を設定する

⑤仮説を設定したら、**提案書**を作成する

⑥提案書による顧客へのプレゼンテーションを行なう

3 市場情報・顧客ニーズを把握して企業活動にフィードバックする（マーケティング活動）

市場情報、顧客動向は以下の目的のために、新製品開発などの企業活動にとって重要である。

①自社に対する顧客満足度を把握し、

顧客対応力の向上に活用する

②製造部門の達成すべき品質目標を明確にする

③競合相手企業の動向を把握し、競争力を維持する

④顧客の必要としている製品や技術ニーズを把握し、新商品・新技術開発マネジメントに展開する（この活動を、**マーケティング**と言う）

Q2 営業に配属された若手社員の育成がうまくいっていません。営業社員の基本的な指導内容を教えてください。

A2 営業スタッフとしての日常業務をスムーズに実行するためには、次の日常行動を若手社員が確実に実践することが求められます。

①営業技術の前に社会常識を身に付け、好感を持たれる雰囲気を持つ

社会常識のない営業スタッフは信用されず、顧客から相手にされない。清潔感のある服装、自然な仕草、態度を心がける。親しい顧客でもなれなれしい言葉遣いをしない。言葉遣いに人間性が現われる。

②お客の話の聞き上手になる

しっかりとメモをとる習慣をつけることで、お客のニーズを聴き出すことができる。顧客の話すスピードに合わせて話すことで、気持ちが打ち解けてくる。

③時間を管理する

訪問日程など、自己の行動計画を立て、顧客との約束の時間も厳守する。

④営業のタブーを知る

顧客の悪口を漏らさず、他社の悪口や企業内部情報を絶対に口にしない。他社の情報を漏らす営業マンは、顧客情報を安易に他社に漏らすのではないかという不信感を持たれる。

⑤顧客との約束を守る

新規売り込みは、顧客との小さな約束から始まる。顧客の知りたいことや、困っていることを解決し実行することで顧客の心を開くことができる。顧客との会話の中で、小さな困りごとを聞き出し、後に改善の方法を提案することによって、少しずつ顧客の信頼感を増していくことにつながる。

⑥トラブル処理は迅速に行なう

クレームや納期遅れの場合、迅速な暫定対策と再発防止対策が求められる。

⑦自社の商品と技術の知識を身に付ける

商品と技術の説明によって、顧客に自社商品のメリットを伝える。

⑧情報分析力・企画力を身に付ける

企画・提案のための情報分析の方法を身に付ける。

⑨取引先の信用情報をつかむ

取引先から代金を回収して初めて営業の仕事が終了する。取引先の信用情報の把握は営業スタッフの基本任務と心得る。

SECTION 4

● 営業スタッフ

営業スタッフの意識改革・行動改革が必要だ

Q1 **若手社員の指導内容は分かりましたが、中堅営業社員の育成がうまくいっていません。営業経験の少ない社員もおり、意識改革・行動改革の内容について教えてください。**

A1 営業という仕事を遂行するためには、まず営業スタッフとしての心構えをしっかり持つことが求められます。次の心構えを常に意識しながら行動することによって、営業スタッフとしての仕事のやりがいと、売上目標を達成することが可能になります。

①営業の仕事は、自分自身という人間を売り込むことと心がける

自分自身を売り込めない、付加価値がなく信頼のおけない営業スタッフから、お客は決して商品を買わない。この営業スタッフからなら買ってもよいだろうという**信頼感**を得るよう、まず自分を売り込むことが基本である。

②営業という仕事を通して自分が成長し、プロになるという職業観を持つ

営業は企業活動の基本であると共に、自分の努力が成果につながる面白みのある仕事である。営業スタッフは、顧客先のキースタッフの心を捉え、販売につなげる日々の努力を通して、営業のプロを目指すチャンスを与えられている。

③顧客の求めている付加価値を発見し、これを提案することが営業の使命と心がける

顧客の求めている付加価値を発見し、これを突破口にして売り込む**提案営業**をすることによって、初めて営業のプロに成長していくことができるようになる。

④営業の仕事は、買いたくない顧客に買わせる総合技術であると心得る

顧客は買いたくても新規訪問の営業スタッフに対して、必ず断る行動をとる。そのような顧客の心理を逆手にとって、説得話法によって顧客を契約に誘導することが本来の営業技術である。

⑤市場情報や顧客動向はタイムリーに自社にフィードバックする

今日の競争は厳しく、顧客ニーズの

変化も激しい。企業が世の中の変化に対応して成長し生き残るために、営業スタッフからもたらされる情報は最も重要である。そのため、**営業日報**や**生産販売会議**でスピーディーに情報を伝えることが求められる。

⑥営業成果が上がらないことを製品や会社のせいにしない

どのような営業スタッフでも売れる理想の製品など存在しない。どのような製品でも、営業スタッフの努力によって初めて販売できることを忘れず自助努力することが求められる。

⑦顧客の心を引きつける各種の営業技術を、常に学び身に付ける努力を怠らない

顧客は自信のない営業スタッフからは商品を買わない。そのため、常に営業技術を身に付け、これに磨きをかける努力を怠ってはならない。

⑧売上高の達成だけではなく、粗利益率を確保する

企業活動にとって重要なことは、利益を確保し黒字体質の企業になることである。そのためには売上高を確保するだけではなく、粗利益を上げることを目指すことが求められる。

⑨「ホウ（報告）・レン（連絡）・ソウ（相談）」を実行する

営業活動の中では、報告、連絡、相談を実施することが重要である。必要な営業活動の**報告**を**営業日報**によって実施し、大事なことをスピーディーに上司や関係者に**連絡**し、納期遅れや品質不良が発生した場合には関係者と**相談**し、迅速に対策を実行する。

⑩品質、納期、価格の3拍子揃った営業活動をする

顧客が求めているのは、品質・納期・価格の3拍子揃った営業スタッフの対応である。実施可能な品質かどうかが不明確な受注によって品質クレームを発生させる、達成できそうもない無理な納期で受注して納期遅れを起こす、売上だけを狙った低価格販売で利益を確保できない。このような営業活動は、企業利益を生み出すことはなく、顧客は逃げていく。

⑪営業活動の手順と進め方を標準化する

営業活動の手順を明確にすることによって、経験と勘だけの営業活動から脱皮する努力が求められている。そのために営業業務の進め方を標準化し、これをスピーディーかつ効率的に進めるように心がける。

⑫営業の業務を改善し、営業業務プロセスをつくる

営業活動の進め方を維持するだけでなく、少しでもよりよいものに改善することが必要である。そのために営業部門の改善活動を推進することが必要である。

SECTION 5

●コンカレント・エンジニアリング

コンカレント・エンジニアリング(CE)で新製品開発リードタイムを短縮する

Q1 当工場では、企業生き残りをかけて新製品開発に取り組んでいますが、開発期間が長く、さらに新製品立ち上げ時のトラブルやクレームが多く大変に困っています。最近、コンカレント・エンジニアリングという手法がこれらの問題解決に役立つと聞きましたが、どのような手法ですか?

A1 近年の企業競争激化の中で、新製品開発の取り組みは生き残りの必須条件になっています。さらに、新製品開発の成否は開発スピードの速さにかかっています。市場ニーズに対して、競合メーカーも同様の開発に取り組んでいるのが通常で、どちらが先に市場に新商品を提供できるかで勝敗が決まってしまいます。しかしながら、**設計開発部門だけで取り組む進め方では、開発リードタイムの短縮を望むことはできません**。このようなニーズに対応する手法として、**コンカレント・エンジニアリング**(CE)が有効なのです。CEの考え方は次のようになります。

CE成立の経緯

CEは、もともと日本企業が従来から実施していた新製品開発の大部屋方式の進め方を米国で新製品開発の仕組みとしてシステム化したものである。

CEの目的

CEは、新製品開発リードタイムのみならず製品価値、品質、コスト、さらに新商品の生産ライン立ち上げのスピードアップのいずれをも同時に高いレベルで達成することを目的とする。

CE推進の基本

基本的な進め方は、従来のシーケンシャル方式(試作評価が終わるまで量産体制への取り組みが始まらない、という順番に進める手法)ではなく、**コンカレント**(新製品開発の各段階で、関連会社や生産工程の技術者が参画することによって、関連部門が同時並行的に開発準備を進める方法)に新製品開発を進めることを特徴とする。

同時に実施する重要事項

①経営トップの絶えざる直接的支援
②顧客ニーズの徹底した把握に基づく

開発コンセプトづくり

③各部門のエキスパートによるプロジェクトチーム形式での推進

④チャレンジ性の高い製品開発プログラムと、開発推進日程の厳密な遵守（特に、デザインレビューのような重要日程は、**マイルストーン管理ルール**を適用し、経営トップの許可なしには重要日程を変更することを認めないようにする）

⑤関連企業を巻き込んだ開発ニーズの先取り的な推進

⑥設計審査（デザインレビュー）による後戻りのない開発の推進

CE活用のポイント

CEを活用するために重要なポイントは、**生産技術や顧客サービスの立場から設計内容を徹底的に再検討するという取り組みを行なう**点である。次に、設計開発部で機能・構造設計をする際に、生産技術上・顧客サービス上有利と思われる事項、あるいは手段を設計内容に織り込むことにある。

Q2 CEの考え方は分かりましたが、具体的な進め方はどうやればよいのでしょうか？

A2 CEを推進するポイントは次のようになります。

①下流（顧客に近い業務）から上流化

製造から技術へ、技術から設計へと、上流部門に参画して業務展開する。

②製造部から技術部へ業務参画

まず、製造部から技術部への業務参画を実施する。具体的には、製品の試作の場に製造部門が参画して体験するか、あるいは**製造部門の要求事項を直接設計へフィードバックする**。たとえば、製造部門が生産改革のテーマとして「生産の流れ化」や「生産の平準化」に取り組んでいるなら、生産準備期間の短縮や生産立ち上げの迅速化に有効と思われることを製品設計に織り込んでもらうように要求する。

③技術部から設計部へ業務参画

次に、技術部または生産技術部から設計部への業務参加を実施する。**設計部は、機能設計の取り組みのみならず、生産設計への取り組みにも重点を置くようにしながら開発を推進する**。これまでの生産技術部は、設計部から業務を引き継いでいればよいという姿勢だったが、これからは設計部と協力して、設計の早い段階から製造のしやすさを追求するという攻めの姿勢が要求される。具体的には、設計部に常駐して、設計図面へ直接フィードバックするのが有効である。生産技術部の設計への業務参画の結果、設計段階で生産上の要望が取り込まれ、新製品立ち上げ期間の短縮が可能になり、新製品開発のリードタイムを短縮できるようになる。

SECTION 6

●設計審査

設計審査（デザインレビュー）の活用で新製品の質を向上する

Q1 当社では、新製品の競争力を向上させようと考えています。そのために設計審査の導入を計画していますが、どのような効果が期待できますか。

A1 設計審査（デザインレビュー：DR）には次の基本目的と個別目的があります。

基本目的

①開発に関する早期問題発見・解決による開発プログラムの確実な達成
②開発のリスクマネジメントの実施
③チャレンジ度の高い開発目標の確実な達成
④開発スケジュールの確実な達成

個別目的

①開発プログラム通りの新製品の特徴（機能、性能、安全性など）、品質、コスト、リードタイム（開発期間）達成のため、新製品開発の問題の早期発見とフォローアップ（問題の早期解決）を目的とする。
②積極的な問題発見のため、新製品開発の関連部門（営業、サービス、生産技術、品質保証、製造加工）が出席し、新製品が潜在的に持っているリスクや問題（製品の競争力、法律上の規制、製品安全、量産上の生産ライン問題など）を発見し、関連部門が協力し問題の早期解決を図る。
③関連部門の提案を吸い上げ、直接議論することによってチャレンジ項目を確実にする。
④設計開発グループ内で解決できない問題の解決策情報を関連部門から入手したり、試作品評価によって開発スケジュールを早める。
⑤各部門の出席者は、あらかじめ設計計画内容を把握し、事前に自部門の専門的な観点から問題発見や問題提起の準備をしておく。
⑥設計審査は通常、**企画設計審査、試作設計審査、量産試作設計審査の3段階**で実施する。
⑦**設計審査には、必ず経営トップが出席**し、発見された問題の重要性を判断し、開発計画の見直しか、開発を継続しながら問題解決をするかを指

示し、結果を記録で残し、解決結果を関係部門に報告する。

Q2 今後の導入に際して、最近の設計審査はどのように進化しているか教えていただけますか。

A2 最近のＩＴ技術の発達により、次のような設計審査の進化が生じています。

①ネットワーク技術を活用している
②３次元データ活用のＤＲが実施されるようになってきた
③動画シミュレーションソフトを活用したＤＲが実施されている
④設計開発技術者の真の意識改革が求められている
⑤社内の関連部門の専門能力の向上とデータベース構築が求められている

Q3 当社では、設計審査を実施していますが、期待した効果を生み出していません。うまく進めるポイントを教えてください。

A3 設計審査の成功不成功は、出席者のレベルと審査の運営方法で決まります。次の点に留意し、効果的な進め方を心がけることが必要です。

①事務局は、事前に設計審査に関する資料を出席者に配布しておく。
②事前配布資料は、内容が関連部門に明確に理解されている。
③開催案内では、出席部門に対して、審査事項に対する責任範囲への要望が明確になっている。
④審査者は事前に配布された審査関連資料を理解し、自部門の意見を十分に部門内で検討して準備し、設計審査チェックリストに基づいて洩れのない審査をする。
⑤審査者は「質問」「疑問」のかたちで問題点を指摘し、否定的な発言をしない。その場合、自部門に関係する質問については、何が問題で、どうするべきなのかを明確にしておく。
⑥出席する設計部門側は、設計の欠点を指摘されるという意識ではなく、**設計の足りないところを、社内の専門家がサポートしてくれるという意識で積極的に対応する。**
⑦設計審査は論争の場ではなく、自己の意見を正当化する場でもなく、思いつきを提案する場でもないことを出席者全員が理解する。
⑧設計審査で指摘された問題点に対するフォローアップを、誰がいつまでに完了するかを明確にする。
⑨議事録のフォーマットを決め、開発記録として長期保存すると共に、誰が、何を、いつやるかという決定事項を明確に記録する。
⑩議事録で、デザインレビューの審議の結果、次の開発段階に進んでよいのかどうかを、委員長の承認を得て明確にする。

SECTION 7

ナレッジマネジメントで開発プロセスの質の向上を図る

Q1 工場の技術部門の世代交代が進行してレベルが低下し、開発プロセスが停滞しているように感じます。このような実態に対し、ナレッジマネジメントが有効であると聞きましたが、どのような目的がありますか。

A1 ナレッジマネジメントは、世代交代が進む中で次の目的を有し、企業ノウハウを維持・向上するためにますます重要になっています。

ナレッジマネジメントの定義

ナレッジマネジメントとは、設計開発の創造力を生み出すナレッジを改善・向上するために、組織の設計開発能力を高め、優れた製品を継続的に生み出すことを目的とした仕組みを構築し、その質を高めていくプロセスを言う。

ナレッジマネジメントの考え方

①ＩＴ革命の時代にとってまず重要なのは、価値ある情報であり、特にマーケティングに基づく顧客情報を確実に取り込み、活用しない限り新製品開発は成功しない。

②新製品開発のための情報には次の事項がある。

- ・顧客ニーズ・市場情報
- ・自社の新製品開発ノウハウ情報
- ・競合他社の開発情報

③次に新製品開発のための情報を共有化し、開発効率を高めることが必要である。そのため、情報の相互伝達の仕組みをつくることが求められている。

④新製品開発業務の効果的な推進のためには、自社の技術蓄積（自社独自の創造的な技術業務プロセス）を「技術規格」とする必要がある。技術規格を活用することで、設計開発プロセスの質は飛躍的に高まる。

⑤設計開発スタッフが個人的に身に付けているナレッジ（**暗黙知**）を、いつでも相互活用可能なナレッジ（**形式知**）にすることがナレッジマネジメントの基本である。

Q2 ナレッジマネジメントに関して、暗黙知と形式知という言葉がありますが、どのような意味がありますか？

A2 暗黙知と形式知には、次の意味があります。

①経験による勘・ひらめきとナレッジの違い

設計開発業務において、ひらめきの瞬間は重要な創造的瞬間であると言える。しかしながら、経験と勘だけでひらめきの瞬間をつくり出すことは個人的な資質に頼るものとなり、質の高い新製品開発を継続的に推進することは困難になる。ナレッジマネジメントは、このような優れたひらめきを継続的に実現していこうとする手法である。

②暗黙知と形式知の違い

暗黙知とは、文字通り他人には見えない個人に属する暗黙の経験や知識を言う。一方、**形式知とは形になっている、他人が認識できる見える形式になった知識**を言う。つまり形式知とは、アイデア出しの基本手順やコツを文書化したり、設計審査の方法をマニュアル化して、誰にでも基本的な進め方が分かるようにしておくことを言う。

暗黙知から形式知への展開

設計開発部全体の創造力を高め、開発スタッフが継続して創造的な開発を推進していくためには、それを生み出す開発スタッフの共通のナレッジが不可欠である。暗黙知は本来、主観的であり、他人にとって理解が困難であり、個人に属するものである。このような暗黙知状態が続くと、ある日突然開発スタッフが退職し、急に会社の開発力が低下することになりかねない。

そのような事態を防ぐために、暗黙知を形式知に転換しておくことが大切なのである。

Q3 技術部門のナレッジには、何がありますか。

A3 技術部門のナレッジとは、次の項目になります。

ナレッジとは、企業の競争力を高め、企業価値を創造するために必要な、企業の内部と外部に存在する知識である。ナレッジは、単なる技術情報全般を意味しない。新製品開発のナレッジの対象は、**データ、情報、知識、知恵**に分けられ、そのプロセスは次の通りである。

①データに基づいて情報がつくられる
②情報を統合して知識を構築する
③知識は開発企画や開発基本計画を作成するために活用される
④最後にこれらの活動を基に知恵が生み出され、その結果が創造的な新製品の開発ノウハウの蓄積へ発展していく

新製品開発の実績とノウハウを確実にナレッジ化したナレッジマネジメントを実践した企業だけが、継続ヒットする新製品を生み出すことができる。

6M工程能力チェックシートを活用して「新製品6M垂直立ち上げ」を実践する

Q1 当社では、新製品の量産立ち上げに取り組んでいますが、なかなか成果が出ずに困っています。6Mに基づくことが効果的だと聞きましたが、どのように進めたらよいですか。

A1 量産ラインにおける垂直立ち上げは6Mの活用によって可能になります。6Mに関する生産ラインの工程能力を設定しなければ、生産性を確保する生産ラインは実現できなくなります。量産ライン立ち上げの際は、6M項目に対してのチェックシートによる工程能力設定の取り組みが不可欠なのです。

具体的な6Mの内容は次の通りです。

①**人（Man）** **管理者**は生産ライン6M運用の仕組みを作ったか、**監督者**は生産ラインの6Mの仕組みを導入したか、**作業者**は与えられた作業についての指導を受けたか。

②**機械設備（Machine）** 機械設備の安全対策は設定されたか、始業点検調整の仕組みはあるか、機械設備の必要技術力と作業者能力とは整合しているか、治工具を作製する必要はないか。

③**方法（Method）** 作業方法が作業標準書によって標準化されているか、作業動作のムダとりがあるか、作業標準書は監督者によって作業者指導に使われているか。

④**材料（Material）** 材料などの品質特性がQC工程表で明確になっているか、生産ラインで監督者や作業者が必要とする生産情報（QC工程表と作業標準書）等が使用できるか。

⑤**管理（Management）** 生産ライン基準やルールが決まっているか、各工程の作りこみ基準がQC工程表によって明確になっているか、工程管理の仕組みが導入され、生産ライン問題が監督者によってリアルタイムに挽回されているか。

⑥**観察・計測（Monitor）** 生産ラインで採るべき記録が明確になっているか、監督者が生産現場パトロールを毎日実践し、ライン問題を発見し、挽回行動をとっているか。

６M工程能力チェックシート

[記入例]

6M工程能力チェックシート[量産試作]			
(製品名： /製品番号：) (部門名： /作成者： /作成日 ： ：)			
項目	評価内容	現状(問題)	今後の改善対応 (いつまでに：10月5日)
1M：人 作業者	・必要なスキルレベル ・作業者のスキル ・作業リーダー	・第2工程作業は難易度が高い ・作業リーダー不在	・スキルレベルの高い作業者を充てる ・作業リーダーを指名する
2M：機械 機械設備、治工具	・機械安全対策 ・始業点検調整 ・治工具の必要性	・手を挟む危険性あり ・点検調整表なし ・第3工程は治具必要	・安全表示と教育実施 ・点検調整表を作成 ・第3工程の治具作成
3M：方法 作業方法	・作業標準書 ・作業動作のムダ ・3礼の実施	・作業標準書はあるが、動作説明が不足 ・朝礼のみ実施	・DVDによる動画で動作を見える化する ・３礼を追加実施する
4M：材料 加工材料 現場情報	・品質特性 ・指示書の掲示	・仕込材料の品質特性があいまい ・現場に必要な加工情報なし	・QC工程表で設定する ・写真入りの基準書を作業者に掲示する
5M：管理 加工基準	・QC工程表 ・加工条件 ・許容範囲逸脱ルール	・QC工程表の品質特性の範囲があいまい ・逸脱ルールが不明	・QC工程表の品質特性の範囲を明記する ・逸脱時の連絡先をQC工程表に明記する
6M：観察・計測 製造記録	・記録書 ・重点管理項目 ・監督者の観察	・記録書が記入しにくい ・重点項目が不明確	・記録書を改訂する ・重点項目±を記入
総評（工程能力についてのまとめ）： 1. 量産試作の品質は11,000ppm、作業者の動作が安定していない 2. 作業者に対する動作指導と、治工具の導入が必要 3. 魅力的品質については、開発とのすり合わせが必要			

工場長のよくある悩み相談Q&A【新製品開発マネジメント編】

Q1 営業がマーケティング活動を実践しなければ、顧客ニーズに適合する新製品が生まれないことは分かりましたが、営業の責任者に営業の使命について、どう説得したらよいでしょうか。

A1 売上さえ上げれば、営業の**使命**が果たせるという古い考えを持った営業スタッフが多いことも事実です。そのため、次のような視点での説得が必要と見られます。

営業の使命

①モノやサービスが売れなければ売上と利益が生まれない

②売上を上げられなければ、給料も出なければ投資もできず、会社の運営が困難になる

③どんなに優れたモノづくりができても、営業活動がなければただの物体

④会社の運命は営業活動が握っている、営業は会社の代表

営業なしに商品は売れない

①インターネットやSNSで商品を知っても、説得するのが営業の役割

②お客様は、他社より優れた当社の商品の本当の価値を分かっていない

③販売と営業の違いとは何か？ コンビニで、アルバイト店員がお金をもらってお客様に商品を渡すのが販売、販売は成り行きでモノを売っているだけ

④営業とは、お客様が商品を買うための有効な情報提供で、買いたくなるようにすること

⑤この商品を買ってよかったということを実感してもらうのが営業の使命である

自社商品の本当のよさを知らなければ営業はできない

①他社の商品に対して、自社の商品のよさを説明するのが営業の役割

②そのためには、自社の商品の特徴や会社の魅力を知ることが必要

会社自体の成長は営業のマーケティング活動がもたらす

①営業がお客様情報をフィードバックしなければ、会社の人たちは、どのようなお客様が何を求めているかを

知ることができない

②売れる新商品の開発のためには、営業によるお客様ニーズ情報が必要

営業マンの使命の自覚に基づいた行動が必要

①営業マンの使命に対する自覚なしに効果ある行動はとれない

②営業の使命について自覚のない営業マンは、モノを売るだけの販売員になり、販売成績も上がらない

Q2 設計審査を導入しようとしていますが、思ったように進みません。社内に誤解があるようですが、どのような意見があるのでしょうか?

A2 今まで設計部門に任せっきりだった企業において設計審査は、よけいな仕事が増えるといった誤解が多くあります。工場長と生産スタッフが、これらの誤解を解かない限り、導入は困難になります。**設計審査なしの結果として、設計開発期間が長くなると共に、新製品の売上が低下し、企業としての競争力が低下する**ことを理解させることが必要になります。

①設計開発部の誤解

開発のことは自分たちにしか分からないし、他部門は開発が終わった後で対応するのがよいと考えている。

[説得のポイント]

開発を狙い通りに進めるためには、全社関係部門の早期の段階での協力がきわめて有効であること、その結果として、新製品の持つべき性能や製造のつくりやすさが確保される。特に、**サービス部門や製造部門の協力なしに、顧客満足を得られる新製品が生まれないこと**を説得する。

②経営トップの誤解

開発のために設計審査をいちいちやっていたのでは、結論が出にくいし、開発期間も長くなってしまう。

[説得のポイント]

トップ主導でスピーディーに新開発マネジメントとデザインレビューを進めれば、**開発期間の短縮になり、手戻りや設計変更が発生することが防止でき、さらに新製品の売上が向上する**ことによって、経営面での安定が得られることを説得する。

③設計開発部以外の誤解

設計開発は設計開発部門が独自に進めればよい、自分たちは開発の過程で決まったことを忠実に実施すればよいし、デザインレビューで審査するような専門家もいない。

[説得のポイント]

設計開発は、関係部門の積極的な参加があって初めて成功することを理解していない。また、参画部門が設計審査のための情報収集をすることによって、自部門の製品に対する専門的な判断能力を育成することができることを説得する。

7章

安全衛生管理と機械設備管理で労働災害と機械故障のリスクをなくせ！

安全衛生管理と機械設備管理なしに生産停止リスクはなくせない（事例研究）

生産現場の問題と工場長の悩み

【事例1　安全意識がゆるんでいる】

最近の生産現場は、非正規社員や新人が増加しているため、今まではあり得なかった労働災害が発生するようになりました。先週は、二人作業中に一人が下で重量物を支え、もう一人がクレーン作業をしている最中に、重量物を支えていたボルトが外れて落下した結果、下にいた作業者の手が下敷きになり、指の骨折災害が発生しました。労災の直接要因は、ボルトのネジが十分に締まっておらず、外れて落下したとのことでした。作業標準書では、ネジは一杯まで締めるように規定していましたが、実際には2山しか締まっていませんでした。当日は作業の遅れがあり、急いで作業を進めていた上、重量物を支える役目が派遣社員でした。なぜクレーン作業の作業者は経験があったにもかかわらず、確実に締めたことを派遣社員の作業者に確認しなかったのか。本人は、ウッカリしていたとの言い訳でしたが、安全意識がゆるんでいたとしか考えられません。

労働災害がこのところ継続して発生しているため、安全意識を強化するようにと、坂本工場長が今週の全体朝礼で注意したばかりでした。当社では、**毎月の安全衛生委員会で問題を協議し、安全パトロールも定期的に実施しているのに、なぜ労働災害が多発するようになったのか**、坂本工場長の悩みは続きます。

生産現場の問題と工場長の悩み

【事例2　始業点検の手抜きがある】

吉田さんの担当する機械が故障し、今日も修理に追われています。吉田さんは、入社20年のベテラン機械工です。

しかしながら、彼の担当する機械の生産性は低く、入って3年目の機械作業者よりも低いのです。さらに担当する機械の故障の発生率も高くなっています。

なぜこうなってしまったのでしょうか。坂本工場長は、彼の仕事ぶりに疑問を持っている。吉田さんは修理が得意なので、故障したらすぐに直すから生産に大した支障がないと思い、普段の決められた手入れや点検の手抜きをしているらしいのです。先日も、機械のアラームが鳴った場に居合わせたが、アラーム表示には〝オイルショーテッジ（油量不足）〟と表示されていました。坂本工場長は、吉田さんに対して、なぜ始業時に油量レベルを点検しなかったのかと質問しましたが、吉田さんの答えは、油なんか補充すれば問題ないです、とのことでまったく反省の言葉がなかったのにはあきれてものも言えませんでした。早速、吉田さんの上司である浅井課長を呼んで、始業点検を実施していない理由を質問しました。現場経験の浅い浅井課長は、自分は注意しているのだが、吉田さんは言うことを聞いてくれないとの無責任な回答でした。

坂本工場長は、機械の保全点検がなければ、機械稼働を保証できないという基本がなぜ徹底しないかと悩むことが多くなりました。

生産現場がなぜこうなってしまったのか。問題の真の要因は何か？

最近の生産現場では、新人社員や派遣社員が増加した結果、労働災害が多発する傾向を示しています。その背景として、**これらの経験不足の作業者には、現場での危険に対する認識や経験が不足していることが、その理由として挙げられます。**そのような要因に対して、従来のような安全委員会中心の労働安全対策だけでは、労災防止効果が薄れていることに坂本工場長は気づいていないのです。

一方で、吉田さんのような、緊張感に欠け、基本動作の手抜きをしている機械作業者が現場には珍しくありません。このような作業者を放置して、厳しい指導をしないと新人作業者も悪い習慣に染まる恐れがあります。坂本工場長は、このような職場体質を改革することの重要性に気がついていません。

このような生産現場を工場長はどう変えたらよいのか？

労働災害の発生と、機械故障の発生の共通のリスクは、生産が停止し、作業者のやる気が低下し、生産目標が達成できなくなるという点にあります。昨今の厳しい企業環境の中で、このようなことを放置することは許されません。そのため、工場長として次の行動が求められています。

> **①管理者、監督者による毎日の生産現場のパトロールを実施させ、不安全な状態の発見と、新人作業者の不安全行為を取り締まる。**
> **②機械故障の防止のために、始業点検を徹底実施させ、生産現場を予防保全ができるように改革する。**

本章では、労働安全管理体制づくりと、機械設備管理の予防保全の進め方について解説していきます。

SECTION 2

安全衛生管理

労働災害多発に対する誤解をなくさなければ労災は減らない

Q1 最近増加している私の工場の労働災害発生の背景には、生産現場の体質の悪さがあるように感じます。生産現場にどのような誤解や問題点があるのでしょうか？

A1 労働災害の多発する生産現場には、安全衛生に対する次のような誤解と問題点があります。この点を認識した上で、対策を講じることが必要になります。

安全衛生の誤解

・経営者は安全衛生について無関係である
・労災は本人の不注意に原因がある
・無災害が続けば、安全に関する教育訓練は不要である
・安全衛生は常識問題であるから、教育訓練の必要はない
・労働安全衛生法は現実離れした架空の法律である

安全衛生についての問題点

①現場監督者の問題点

・現場監督者の無関心、無責任
・工場として安全衛生の方針がない
・現場監督者が、労災防止について教育されていない
・現場監督者が労災防止の方法を知らない
・現場監督者が、作業者に対して安全衛生上の注意や警告をしない
・現場監督者が、作業者に対して指導力がない
・現場監督者が、労働安全衛生法を知らない

②安全衛生組織の問題点

・安全衛生組織づくりができていない
・安全衛生委員会が機能を果たしていない
・現場の安全衛生について、責任の所在が不明確である
・現場の安全パトロールをしていない
・労働災害報告が出ない
・ヒヤリハット活動がない
・安全のための工夫改善や提案制度がない

③作業現場の問題点

・赤チン災害が発生しても、問題とし

て取り上げないし記録がない
- 整理、整頓ができていない状態を放置している
- 不衛生な職場に是正対策をしない
- 職場規律ができていない
- 指定された安全装置を使わない
- 安全衛生教育の時間を取らない
- 安全衛生上のルール違反が横行している
- 安全衛生の標語やポスターが飾り物になっており、誰も見ない

Q2 当工場では無災害が長く続き、最近になって労働災害が多発するようになってしまいました。今まで労災が少なかっただけに、工場全体の危機意識、安全意識が薄れています。管理者・監督者に対して、労働災害発生によるマイナス面について理解をさせたいのですが、何を教えたらよいですか？

A2 労働災害の発生によって、工場の中に、多くのマイナス面が発生します。今後、非正規社員や新人社員が増加していく傾向が強い中で、この点についての再認識が求められています。労働災害の発生によるマイナスとして次の事項が挙げられます。

①管理者・監督者としてのマイナス
- 作業者に苦痛を与えたことによって責任を感じ、自分も精神的な苦痛をこうむる
- 労働災害によって被災した作業者の痛みの影響が、職場全体に労働意欲の低下として広がり、低下した生産意欲を元に戻すための取り組みと再発防止対策の実施に取り組まなければならない
- 労働災害の要因を明確にし、しっかりとした再発防止対策をとり、関係者全員にその結果を伝えないと、同様の労働災害が再発するという悪循環に陥る

②作業者としてのマイナス
- 労働災害の発生によって、身体的な苦痛を伴い、場合によっては後遺症が残り、今後の生産現場での作業の継続が困難になり、経済的な損失を受ける恐れがある
- 家族に対して心配と苦しみをかけ、二重の苦しみを受ける
- 仕事に対する意欲が減退し、他の作業者に余計な負担と迷惑をかけることで精神的な負担が発生する

③工場としてのマイナス
- 労働災害が発生すると、工場全体の雰囲気が沈滞気味になり、積極的な作業者の意欲がそがれ、工場全体の生産性や改善意欲が低下する
- 労働災害の発生によって、労働基準監督署の指導対象になり、特別な対応に追われる
- 労働災害防止のための安全教育の実施が必要になり、さらなる追加時間を割くことが必要になる

SECTION 3

安全衛生管理

安全衛生管理の徹底のために何をどうすればよいのか

Q1 工場長として、安全衛生方針を出し、安全衛生組織を設置していますが、あいかわらず労働災害が多発しています。何が要因となって労働災害をもたらしているのでしょうか？

A1 多くの生産現場では、安全衛生委員会を設置し、定期的な安全委員パトロールを実施しています。にもかかわらず、労働災害が発生しているのが現状です。労働災害の多くは想定外の要因によって発生すると言われています。その理由として挙げられるのが、次の事項です。

①職場の安全ルール破り

労働災害の発生要因の調査結果として最も多く（厚生労働省の発表では、全労働災害の85％とある）挙げられるのが、職場の安全ルール破りです。派遣社員の場合には、生産現場に入って来たその日から作業に就くことが多く、安全ルールを教えている時間がなく、知らないために労働災害に巻き込まれるケースが増えています。安全ルールの基本を知っていながら破るルール破りが最も多いが、知らなかったために起こる労働災害が派遣社員に発生する傾向が高まっています。

②3K3Mの増加に対する「本物の5S」活動の予定

生産現場で発生する労働災害には、モノが落下して怪我をする事故、立て掛けてあった重量物が倒れる事故、移動中の前方未確認による挟まれ事故などがあります。これらの労働災害は、モノの置く場所、置き方、職場の安全行動に対する躾など、「本物の5S」に基づく安全な職場環境の維持が不足していることが要因になっています。

③不慣れな作業者に対する安全作業指導の不足

労働災害の多くは、作業中に発生します。組立て時の基本作業忘れによる挟まれ事故、複数の作業者での作業中の掛け声忘れによる下敷き事故など、特に非正規など不慣れな作業者の増加による労働災害が増加しています。これらの労働災害の要因は、作業者にあるのではなく管理者・監督者の、安全作業に関する指導不足にあります。

④作業者のポカミス

作業者のポカミスによる労働災害も多発しています。体調が悪いため集中力が低下していた、急いでいて他に気を取られていた、考えごとや心配ごとがあってボンヤリしていたため、といった不可抗力によって労働災害を起こす可能性があります。

Q2 労働災害発生の要因に対し、生産現場としては、誰がどのような手を打てばよいのでしょうか？

A2 生産現場の労働災害の防止に対し、日々の生産現場を預かる管理者・監督者が具体的な手を打つことが必要になります。安全衛生委員会が設置されていてもなお、労働災害は発生するのです。そのために、次の具体的な対応策を取ることが管理者・監督者に求められています。

①資格の必要な作業は、資格を取得させてから作業に就かせる

生産現場として特殊作業には資格が必要です。そのため、**必要な資格を取得させた上で作業に就かせることが基本**です。

②作業者の不安全作業を黙認せず、現行犯で捕らえて指導する

安全衛生関連法規を、部下が守らずに作業していることを黙認してはなりません。不安全な行為を発見したら、その場で基本ルールを再確認し、作業者を叱らなければ、いつかは労働災害の発生につながるのです。

③作業者に安全教育を実施する

作業者の不安全行為、特に非正規社員に関しては、管理者・監督者がどの程度安全に関する教育指導をしていたかによって発生が左右されます。

④ルール違反多発者や災害多発者を明確にし、厳罰処置をとる

生産現場では、同一人物が繰り返しルール違反や労働災害を発生しているケースがあります。そのような場合には、管理者・監督者が本人に注意し観察した上で、**再度のルール破りを発見した場合には、上司と相談の上で生産現場から排除するなどの厳罰処置をとる**必要があります。

⑤毎日の現場パトロールで不安全状態を発見し、未然に防止する

管理者・監督者は、毎日生産現場をパトロールし、不安全な行為や問題箇所を発見し、その場で注意や修正することが基本です。**管理者・監督者には、労働災害が発生する前に未然に発見し、安全な職場づくりをする責任があります。**

SECTION 4

安全衛生管理

労災防止の基本は6M対策の徹底にある

Q1 労働災害の防止に6M対策が有効だと聞きましたが、具体的に何をしたらよいのでしょうか?

A1 労働災害を防止するために、生産現場の基本要素6M【**人:Man**、**機械設備:Machine**、**方法:Method**、**材料(モノ・情報):Material**、**管理:Management**、**観察・計測:Monitor)**】に対する対策を打つことが効果的です。

①1M「人」に関する対策

・安全上のルールを無視しない
・健康な体調で作業をする
・適度な休息をとり、疲れをとる
・連絡や合図を徹底実施する
・作業分担を明確にする

②2M「機械設備」に関する対策

・バルブには、系統別・機能別表示をし、識別可能にする
・計器と警報は多過ぎない
・必要な安全装置をつける
・刃物・回転部には保護装置をつける
・足場・通路等の安全確保

③3M「方法」に関する対策

・安全作業方法を作業標準書として作成する
・朝礼等の場で、安全に関する注意事項を伝える

④4M「材料」に関する対策

・危険な薬品や材料を明確にし、取り扱い方法を表示する
・落下や転倒のないようにするために、5Sの定置(モノの置き場所、置き方、表示)を徹底する

⑤5M「管理」に関する対策

・安全マネジメントの仕組みづくり
・安全衛生教育を強化する

⑥6M「観察・計測」に関する対策

・管理者・監督者が不安全行動を観察し、不安全な作業者を指導する
・危険な状態に関するデータを計測し、危険状態を早めに把握する
・生産現場の危険予知のために、ヒヤリハット(ヒヤリとしたり、ハットした危険現象)の事例を観察し、労働災害の未然予防に活用する

労災防止6Mチェックリスト

分類	項　目	評価	備考
人	1. 常に心身の健康管理に努めているか	[　]	
	2. 安全に関する基本知識はあるか	[　]	
	3. 安全に関する教育を実施しているか	[　]	
	4. 管理者・監督者の責任と権限は明確か	[　]	
機械設備	1. 設備の安全・保護対策は明確か	[　]	
	2. 設備の取り扱い方法が標準化されているか	[　]	
	3. 設備の保全管理は実施されているか	[　]	
	4. 設備の故障防止対策は実施されているか	[　]	
方法	1. 作業方法の標準化が実施されているか	[　]	
	2. 作業方法は文書化されているか	[　]	
	3. 作業方法の教育・訓練は実施されているか	[　]	
	4. 安全作業の対象は明確か	[　]	
材料	1. 材料の知識を持っているか	[　]	
	2. 材料の安全な取り扱い方法は決まっているか	[　]	
	3. 材料の保管方法は標準化されているか	[　]	
	4. 材料の持つ危険性が理解されているか	[　]	
管理	1. 安全委員会は活性化されているか	[　]	
	2. 安全衛生委員は活発に活動しているか	[　]	
	3. 労働災害の発生は低減しているか	[　]	
	4. 労働災害防止対策は実施されているか	[　]	
観察・計測	1. 現場長が現場パトロールを実施しているか	[　]	
	2. ヒヤリハットデータをとり、活用しているか	[　]	
	3. 不安全行動作業者を指導しているか	[　]	
	4. 不安全行動に関する改善対策をとっているか	[　]	
[総合所見]		合計 [　　点]	

注：1. 採点法は、[よい：3点]、[まあまあ：2点]、[なし：1点]
2. 評価：[60点以上：優秀]、[59～41点：より一層の努力が必要]、[40点以下：安全職場づくりへの基本的取り組みが必要]

SECTION 5

機械設備管理

機械設備管理がなぜ徹底できないのか

Q1 当社では、働く人の質が低下する中で、機械設備故障が多発しています。しかしながら、現場監督者が日々のトラブルの後処理に追われて機械設備管理が徹底できず、生産目標が達成できなくなっています。なぜ徹底しないのでしょうか。また、どうしたら少しでも対応できるようになりますか。

A1 近年の生産現場では、高齢者や非正規社員が増加することで、生産ラインでのトラブルが多発する傾向があります。このような状態を放置しておくことは、生産目標を達成するためには、許されなくなっています。そこで、設備管理が徹底できない要因と対策を次に示します。

①機械が故障してもメーカーに頼るだけで、自分たちで修理したり、原因究明・再発防止対策をとる姿勢がない。

[対策] 最近の機械設備は、デジタル技術が導入されているため、修理が困難なケースが多くなっています。そのため、**メーカーに応急対応の方法を問い合わせ、工務課が中心になって社内教育を行なう。**

②機械の保全をして生産能力を確保するという考えがなく、故障してから修理すればよいという対応なので、忙しい時に機械が突然故障すると納期遅れが発生する。

[対策] 機械の故障に対しては、従来の事後保全（故障してから直す方法）ではなく、**予防保全**（故障する前に事前に発見する方法）に切り替えていくことを工場として取り組む。

③作業者が自分で使っている機械なのに、始業点検調整をして機械の調子を事前チェックするということをしない。

[対策] 予防保全の基本は、**日常保全**（始業点検で故障の前兆を発見する）と、**定期保全**に分けられる。特に、日常保全は機械故障の前兆を発見できるため、設備故障を防止する効果があります。ただし、日常保全を行なう責任はオペレータにあるため、オペレータ

の教育が必要になる。

④生産設備の保全組織の責任が明確でないため、機械の定期的な整備や点検が確実に実施されていない。

【対策】 機械設備の保全責任は、基本的には設備管理課にあるが、**日常保全は製造課に責任がある。**日常保全を設備管理課がやっているケースを見かけるが、トラブル対応で忙しくなり、日常保全の時間がとれなくなり、対応が不十分になるケースが多く、結局、責任があいまいになっている。そのため、責任の所在を明確にしておく必要がある。

⑤生産設備の技術知識や構造に関する社内教育を実施していないので、作業者が自分の扱っている機械に興味を持たず、機械の能力を１００％発揮させるという姿勢がない。

【対策】 近年の作業者の質の低下によって、機械に対する知識のないオペレータが増加している。また、知識を持てなければ、機械に対する興味も持てなくなる。そのために、**基本的な機械の構造・機能についての教育をすることが必要**になっている。正しい知識があれば、日常点検程度の対応が可能になる。

⑥生産設備の安全教育をやっていないので、機械による労働災害が時々発生しているが、再発防止対策がとられていない。

【対策】 工務課、製造課共同で安全教育を実施する。

⑦保全マンが不足しているのに、計画的に養成しようという姿勢がない。

【対策】 工場として保全マンの育成は、重要管理事項という工場方針の下で、計画的な育成体制を構築し、推進する。

⑧機械を使い終わった後に清掃をしないので、機械がいつも油でうす汚れており、これでは油洩れで故障しているのか、正常なのかが分からない。

【対策】 製造課において、機械稼働後の清掃は、**故障の未然防止のための必須事項**である。「本物の５Ｓ」の清掃の仕組みを活用して、清掃を作業の一部として取り組む体制を工場長が先頭に立って推進する。

⑨機械の稼働状態に関する統計をとっていないので、現在ある機械がどの程度の稼働率なのか把握していない。

【対策】 設備の稼働データを集計し、稼働分析をすることは定期保全のための必須事項である。工務課として、製造課と協力してデータを集計し、どの機械の故障が多いのか、故障のパターンはどんなことが多いのかについて、分析する体制をつくる。分析方法については、６Ｍ問題解決法を学習して進める。

SECTION 6

機械設備管理は生産目標達成の基本だ

Q1 最近、機械故障が多いにもかかわらず、作業者は故障したら修理すればよいと考えており、生産目標を達成できなくて困っています。機械故障によるマイナスには何があるのかを教えてください。

A1 機械設備の故障によって、次のようなマイナス面が発生します。各作業者に対して、これらの点をしっかりと理解させ、機械故障を防止する取り組みを実施させることが、生産目標を達成するために必要になります。

①機械設備が故障している間は生産がストップする

機械設備が故障すると、製品が流れないから計画した生産高が上がらない。そのために、予定した利益を失う。

②故障の修復に時間がかかり、その間も生産がストップする

故障の程度によるが修復のために時間がかかり、その間は生産がストップし、そのために生産目標達成ができなくなる。

③故障している間に、作業者の時間ロスが発生する

機械設備の故障中は、設備運転作業者は生産できないから作業時間を空費している。

④故障の修理用資材費用が浪費される

機械設備の故障を修復するために、部品や資材を投入するため、経済的なロスが発生する。

⑤作業者の作業意欲を低下させる

故障が頻発すると、作業者は生産意欲をそがれ、やる気がなくなる。作業者に責任がある場合は上司から叱られ、ますます嫌になる。

Q2 機械設備故障を防止するため、機械設備管理課を設置し、製造課との責任区分を明確にしようと計画していますが、責任分担はどのように設定したらよいのでしょうか?

A2 機械設備管理は、片手間でできるものではありません。機械設備管理課と、製造課の持つべき責任事項にはそれぞれ次の項目があります。

1 機械設備管理課の責任事項

機械設備管理課には、機械設備の計画、導入、維持、指導育成などを担当させます。

①機械設備計画の立案
②機械設備発注仕様書作成、または他部門で作成した仕様書のチェック
③新規設備の据付け、試運転
④修理・調整部品の在庫管理
⑤機械設備の点検チェックリストの作成
⑥機械設備の定期診断、現場観察
⑦現場で手に負えない故障修理と、再発防止対策の立案・実施指導
⑧機械設備取扱い作業標準書の作成
⑨機械設備の保全教育立案、直接指導

2 製造課の責任事項

製造課には、日常の機械操作時の適正な操作や日常点検について、次の責任を持たせます。

①作業標準書に基づく設備の正しい使い方の教育と訓練
②**設備の日常点検と調整**
③軽微な異常状態の手直し（範囲を限定すること）
④機械設備の故障時の修復依頼

Q3 機械の故障が突然発生すると、機械職場では報告してきますが、実際には生産現場の体質の悪さが原因であるように感じます。具体的に、どのような体質の悪さがありますか?

A3 機械故障は一見、突然発生するように見られますが、実際には次のような生産現場の体質の悪さが背景にあります。これらの問題点に対して、具体的な対策を打つことが求められます。

①作業者の教育が不足しているために、正しい使い方をしていない

機械オペレーターに対して、機械操作のための教育指導が徹底していない。基礎教育を含め、作業標準書に基づいた指導が必要である。

②作業者が決められた日常点検調整をしていない。そのため、故障の前兆の微欠陥を発見できない

機械故障は、始業時の点検によって発見し、微欠陥のうちに調整・修理しておけば突然の故障を防止することができる。そのため、始業点検のチェックリストを作成する。

③5Sの清掃が不徹底である

5Sの清掃によって、機械の汚れを取ると共に、点検を実施することによって、初期の故障を早めに発見することができる。

④ルール違反を放置している

監督者がオペレーターの不適切な機械操作や点検の手抜きを、見て見ぬ振りをしている。

⑤設備の設置環境が悪い

ホコリや熱による機械のストレスが多く、設備の寿命を短くしている。

SECTION 7

事後保全から予防保全へ

機械設備管理を事後保全から予防保全に改革する

Q1 生産現場が機械設備管理に関して、事後保全の体質になっています。そのような現状を打破し、故障発生を防止できる予防保全に改革するためには、何をどうやったらよいのでしょうか?

A1 事後保全の機械設備管理では、機械停止のリスクをなくすどころか、生産性目標すら達成できません。そのために、予防保全の仕組みづくりが必要になります。

①事後保全の機械設備保全とは

・故障したら直せばよいという考えでいる
・修理に重点を置き、日常保全を軽視している
・在庫費用を節約すると称して、補修用部品材料の在庫を節約する
・設備点検保全のノウハウを後輩に教育・指導しない

②なぜ、事後保全になるか

・管理者の方針の間違い
・日常保全と故障修理との経済バランスを考慮していない
・操作員と保全員の教育不足
・監督者の指導力不足

③予防保全の機械設備保全とは

予防保全とは、次の方法により故障の未然防止を図ることを意味します。

・機械設備の計画保全を行なう
・操作員の日常点検調整方法を決める
・保全員による定期点検方法を決める
・「本物の5S」を徹底する
・微欠陥の発見と修復
・機械設備診断技術の向上
・機械設備修理作業の迅速化

④予防保全の実施方法

・保全計画を立て、実施する
・保全作業を標準化する
・機械設備に関する7つのロスの低減を図る
・管理者・監督者に設備保全の教育訓練を行なう
・作業者に機械設備保全の教育、訓練を行なう
・修理作業の専門家を養成し、修理の迅速化を図る

機械設備管理チェックリスト

<table>
<tr><th rowspan="2">チェック項目</th><th colspan="2">評価</th></tr>
<tr><th>○</th><th>×</th></tr>
<tr><td>(組織)
1. 設備管理の組織はできているか
2. 設備管理について責任者は明確か
3. 設備管理の運営は計画・実施・評価・是正の順で実施されているか
4. 設備管理に関する関係者への報告と指示系統は明確か</td><td></td><td></td></tr>
<tr><td>(保全担当者の責務)
1. 保全担当者の責任と権限は明確になっているか
2. 保全担当者は本業以外のことで振り回されていないか
3. 設備の故障は保全担当者の責任であるという自覚があるか
4. 保全員の計画的な育成が実施されているか</td><td></td><td></td></tr>
<tr><td>(オペレーターの責務)
1. 設備の正しい使い方をしているか
2. オペレーター責任の保守・点検を実施しているか
3. 設備故障があった場合の処置方法を知っており実施しているか
4. オペレーターに対する設備管理教育が実施されているか</td><td></td><td></td></tr>
<tr><td>(保守点検の標準化)
1. 設備の保守、点検についての作業標準書、またはチェックシートがあるか
2. 保全員、およびオペレーターは前項の資料に従っているか
3. 標準資料の変更をタイムリーに行なっているか</td><td></td><td></td></tr>
<tr><td>(設備故障の頻度と停止時間)
1. 設備故障について度数率と強度率を計算しているか
2. 設備故障による停止時間を減らす努力をしているか
3. 設備を使用する時に、すぐ使えるようになっているか(可動率)</td><td></td><td></td></tr>
<tr><td>(登録、記録)
1. 導入した設備について、台帳への登録をしているか
2. 設備の故障、補修等の履歴についての記録をとっているか
3. 前項の記録が、故障の予防に役立っているか</td><td></td><td></td></tr>
</table>

機械設備管理の7つのロスをなくす取り組みを実践する

Q1 機械設備管理のためには、7つのロスを明確にして対策を打つことが有効であると聞きました。具体的には、どのようなことをすればよいのですか？

A1 機械設備の7大ロスとは、機械設備管理に必ず付いて回る典型的なロスを意味します。これらのロスの現状を把握し、改善対策を打つことによって、初めて機械設備から付加価値が生まれるようになります。

故障ロスと対策

故障ロスとは、設備が故障して機能が発揮できないための時間ロスのことです。故障ロスのために機械が停止し、修理の間もさらに停止します。その結果として、生産高が低下することにより利益を失います。

故障ロスの対策

- 設備の清掃、給油、増し締めなどの基本条件を守る
- 正しい使い方をする
- 強制劣化を放置しない
- 機械設備の弱点を改善する

段取り・調整ロスと対策

段取り・調整ロスとは、段取り・調整のために消費される時間ロスです。段取り・調整はもともと付加価値を生まない作業ですが、段取り・調整のまずさが、さらに品質不良を生み出すたちの悪いムダと言えます。

段取り・調整ロス対策

- シングル段取りを目指した段取り作業のムダとり
- 調整ゼロ対策として精度を見直す

刃物ロスと対策

刃物ロスとは、加工物の変更のための刃物の交換、切損による交換時の時間ロスと交換前後に発生する不良並びに手直し等による物的ロスのことを指します。

刃物ロス対策

- 刃物の切損を検知する
- 刃物の寿命のバラツキを減らす
- 刃物の寿命の延長
- 最適加工条件の追求

立ち上がりロスと対策

立ち上がりロスとは、次のようなスタート時の時間的、物的ロスを指します。機械設備は、いきなり全負荷をかけるのではなく、主にウォーミングアップによって適正温度まで上昇させることが必要になるためのロスです。

・定期修理後のスタート
・長期間停止後のスタート
・休日後のスタート
・昼休み後のスタート

立ち上がりロス対策

・熱変位の実態を測定し、ウォーミングアップ時間を短縮する
・自動補正を行なう

チョコ停ロスと対策

チョコ停とは、一時的なトラブルによる停止、あるいは空転する状態を言います。チョコ停ロスとは、短時間の機械停止よって発生するロスのことですが、1年を通して集計すると多大な時間と人手のロスとなります。

チョコ停対策

・短時間停止の原因である微欠陥の要因対策を打つ
・最適加工条件を追求する

速度低下ロスと対策

速度低下ロスとは、計画値と実際のスピードの差異によるロスを言う。機械設備には、計画された能力があり、生産現場でこれらの能力を最大限発揮するための取り組みが求められます。そのためには、機械設備の本来計画された能力はどの程度なのかの現状把握、さらに、実際の能力が低い値に設定されている理由を明確にすることが必要です。

速度低下ロス対策

・不良品を減らす
・刃物の寿命がきていないかを調査する
・チョコ停を解消する
・機械設備にまつわる労働災害の要因に対する対策を打つ
・機械加工のステップとステップ間のアイドルを減らす

不良・手直しロスと対策

不良・手直しロスとは、不良品のロス、及び不良品の手直しのための時間的、物的ロスを言います。

不良ゼロ対策

・不良品の原因の調査
・個々の不良要因に対する再発防止対策（材料・治工具・段取り作業や機械操作方法の標準化と改善、作業者への教育訓練の徹底等）

工場長のよくある悩み相談Q&A【安全衛生管理・機械設備管理編】

Q1 私の工場では、労働災害の発生が多いのですが、中でもルール破りとポカミスが多くて困っています。管理者・監督者は、本人の問題であると言っていますが、そのようなことではすまされないような災害が多発しています。これらの要因に対して、どのような手を打てばよいのか悩んでいます。

A1 ルール破りとポカミスは、確かに本人の要素もありますが、基本的な問題は、そのような生産現場を放置してきた管理者・監督者に責任があります。そのため、次の事項についての具体的な行動を指示することが必要です。

1 ルール破りの禁止

①作業者に安全衛生上で守るべきルールを教える

無資格でフォークリフトの運転をしてはいけない等のルールを教える。

②安全作業標準を与えて作業をさせる

作業開始にあたり作業標準を与えて安全上のポイントを説明し、作業者が納得してから作業に就かせる。

③派遣社員や新人作業者に対して、労働安全の基礎教育をする

知らないために起こる労働災害については、本人責任ではなく、管理者・監督者による指導不足の問題です。そのため、経験の不足している作業者に対しては、労働災害の怖さや、安全上の基本行動についてしっかりとした教育をすることが必要です。

④ルール違反を発見したら現場監督者が叱る

現場監督者が次のようなルール違反を発見したならば、その場で指摘し叱る。

・標準作業を無視して作業する作業者の指導

・無資格で機械装置を運転させない

⑤ルール違反多発者を公表し、厳罰に処する

現場監督者の観察によりルール違反者を発見した場合は、安全掲示板に掲示し、朝礼で公表する。ルール破り多発者は、不具合を人事考課に反映させる旨を指示する。

2 ポカミス防止対策

①体調不良の作業者の行動に注意し、特別指導をする
②職場の5S、特に整理、整頓を徹底させ、品物の取り違いを防ぐ
③インターロック等によりフールプルーフを実現する（フールプルーフとは、作業者の行動にミスがあっても安全であること）
④機械装置の構造やシステムを改善することにより、フェールセーフを実現する（フェールセーフとは、機械装置が故障しても安全であること）

Q2 機械設備の故障を防止するためには、日常点検調整が重要であると聞きましたが、何をどうしてよいのか分からなくて困っています。日常点検調整のための具体的な実施事項に何があるか教えてください。

A2 機械故障は、発生してから修理するしかないという誤解が多く、日常管理がおろそかになっている事例を多く見かけます。それを防ぐ日常の機械設備管理のポイントは次の通りです。

①清掃・点検・調整の実施

作業者が自ら、機械を自分の手で点検調整（調整とは、給油、清掃、緩みの増し締め、を意味する）することによって、機械設備の微欠陥を発見できます。点検調整によって故障の早期発見も可能になります。

②発生源・困難箇所対策の実施

機械故障の発生源対策や、点検・給油がやりにくい箇所に対する改善を行ないます。特に点検・給油がやりにくいという理由で、実施を怠ることが機械故障につながります。

③給油基準の設定と点検チェックリストの作成

人間の血液と同様に、機械にとって油は重要な役割を果たします。機械設備の給油基準と点検チェックリストを作成し、実施結果を記入します。

④機能・構造の学習

機械の本来の能力を発揮させるため、機械の機能ど構造について学習します。正しい知識を持つことが、異常や故障の正しい判断につながります。

⑤自主点検の実施

設備保全に関する作業者の点検調整事項を明確にし、これを作業者自身の手で実行します。監督者は、点検記録を確認することで、機械設備の可動状態を把握します。

⑥整理・整頓・清掃の実施

生産現場の整理・整頓・清掃を実施します。設備周りがすっきりとし、機械の表面が清掃されることによって、正しい運転と保全が可能になります。

8章

生産管理と品質保証で顧客満足を達成せよ！

SECTION 1

● 生産管理と品質保証

生産管理と品質保証がお客様満足の基本だ（事例研究）

生産現場の問題と工場長の悩み

[事例1　納期遅れが止まらない！]

今日も顧客企業から、納期遅れに対する苦情の電話がかかってきている。重要顧客の生産ラインが当社の部品の納期遅れのため停止したとの苦情である。このところS社では、組立工程の遅れが多発し、その結果、納期遅れをもたらしている。山田工場長は、組立工程の長田課長を呼んで、納期遅れの要因と対策はどうなっているのかと質問したが、明確な回答を得られなかった。さらに、長田課長の説明では、前工程である機械加工の工程管理の責任があいまいなためと、取引先C社による部品納期遅れが原因らしいとのことであった。**当社には、機械課、組立課、外注課という職場はあるが、生産管理課という部署はない**。そのため、納期遅れ問題が発生すると、関係部門が集まり、いつも責任のなすりつけあいになる。しかし、**納期遅れ問題は、工程の中で発生している現象であり、その結果が納期遅れをもたらしているという点では各部門の意見は一致している。**そのために、工程を管理する部門として生産管理部門を設置して欲しいとの要望が各部門から出ているが、いまだに具体的な対応は取られていない。さらに当工場では、顧客納期の変更に対応するため、各工程の生産能力を踏まえた生産計画も立案されていないというのが実情である。このまま納期遅れが続いたら、顧客からの次の注文が来るかどうかという不安も出ている。納期確保のために、何をどうしたらよいのか悩む山田工場長である。

生産現場の問題と工場長の悩み

[事例2　クレーム対策を打っていない]

顧客からの品質クレームが止まらなくなっている。それも、今までなかったレベルの低いクレームが多くなっている。最終検査が実施されているのに、なぜこのような次元の低いクレームが多いのか、山田工場長はその理由をつかめないでいる。クレームの内容としては、「組み付けミス、装着忘れ、加工飛ばし」など過去にはあり得なかった次元の低い内容ばかりである。最近、この現象を「**低次元クレーム**」と呼ぶと聞いた。そこで、生産現場の管理者・監督者の意見を集め現状調査を実施した結果、最近になって増加しているクレームは、類似内容の発生が多くなっているということが明確になった。一方で、新たなクレームの再発防止対策が実施されているかという点に関しては、意見がなかった。最近のマスコミの報道では、**「品質偽装」という烙印を顧客から押された企業は業界から淘汰される**とあった。当社では、クレームが発生した場合に、発生の担当部門が責任を持って解決することになっているが、原因不明という対応が多くなっている。新たなクレーム発生に対し、有効な対策が打てなくなっていることに悩む工場長である。

生産現場がなぜこうなってしまったのか、問題の真の要因は何か?

納期遅れは、製造工程の遅れによって発生します。その直接の要因は、作業ミスの発生、未熟な作業者による作業スピードの低下、不良品の手直し、機械故障などのトラブルです。これらのトラブルに対し、**納期遅れにならないように工程「間」の問題に対する対策を全体最適の観点で実施するのが生産管理部門の役割である。**しかしながら、当社には生産管理部門が存在しない。

一方、品質保証の役割とは、工程内で発生した品質クレームに対し、再発を防止する活動を実施することにあり、根本原因は製造部門にあると言えます。しかしながら、工場にはそのような組織活動が明確に存在せず、責任部門ができる範囲で対策を打っているだけというのが実態であり、新たなクレームへの対策を先送りせざるを得なくなっているのです。

このような生産現場を工場長はどう変えたらよいのか?

生産管理活動と、品質保証活動の共通の目的は、顧客満足の追求です。生産管理は、さらに利益を生み出す目的も担っています。納期管理も、品質保証も、個別部門の部分最適では本来の目的を達成することはできません。全工程横断型の司令塔組織が必要なのです。そのために、次の工場長の指示が必要になります。

①生産管理を担当する部門をつくり、受注管理と納期確保のための部門横断の工程管理を担当させる。
②クレーム発生に対し、発生の要因を把握し、真の要因に対し再発防止の対策を打つ専門組織を設置する。

本章では、生産管理と品質保証の進め方について解説していきます。

SECTION 2

生産管理組織は何を実践し、どのような効果を出すのか

Q1 当工場には生産管理という組織がありますが、現状はトラブルの後処理屋で終わっています。顧客対応のための重要な組織であると聞いていますが、生産管理とはどのようなことを目指す活動なのか教えてください。

A1 生産管理の基本的な役割として次の基本機能があります。いずれの活動も、生産管理組織なしに顧客満足の達成ができなくなる機能ばかりです。

顧客要求に対する的確な対応

①顧客、または営業部門の要求に対して的確に対応するため、一本化された顧客対応部門がないと一貫性のある対応はできない。

②顧客、または営業部門の要求を関連部門に伝達・指示する。要求を伝達する部門がないと、場当たり的で勝手な営業要求もなくならない。

モノづくりプロセスの生産計画、生産指示、工程管理

①**生産管理の最も重要な業務が、生産計画と工程管理である。**生産計画によって工場の生産ラインの操業を確保し、工程管理によって納期を確保することができるようになる。

②設計、調達、製造、品質管理部門に対し生産指示をする。生産計画に対応した、設計、調達、検査指示がないと、各部門の勝手な活動が発生し納期遅れが生じる。

③計画された生産計画の進捗を管理することで、工程管理を実施する。生産現場は毎日が問題発生の連続である。各工程間の遅れをなくすために、進捗の遅れを早期に発見し、必要な進捗の調整をする組織があって初めて顧客と契約した納期を達成することができるようになる。

QCT（品質、コスト、リードタイム）の維持と企業利益の確保

①品質を保証する。

②顧客納期を確保する。

③在庫を管理し、利益を確保する。

Q2 生産管理の目的と役割は分かりましたが、実務としては何をさせるべきですか？

A2 生産管理の実務としては、次の事項があります。いずれも、工場生き残りのための必須事項ばかりですが、**工場の生産体制を維持するための基本項目は生産計画と工程管理**になります。

①**受注管理**　近年の顧客からの要求は厳しい内容が多いため、顧客の変種変量注文要求に積極的に対応し、利益を生む生産の進め方を明確にする。

②**物流・配送管理**　適切な物流業者の採用と品質、時間、場所等の顧客要求に対応した配送手配を行なう。

③**生産販売会議**　販売計画に対応する**定期的な営業部門との打ち合せ会議「生産販売会議」を実施し、確定受注、半確定受注内容を明確にし、受注前に生産計画に反映する。**これなしには、工場の生産計画は常に営業によって混乱するしかなくなる。

④**生産計画**　営業部門の販売計画に基づき、在庫レベルの設定量を配慮した上で、月次生産計画、週次生産計画を設定する。

⑤**調達指示**　生産計画に対応した適切な資材や部品等の調達指示と、納期管理を関連部門に要求する。

⑥**内外作指示**　内作か、外注にするかの基本的な判断をし、利益管理につなげる内外作指示をする。内外作指示を製造部門任せにしない。

⑦**製造指示**　納期を明確にし、現場がいつまでに何をつくればよいのかを明確にし、生産指示をする。

⑧**品質管理指示**　顧客要求の品質レベルを品質管理部門に伝えると共に、クレーム再発防止対策の重要性を顧客の立場で伝える。

⑨**工程（プロセス）管理**　生産進捗をリアルタイムに把握し、進捗調整をする。そのためには製造部門と協力し、毎日、**生産管理が中心になった「工程会議」を実施し、各工程「間」の遅れの原因と対策を明確にする。**

⑩**在庫管理**　在庫欠品による受注機会の喪失を避けることに配慮し、品目別管理をする。過剰在庫が発生しないように、製品の売れ筋に注意しながら製品ごとの適正在庫を管理する。

⑪**納期管理**　めまぐるしく変化する顧客の納期変更に迅速に対応し、資材・外注部門にタイムリーな指示を出す。

⑫**能力・負荷管理**　各製造工程や設備の持つ能力を把握するとともに、変動に対応できるよう適切な負荷を与える余力管理をする。

⑬**原価管理**　利益を確保するために、変動費、固定費を目標通りのレベルに維持する。

⑭**生産実績管理**　工場操業に関する各種の指標を設定し、これを月末に把握し、分析・評価し、問題を明確にして迅速に是正処置を要求する。

SECTION 3

生産方式

6Mで顧客の要求にすばやく対応できる生産方式を追求する

Q1 生産方式とは何を意味し、どのような要素によって成り立っているのですか?

A1 生産方式は、基本要素として次の6つの要素によって構成されます。これを**生産の6M**と言います。6Mとは、英語の頭文字にMが付くことから6Mと呼ばれます。6Mの必要性は、近年の生産現場で働く人の質の低下現象が多発する中で、生産に必要な要素を改めてつくり直すことによって生まれました。具体的には次の事項です。

①**人(Man)**

作業の主体は、なんと言っても人です。どのような作業であっても、人が関わって初めてモノづくりが実現できるようになります。そのために、作業者の育成が必要になります。

②**機械設備(Machine)**

加工する手段は機械設備や道具立てです。最近では、ITシステムも重要になっています。そのため、作業者が正しく機械設備を扱えるための、マニュアルや作業標準書が必要になります。

③**方法(Method)**

製品の品質を安定させるためには、正しい作業方法を決めることが必要になります。これを標準作業と言います。

作業者の育成のためには、作業標準書が不可欠になります。

④**材料(Material)**

モノの加工(製造)は材料があって初めて成り立つ。材料が必要になります。管理業務には、**情報**という材料が必要になります。生産ラインにおける、情報の活用があって初めて変化に対応できるようになります。

⑤**管理(Management)**

良品を生産するためには、基準やルールを決めることが必要になります。管理基準を決めることによって、品質管理、工程管理、製造管理などの管理を実施することが可能になります。

⑥**観察・計測(Monitor)**

生産工程において正しい作業が実行されたか、品質のバラツキがどのようになっているかは、計測記録として残すことによって初めて把握できます。

Q2 生産方式には、どのような種類があり、最近ではどのように変化していますか。

A2 生産方式とは、各種の生産要素を組み合わせ、生産ラインの特性と顧客要求の変化に対応できる自社独自の生産の総合的な仕組みを意味します。

顧客への受注対応による生産方式

市場の変化に対応した生産方式をつくることは、企業生き残りのための重要な取り組みとなります。そのための生産方式は次の2種類になります。

①見込生産方式

市場のニーズを予測して事前に生産し、在庫を持って販売する方式。

②受注生産方式

顧客から注文をもらってから生産する方式。

近年の傾向としては、見込生産方式から受注生産方式に移行しています。その理由は、市場の変化が激しいために、販売予測の精度が落ち、売れ残りの在庫が増大するリスクが企業を悩ませているからです。

製品の変化に対応する生産方式

製品の受注内容が多品種となって変化の度合いを強める中で、企業の受注対応力を高めるための生産方式が重要になっています。そのための生産方式は次の2種類になります。

①多品種少量生産方式

受注量は少量であるが、品種の多さにきめ細かく対応する生産方式。

②変種変量生産方式

単に少量の品種への対応だけではなく、大きく変化していく注文量や品種の切り替えにも対応する生産方式。

近年の傾向としては、多品種少量生産方式から、変種変量生産方式に移行しつつあります。その理由としては、注文内容の変化が、品種が多様であるということのみならず、注文量も大きく変化する傾向にあり、このような中でムダやロスの少ない生産方式で対応しないと、赤字生産となり企業として生き残れなくなっているからです。

製品を流すサイズによる生産方式

顧客からの注文の内容は、ますます少量への傾向を強め、さらに納期短縮の要求が多くなっています。そのための生産方式は次の2種類になります。

①ロット生産方式

製品を製造する単位をある一定量(ロット)にまとめて生産する方式で、まとめ生産と呼ばれる

②小ロット(1個)生産方式

究極の生産単位として、小ロットを基準として流す生産方式。生産ロット単位を小さくしていき、最終的には1個単位でも企業利益を確保できる生産方式に発展させていく。

近年の傾向としては、ロット生産方式から小ロット生産方式に移行しつつ

あります。その理由としては、顧客の注文単位が小さくなり、さらに納期の大幅短縮が要求される傾向にあるためです。

生産の流れを制御する違いによる生産方式

生産の流れを制御する方式には、次の2種類があります。

①押し込み生産方式

この方式は、各生産工程を通して製品を流す際に、後工程の要求とは関係なしに、前工程で生産したモノを一方的に後工程に押し込んでいくという生産方式。

②引っ張り生産方式

この方式は、トヨタ生産方式に代表される方式として取り上げられる。後工程が必要とするものだけを、後工程からの情報に基づいて後工程が引き取るという生産方式。そのためにカンバンという生産情報の流れを活用する。

近年の傾向としては、押し込み生産方式から引っ張り方式に移行しつつあるが、「後工程はお客様」というモノづくりの考え方が定着しない限り実現は困難になります。

他の生産方式として、生産ラインのレイアウトの区分によって**ライン生産方式からセル生産方式への移行**という傾向があります。セル生産とは、小さなセルというレイアウトで生産することで変化に強い生産を目指します。

Q2 当社は最近、受注生産方式に移行しつつありますが、生産管理のポイントはどのような点でしょうか。

A2 この方式では、受注してから生産を開始するため、事前に生産をしないということを基本としています。受注生産では、受注する以前は仕様が決まっていないため、生産工程や作業の計画が立てられず、生産計画も立てにくい。受注生産方式は、受注内容によって**部品見込生産受注生産、繰り返し受注生産、半繰り返し受注生産、個別受注生産**に分類されます。それぞれの生産管理上の管理重点は異なりますが、**顧客が短納期での生産を要求することが多いので、リードタイム（生産期間）短縮が必須条件**になります。さらに、生産してからの工程管理の精度を高めることが管理の重点になります。

受注生産の問題点は通常は次のようになり、これらの問題に対する生産改善対策が必要になっています。

・注文を得てから生産に着手する
・多品種少量生産が多い
・受注設計が行なわれる
・使用する機械は汎用機が多い
・設備配置は機種別配置（部品加工）や製品固定式配置(組立加工)が多い
・製品のリードタイム（生産期間）が一般的に長い
・多能化した作業者を多く必要とする

生産方式の変化

見込生産方式	→ 受注生産方式
多品種少量生産方式	→ 変種変量生産方式
ロット生産方式	→ 小ロット(1個)生産方式
押し込み生産方式	→ 引っ張り生産方式
ライン生産方式	→ セル生産方式

生産方式によるの管理ポイント

	基本課題	問題対応と改善の狙い	生産管理実施のポイント
製品見込生産	1. リードタイムが長い 2. 在庫削減 3. 製品差別化 4. ニーズの多様化個性化への対応	1. 市場調査の強化 2. 1個流し、1人生産実施 3. 安定生産によるコストダウン 4. 平準化生産 5. 顧客ニーズに適合する新製品開発の取り組み	1. リードタイム短縮 2. 小ロット生産対応の生産計画 3. ムダとり主体の工程設計の確実化 4. 標準化の徹底
受注生産部品見込生産	納期遅延	1. 1個流し、1人生産実施によるリードタイム短縮 2. 半製品・部品の小ロット生産によるコストダウン	1. 小ロット生産対応の生産計画 2. 半製品・部品の共通化、標準化 3. 半製品・部品の適正在庫維持 4. 標準材料・部品の採用
受注生産繰り返し	1. 納期遅延が多い 2. 設計期間が長い 3. 仕様変更が多い	1. 1個流し、1人生産実施によるコストダウン 2. 計画サイクル期間短縮、生産期間短縮 4. 品質保証強化 5. 仕掛品の低減	1. 段取り時間短縮 2. 部品加工と組立日程のスケジュール管理強化 3. 標準製品化 4. 在庫部品の活用
受注生産半繰り返し	基本的には、繰り返し生産と同様	1. 1個流し、1人生産実施によるコストダウン 2. 標準化・共通部品化の小ロット生産 3. 汎用機、多能工化によるフレキシブルな生産システムの構築	1. 操業度の安定維持 2. 手持受注残の適正化 3. 設計と製造の日程の同期化 4. 部品の共通化・標準化 5. 余力管理の強化
個別受注生産	リードタイム短縮	1. 汎用機、多能工化によるフレキシブルな生産システムの構築 2. オーダーエントリー段階の管理が最も重要	1. 受注時の価格・納期の適正化 2. フレキシブルな生産システム確立 3. 操業度の安定維持 4. 設計の日程管理の強化 5. 作業分配の適正化 6. 各工程、職場の負荷均一化 7. 過程的進度管理の強化

SECTION 4

生産計画

生産管理の基本は変化に強い生産計画から始める

Q1 生産管理ではまず、生産計画を立てることが必要であると聞きました。生産計画を立てると、どのような利点がありますか?

A1 生産計画とは、**顧客の受注を受けてから出荷に至る総合的なモノづくりプロセスの計画である**、と定義されます。生産計画とは、具体的には生産の5W2Hの流れを計画することになります。生産計画は営業から与えられるものではなく、生産管理部門が中心になり、工場の各工程の仕事量が最適になるよう作成することが基本です。

生産計画の基本目的は次の事項ですが、**最終目的は企業利益の確保**になります。

①販売計画に対応し、納期、生産数量を確保する。
②工場の生産能力に適合する仕事を与え、適正な稼働率を確保する。
③材料・部品の調達の基準にする。
④重要な製品や資材の在庫量を適正化する。
⑤長期的な生産計画に対し、人や機械設備の補充や手配をする。

Q2 工場では、生産計画を作成するようになり、生産現場に受注を丸投げすることがなくなりました。しかし、受注してからの計画だけでは、受注してから問題が発生して困っています。もう少し、期間を広く見た生産計画を立てることで、工場の顧客対応力を高めていきたいと考えています。その場合には、どのような生産計画の立て方があるのか、教えてください。

A2 御社では、生産計画を立てるようになったことで、受注への変化対応力を強化できたものと見られます。しかし、さらに変化を予測して競争力を強化していくために、期間の長い生産計画を立てることが必要になっています。そのような計画を、総合生産計画と言い、**総合生産計画には、長期、中期、短期の計画があります**。長期生産計画とは、工場全体の将来を考えた大日程計画です。中期生産計画とは、中日程計画です。短期生産計画は確定受注をしてからの小日程計画を意味します。これらの生産計画は、設定期間によって次のように分類されます。

①大日程計画

　半年から1年間程度の、月別の工場や事業所単位の生産品種と数量を決める計画であり、計画周期は半年～1年、計画単位は半年～1年単位で立案されます。この計画は、工場の生き残りを目的とした計画であるため、工場長が中心になり、各部門管理者が参画して進めることが必要です。計画の種類としては、設備計画、要員計画、外注計画、資材調達計画、新製品開発計画、工場建設計画が主な作成すべき計画となります。

②中日程計画

　1～3ヶ月程度の毎月の生産確定計画で、確定された生産品種と数量を決めるものであり、計画期間は1～3ヶ月間であり、単位は1日から旬（10日）で立案されます。中日程計画は、生産管理部門で作成します。計画にあたっては、販売計画に対応した3ヶ月程度先の半確定受注の計画と、1ヶ月程度の確定注文に対応する計画の両方を含めた計画を作成します。ただし、**生産販売会議を開催することで受注への対応力を高めていくことが必要**です。計画の種類としては、製品品種ごとの生産計画、負荷計画、余力計画、調達・在庫計画などからなります。

③小日程計画

　1週間から10日程度の、詳細な生産計画で、機械別・人別の仕事量を決めるものであり、計画期間は半週から1週間であり、単位としては1～3日で立案されます。計画は、生産管理部門ではなく、各製造職場主体で作成します。計画の種類としては、生産ラインごとの負荷計画と余力計画、機械別・人別計画、日別・時間別計画などからなります。

中日程計画のサイクル

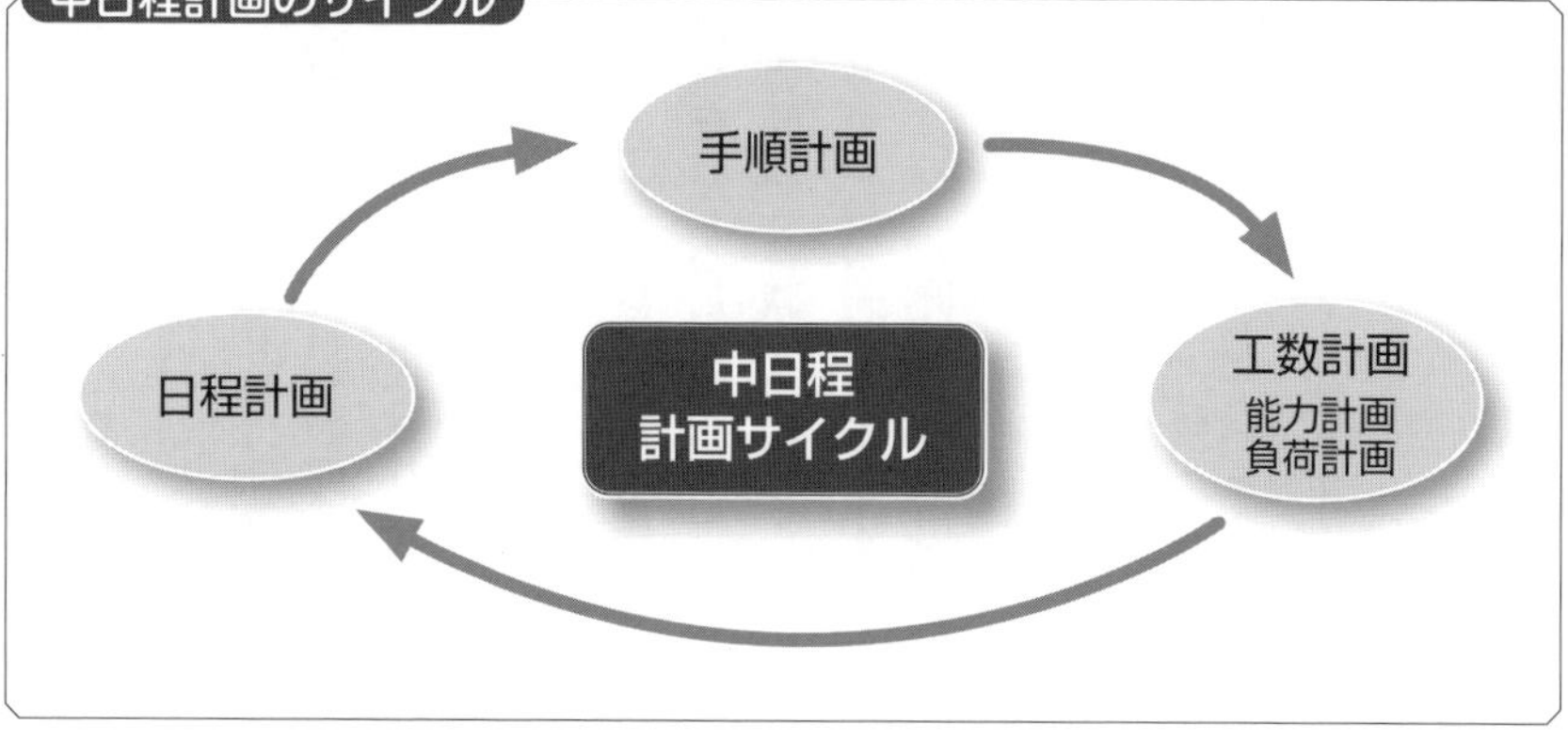

SECTION 5

生産計画

変化に強い中日程計画（手順計画・工数計画・日程計画）はこうやって立案する

Q1 生産管部門が立てる中日程の生産計画には何がありますか?

A1 中日程計画を作成し、これを確実に実行するためには、生産管理部門によって、次のような個別計画を作成することが必要になります。

手順計画

個別計画の第一段階の計画として位置付けられる計画で、生産に必要な技術事項を全て決定することを目的とする計画です。**図面、仕様書、部品表を検討し、部品加工や組立の最適の方法を決め、その結果をQC工程表や作業標準書として明確に指示**します。設計図は、製品の最終的な姿を示すものであり、製品の加工方法にはいくつかの可能性があるため、手持ちの生産資源を活用し、最適の加工方法と工程順番を計画することを手順計画と言います。この計画は生産技術部門と協力して作成します。

工数計画

工数計画とは、生産計画によって設定された製品別納期と生産量に対し、計画内容を満たすための所要工数を明確にし、仕事量を割り当てるための次の2つの計画です。この場合、職場別・工程別に何人の作業者、何台の機械でどれくらい時間がかかるかを具体的に決定し、それに対し現有の作業者や機械の能力を対照して両者の調整を図り、職場別に仕事を割り当てる計画を立てます。工数計画は、日程計画と並行して進められるのが一般的ですが、**特に能力工数の裏付けを明確にした日程計画を立てることが重要**です。

①**能力計画**　各職場で保有する、作業者及び機械設備の生産能力を工数単位で求め、時間単位で算出し、保有能力を明確にする計画です。

②**負荷計画**　各職場が保有している生産能力を、能力計画によって把握した後、現在受注している製品に必要な負荷を、負荷工数として計算し、過不足を明確にします。

日程計画

日程とは、着手から完成までの所要

時間（または期間）であり、**日程計画の内容は加工時間に停滞時間を足したものになります。**加工時間は標準時間によって決まりますが、停滞時間は工程別の仕事量（負荷）と保有能力のバランスや仕事の流し方によって決まります。そのため、手順計画や工数計画を十分に検討し、その結果を活用しながら日程計画を立てることが必要になります。

Q2 **個別生産計画を生産管理部門に作成させていますが、手順計画と工数計画が難しいようです。どのような点をうまくやればよいのでしょうか？**

A2 個別生産計画の精度は、手順計画と工数計画の進め方にかかっています。特に、工数計画については、作業者の質の低下によって能力工数が大幅に低下しているにもかかわらず、**経験のある正社員がいた時代の基準工数をそのまま設定している例が多く、生産現場の実態を踏まえない工数計画によって、計画と実績の差がかい離する**例を多く見かけます。それぞれの計画を立てるポイントは次の通りです。

手順計画立てる際のポイント

①自社の生産形態の把握
②部分工程のみの効率を重視せず、全体最適の観点の重視
③設計者の意図する点の十分な理解
④技術・設計規格に基づく工程設定
⑤工程間に停滞や待ちのないよう配慮
⑥手順計画担当者のレベルアップ
⑦固有技術、管理技術の両方を把握し、バランスのとれた計画を立てる
⑧各工程の標準化の徹底

工数計画を立てる際のポイント

次に、**工数計画**によって計画精度が決まります。工数計画のためには、まず各工程の**能力計画**が必要になります。

工程の能力計画は、工場で保有する作業能力（工程能力）を工数単位で求め、時間単位で算出します。工数は、仕事量の単位としての時間（延べ作業時間）で表し、一般的には、人・時間（分単位）が多く用いられます。

人員能力（要員能力）の算出法

人員能力**Cp**とは、実働時間の中で直接的な作業に従事できる時間を言う。一般式では、計画期間における対象職場の人員能力は次のように表される。

Cp=M×T×X×（1-y）

M：換算人員（実人員を実務能力〈標準能力を1・0とする〉に換算。ただし、**新人社員や派遣社員の能力は1・0以下に設定**。そうしないと、生産に入ってからの工数不足が発生する）、X：出勤率、T：計画期間の実働時間（実働時間は就業日数1日の実働時間を掛けて求める）、y：間接作業率（間接作業や朝礼などの発生率。作業が標準化され、安定していれば5%程度）

SECTION 6

●工程管理

「見える化」活用の工程(プロセス)管理で納期遅れを防止する

Q1 進捗管理の対応が遅く、納期遅れが発生し困っています。それには「見える化」の活用によるプロセス管理が有効であると聞きましたがどのようにやったらよいのでしょうか?

A1 生産の進捗管理はプロセス管理とも呼ばれ、**監督者が主体になったリアルタイムの待ったなしの生産現場の管理活動**の一環として実施します。

プロセス管理の目的とは何か

プロセス管理とは、生産の実施状況を生産現場において的確に把握し、生産計画に対する生産の進捗遅れとその原因を明らかにし、リアルタイムに必要な挽回処置を行なうことによって、生産計画の達成を図る生産ラインでの管理活動を意味します。生産管理システムだけでは、あくまでも報告された生産工程の製造データに基づいて運用されるため、リアルタイムのプロセス管理は困難であり、監督者中心の行動が必ず求められます。変化する生産ラインに対応するためには、監督者の育成が不可欠になります。

「見える化」がなぜ必要か

プロセス管理のためには、生産現場で生産ラインの監督者が生産状況を的確に把握し、進度の遅れ具合を明確にし、リアルタイムに挽回処置を図ることが必要になります。そのために、見える化(見える・分かる・できる、の3要素)の道具立てを活用し、事実情報を製造現場で共有することが必要になります。

「見える化」とは、人間の右脳の持っているイメージ蓄積能力と、左脳の持っている言語によって理解する能力を同時に活用する科学的手法です。生産計画を実現するために、生産現場を見える化する対象は数多くあります。次の事項に対する「見える化」の仕組みづくりを実践していきます。

①5Sによるモノと情報の見える化

生産現場が駅前広場化している理由には、作業に必要なモノと情報がどこにあり、どう識別するかが見えないという問題があります。「本物の5S」

による生産現場のモノと情報の見える化の取り組みが効果的です。

②作業習得の見える化

作業標準書とスキルマップを活用した「見える化」によって、素人作業者と言われる作業者を短期間で育成することができるようになります。

③生産現場のムダと問題の見える化

生産現場では、生産活動の中で毎日のようにムダや問題が発生します。それらを「見える化」するために、管理ボードなどに明記することで、ムダと問題の発生を現場で働く人が共有することができ、トラブルを防止できるようになります。

④作業指示の見える化

作業指示の内容を的確に作業者に伝えるため、作業指示書や作業標準書によって、指示内容を「見える化」します。

⑤工程(プロセス)管理の見える化

プロセス管理では、作業工程を時間に基づいて管理ボードなどで進捗管理することで、遅れが発生した場合に、すみやかに遅れ挽回対策と再発防止を実施できるようになります。

Q2 プロセス管理をうまくやるための方策には他に何がありますか?

A2 作業者の質が低下する中で、プロセス管理の必要性が高まっています。そのための秘策として、次の方法が有効になります。詳細は、本書の3、4、5章を参照ください。

①作業標準書の定着

近年、作業者の質の低下現象が進む中で、作業標準書の定着が重要になっています。そのためには必ず生産現場に置いて、**いつでも使えるようにすることで定着**していきます。

②作業者の早期育成

早期育成のためには、作業標準書を使った指導が必ず必要になります。その結果として、経験だけに頼らない早期育成が可能になります。

③監督者の日常行動

監督者の日常行動の基本は、**3礼(朝礼・昼礼・終礼)**と**生産現場パトロール**です。その結果として、プロセス管理が定着していきます。

・報・連・相

朝礼によって作業者に対して、分かりやすい作業指示を出すことによって初めて、作業者の報告・連絡・相談がこだまのようにリアルタイムに監督者に返ってきます。

・多能化

生産ラインでトラブルが発生した際に、他のラインからの応援が必要になります。多能化なしには、ライン間の応援はできなくなります。

・ムダとり

生産ラインの7つのムダ(217ページ参照)をとることによって初めて、トラブルの未然防止が可能になります。

SECTION 7

品質保証

今求められる品質保証とは何をどうすることなのか

Q1 最近になって、当社製品の顧客クレームが増加傾向にあります。当工場としては近年、新製品は発売していないのに、なぜクレームが増加するのでしょうか?

A1 工場長には、工場の内外の経営環境の変化を把握し、トップダウンの指示を出すことが求められます。その結果として、工場の生き残りの取り組みが実践され、市場から淘汰されずに済むのです。最近のクレームの増加は、当社のみならず多くの工場が直面している現実です。その理由として次の内外の変化が挙げられます。これらの変化に対し、工場長が本気になって先頭に立ち、全部門参加の品質保証体制を構築しない限り、顧客の期待を裏切るクレームは増加していきます。もはや、**品質保証は品質保証部門の責任事項であるという考え方が通用しなくなっている**のです。

工場内部の変化

①生産現場から正社員が消え、派遣社員を主体とした非正規社員が急増し、非正規社員・若手新人社員主体の生産現場が駅前広場化している。

②素人社員といわれる派遣社員・若手新人社員主体の生産現場になったため、今まであり得なかった低レベルの品質クレーム、作業ミス、納期遅れなどが増加している。

③生産現場の管理者・監督者は、生産現場で唯一の付加価値を生み出す原動力である熟練度の低い作業者を短期間で育成した経験に乏しいため、積極的な指導をせず見て見ぬ振りをしている。

工場外部の変化

①現在、多くのモノづくり企業で、安全と品質に関する顧客の期待を裏切る事件が増大している。その結果として、それらの企業が業界から淘汰されている。

②今まで、この程度ならと見逃されていた苦情レベルの品質問題であっても、多くの消費者が見逃さなくなっています。しかも、いったんクレー

ムが発生すると、あっと言う間にインターネットで全国に配信され、企業が経営危機にさらされる。

Q2 それでは、どのようにして品質保証体制を構築していくべきなのでしょうか。

A2 品質保証のためには、次のような考え方と方法によって取り組むことが必要です。そのためには、全部門参加の取り組みが前提になります。

①「本物の5S」で〝見える・分かる・できる〟現場づくり

「本物の5S」を導入して全員参加の5S運動を実施し、3K、3Mのムダをとり、新たな生産現場体質づくりをする（2章参照）。

②生産現場の監督者の基本行動を実践し、品質問題を先取りする

監督者の役割を明確にし、「3礼」、「現場パトロール」、「報・連・相」によって品質問題を未然に防止できる仕組みをつくる（5章参照）。

③素人作業者にも分かる新たな作業標準書づくりを実践する

最近の品質不良は、経験不足の作業者の手から生まれる。そのために、素人作業者にも分かる新作業標準書を作成する（3章参照）。

④非正規社員と若手新人を短期間で育成する仕組みをつくる

新人作業者を短期間で育成できる〝人づくり〟の仕組みをつくって、品質不良を未然に防止する。品質問題は、監督者の指導不足によって生まれることを忘れてはならない（3章参照）。

⑤工程間で品質保証をできるQC工程表を導入する

「QC工程表」を導入することによって、工程間の品質保証が可能になり、後工程に不良品を流すことがなくなる。

⑥品質不良を発見できる検査の仕組みをつくる

単に品質不良を排除するだけではない検査の真の役割を明確にすることで、検査による品質不良の再発防止が可能になる。検査結果に対して、不良を除去するだけの工場が多く見られる。大事なことは、不良を発見したら、不良の原因調査と、再発防止対策を発生部門や外注企業に要求し、結果をフォローすることである。

⑦クレーム再発防止のプロセスと問題解決手法を導入する

クレームを再発させることのない、クレーム再発防止のプロセスと問題解決の手法を導入する。真の問題解決をしなければ、問題は形を変えて再発する。そのために「6M問題解決法」（9章参照）を実践することが求められる。解決プロセスは4ステップに分けられ、未然防止のためにまず「本物の5S」導入が必要になる。

SECTION 8

品質管理

品質管理の真の役割の明確化で品質を向上させる

Q1 **当社には、品質管理部門がありますが、経験主体で不良品の発見をしているだけで、本来の品質管理を実施できていません。品質管理の正しい進め方について教えてください。**

A1 品質管理活動は、経験で不良品を発見する検査活動だけでは、顧客に品質を保証する効果は得られません。そのための考え方は次の通りです。

［品質管理の役割・行動］

①受入検査

受入検査の目的は、受入時に不良品を発見することだけではなく、**外注品質の向上**にあります。そのため、品質不良が発生したら、まず外注先に連絡し、外注品質の向上を要求することが必要になります。

②工程内検査

工程内検査の目的は、後工程に不良品を流さないためだけではなく、**不良の発生工程に再発防止を要求する**ことにもあります。

③最終検査

最終検査の目的は、**顧客に対する最終的な品質保証**です。最終製品の機能・性能試験をすると共に、一連の検査結果を文書で確認し、顧客要求に適合していることを確認した上で出荷許可をします。

［検査標準・基準］

①検査基準は製品規格に基づき、これより厳しいレベルで作成します。

②検査方法は検査標準書として作成し、検査員を指導育成します。

③検査不合格品に対する異常処置方法を標準化し、遵守させます。

［検査機器、記録］

①検査器具は定期的に校正をし、校正済みの機器には識別マークをつけ、更新管理をします。

②検査記録と校正記録を残し、一定期間保管します。

［検査員の育成］

検査員の教育訓練を、品質管理教育と検査実務に分けて計画的に実施し、認定基準（最終検査員など）に基づいて社内認定します。

検査業務の種類

①計画関連業務

- 検査基本計画・検査規格の作成
- 検査方式・サンプリング方式の選定
- 検査技術の研究・開発
- 検査業務の改善

②実務管理業務

- 検査業務指示の実施
- 検査場の環境管理
- 検査日報の作成
- 立ち会い検査、出張検査の実施

③検査情報管理業務

- 検査基準書類の作成・保管
- 検査記録書の作成・保管
- 検査結果の情報作成・関連部門への提供
- 検査関連の図面・仕様書の管理

④異常品処置業務

- 検査不合格品の現品管理
- 検査不合格品の現品処置
- 特採（特別採用）処置
- 不合格品の原因調査と再発防止対策

⑤検査機器管理業務

- 検査機器の選定、調達、検収管理
- 検査機器の登録、保管管理
- 校正及びトレーサビリティ管理
- 検査治工具の作成、維持管理

⑥検査員及び外注工場の育成業務

- 検査員の教育・訓練
- 検査教育テキストの作成
- 特殊試験・測定検査技能の訓練
- 品質管理教育の計画・実施
- 外注工場に対する品質情報のフィードバック
- 外注工場の育成、品質管理指導

SECTION 9

QC工程表の活用で「品質偽装」をなくし品質保証を実現する

Q1 当社では、工程戻りや手直しのムダが多発し、クレームや納期遅れの要因にもなっています。工程での品質保証を行なうためにQC工程表が有効であると聞きましたがなぜですか？

A1 QC工程表は工程での品質保証に有効なツールで、QC工程表がないと次のような問題が発生します。

・品質保証の計画を体系的に表現する様式や資料がない
・各工程において品質保証するべき特性が分からない
・不良発生対応に時間がかかる

工程での品質保証のために**QC工程表を活用する目的**は次の通りです。

①QC工程表で品質保証のプログラムを明確にする。
②使用すべき作業標準書や製造基準を明確にする。
③生産工程で準備すべき製造条件と、工程つくり込み品質を明確にする。
④不良発生やトラブル発生時に、各工程の品質管理項目を明らかにすることで迅速に問題を解決する。

Q2 QC工程表をうまく使うポイントを教えてください。

A2 QC工程表をうまく使うポイントは次の通りです。

①QC工程表の使用目的を作業者に十分説明してから使う。
②初心者には用語の説明から入り、QC工程表と作業標準書はセットで使うものであることを説明する。
③QC工程表が一覧表であることの便利さを強調する。
④QC工程表をカードケースに入れ、取扱いやすく、汚れにくくする。
⑤QC工程表を保管する時に整理しておき、すぐ取り出すことができるようにする。
⑥QC工程表の変更管理を忠実に行ない、いつも最新版にしておく。
⑦現場監督者は定期的にQC工程表が活用されているかチェックする。
⑧QC工程表の内容に不備があったら、速やかに訂正する。

Q1 当社では、「品質偽装」を防止

するためにQC工程表を導入しましたが、うまく作成できずに困っています。正しい作成方法を教えてください。

A1 QC工程表は基本に基づいて正しく作成しなければ、効果を発揮できません。QC工程表には、規格で決められた様式は特にないので、各社それぞれ独自の様式を採用する傾向があります。しかしながら、工程の品質保証をするための基本事項があり、これらの項目を設定することが必要となります。各項目の設定方法について次に述べます。

工程番号

工程番号は、10番飛びのほうがよい。なぜかというと、1番飛びにしておくと工程間に新しい工程が割り込んできた場合に、以下の工程番号を全て変更しなければならないが、10番飛びにしておけば、10と20の間は25というように追加設定することができ、以下の工程番号を変更しなくてもよいからである。また、工程を呼び出す場合に、工程番号を使えば工程名称を使うより簡単である（10番工程・20番工程と言えば一義的に指定できる）。

管理点

管理点は、品質保証のための加工条件と、保証すべきつくり込まれた品質特性という次の2つの項目に分かれる。

通常、管理点の意味が不明なために、QC工程表を使用する目的が検査中心となり、製造加工に使用することが少なくなる傾向がある。QC工程表の適切な使用による品質保証のためには、**QC工程表は加工プロセスと、検査プロセスの両方において品質保証をする管理表である**という理解が求められる。

①管理項目

工程を管理する時の項目であるが、これは工程を左右する**「原因系」**または**「要因系」**のことである。旋盤加工では刃物の取付け状態、熱処理では温度等である。QC工程表の管理項目の欄には基準値と**許容公差**を明記する。管理項目の設定方法の詳細は該当する作業標準書に明記する。

②品質特性

品質特性とは、その工程で保証する品質特性であるが、これは工程の「**結果系**」であると考える。部品では形状、寸法等であり、薬品では成分、色等である。品質特性の欄には、基準値と許容公差を明記する。

管理方法

管理方法とは、工程間における品質保証をするための具体的な方法を意味している。管理項目で設定された、品質保証の各項目を実施するための方法を規定している。

①規格・製造基準

工程に適用する作業標準書、規格値、あるいは製造上の基準を記入する。製造基準値は規格値より厳しいのが普通である。そうしないと、加工品質のバラツキと検査のバラツキによって不合格品を生む可能性が生ずる。

②機械・測定器

工程で使用する機械、または測定器名を記入する。外観という特性を検査するには目視であるが、測定器ではなくても、外観をチェックする道具という意味で測定器欄に記入する。

検査方式

抜取検査の場合は、抜取数を記入する。ここに指定された抜取数を測定し、良品ならば次工程に送る。不良品ならば次の処置をとる。

①工程内検査

不良発見の場合は不良品を処分して、管理項目をコントロールして再度加工し、その結果を再度検査し良品ができるまで繰り返す。**この活動をあいまいにすると、工程間を不良品がすり抜け、最終検査で初めて不良が発覚する。**

②不良品の処理方法

装置工業の場合はそのロットは全数不良となり、廃棄するか、あるいはグレードを下げて使用する。場合により不良品の一部を良品に混合して使用することもある。従って、不良品の処理方法はケースバイケースである。装置工業では、本作業に移る前にパイロットプラントで製造条件を出しておけばロットアウトになることはない。実験室で製造条件を出しておくこともある。

記録様式

工程の品質特性を測定した結果を記録する必要がある場合には、この欄に「記録様式」を指定する。この場合、様式の名称だけでなく様式番号を記入しておくほうがよい。

標準時間（ST）

標準時間欄を設けておくほうが便利な場合が多い。標準時間は品質保証とは直接関係ないが、生産計画を立てたり、作業改善をしようとする時に、改善テーマを絞るのに便利である。標準時間は次の2つに分けられる。

①準備・段取り時間

②ST（加工時間）

STとは、部品工業では1個の加工時間、装置工業では1バッチの加工時間のことである（時間単位としては分または時間を用いる）。

その他の項目

工場によっては、次のような追加項目があるが、QC工程表の項目は必要最小限にする。項目が増えると用紙が大きくなり、記入欄も小さくなり読みにくくなる。

①工程の点検者及び管理者

②工程で異常が発生した場合に、処置をとる部署、または通報先

③工程の重要度（A、B、C等のランク付けをする）

QC工程表（作成例）

QC工程表				製品名	シャフト	製品番号	MC-901		(1/1)
				文書番号	QC-98001	発行部門	生産技術部		
工程番号	工程内容	管理点		管理方式					
		管理項目	品質特性	基準、規格	場所	検査方式	検査装置	記録	異常処置先
10	材料受入	—	外観数量	受入チェックリスト	材料倉庫	全数	目視	—	倉庫係長
20	ヘッド加工	金型セット	加工寸法	作業標準書、No.12図面	機械工場Bライン	自主チェック	ノギス	—	機械係長
30	切削加工	加工速度	切削寸法	作業標準書、No.13図面	機械工場Aライン	自主チェック	マイクロメータ	—	機械係長
40	穴あけ加工	加工速度	孔径孔深さ	図面	機械工場Dライン	自主チェック	ノギス	—	機械係長
50	熱処理(特殊工程)	温度時間	表面硬度	特殊工程規格	熱処理工場1号炉	工程内検査n=5/ロット	ロックウェル硬度計	工程検査記録書	熱処理班長
60	研磨加工	工具セット	面粗さ	作業標準書、NO.14	機械工場Bライン	自主チェック	粗さ計	—	機械係長
70	錆止め処理	はけ塗り	付着状態	錆止め作業要領書	塗装工場	自主チェック	目視	—	機械係長
80	最終検査	—	—	検査基準書No.15	検査室	全数検査	ノギス/マイクロメータ	最終検査記録書	検査係長

改訂番号	年 月 日	改訂内容	作成 年 月 日		
			承認	確認	作成

SECTION 10

●品質保証

クレーム対応基本ステップの実践で顧客不満足を解消する

Q1 当社では、品質不良とクレームが増加していますが、迅速に対応できず、再発が重なって工場長としての責任も問われるようになり、困っています。これらの問題に対し、どのような考え方によって対応すべきか教えてください。

A1 このような場合、工場長にとって大事なことは、問題に対してどのように考え、どのような行動をすべきか、という指示を管理者・監督者に対し具体的に出すことです。特に、クレームや品質不良に関しては待ったなしで、次のアクションが求められます。

品質不良防止対策の考え方

①品質不良対策は、設計から製造に至る全ての工程を対象に実施することが基本です。

②**品質不良対策の基本は、作業の標準化**です。品質不良は、作業者の作業方法のバラツキから生まれます。したがって、作業者の教育訓練を実施することが品質不良防止の重要対策となります。

③品質不良は発生してからでは遅い。予防的な対策が必要です。そのためには、「本物の5S」によって品質不良を起こさない職場環境づくりをすることが必要です。

クレーム再発防止対策の考え方

①クレーム対策で最も重要なことは、迅速な対応です。どんなに優れた対策でも、実施時期が遅れたら何の意味もなくなります。

②そのためには、暫定対策は迅速に、恒久対策は迅速かつ確実に実施することが基本です。

③クレームが発生したら、受付部門が発生状況を正確に把握し、どのような対応が必要なのかを確実に判断する情報を提供します。

④クレーム再発防止対策を確実に実施するために、責任部門が調査を行ない、真の原因を把握し、これを取り除くことのできる対策を確立し、効果の検証を行ないます。

クレーム再発防止の10ステップ

ステップ	実施内容
1	クレームを受付け、**三現主義**で行動する
2	原因調査を6M（人、方法、設備、材料、管理、計測）について実施する
3	すぐにできる**暫定対策**を実施する
4	なぜなぜ分析で**真の要因**を特定する
5	真の要因に対する**再発防止対策**を検討し、必要な対策を決定する
6	**担当者と実施期限**を決めて実施する
7	再発防止対策の**実施結果を確認**する
8	**再発防止対策のステップが確実に実施されたか**どうかチェックする
9	再発防止の効果がなかった場合には、ステップ4に戻り再度対策を検討する
10	再発防止対策の**水平展開**を実施する（関連事項にも対策する）

SECTION 11

工場長のよくある悩み相談Q&A【生産管理・品質保証編】

Q1 工場長の指示で生産管理組織をつくりましたが、当社では営業部門の要求が厳しく、かつ変化が多いため、生産ラインがいつも混乱して困っています。そのための対策として、生産販売会議が有効であると聞きました。具体的に何をすべきか教えてください。

A1 **生産計画を立案するためには、営業部との緊密なコミュニケーションが重要**になります。市場競争は常に激化し、市場の変化に対応するために販売計画を見直しする頻度も多くなっています。また、受注確率が高いと予測していた受注案件が突然他社に取られるといった事態もめずらしくありません。**生産部門がこれらの変化にリアルタイムに対応しない限り、計画された売上を確保することが難しくなっています。**

生販協力の必要が高まっている中で、両部門間の連携がうまく取れないケースが多く見られます。その要因として、販売計画の精度が低く場当たり的である、生産計画のフレキシブルな対応の不足、などの問題があり、これらの問題への対応が急務になっています。

これらの問題に対応して両者のコミュニケーションを密にするため、**生産・販売両部門が定期的な生産販売会議を開催し、タイムリーな市場対応力を強化する**ことが求められています。そのための生産販売会議運営の取り組み方は次の通りです。

①営業部門が**事実に基づく受注情報**を正確に生産部門に伝え、最新の生産計画に反映させる。

②生産部門は、**現状の生産状況を正確に報告する**と共に、在庫計画を含め可能な限り柔軟に生産計画の対応をとる。

③会議の中で、**販売計画と実績の差異の要因を明確に**し、次の計画に反映させる。

④会議の決定事項は速やかに工場の生産部門に伝達し、確実に実施する。

⑤開催にあたっては、生産部門の納期遅れや、生産ラインからの営業への

要望を伝える。

⑥**営業担当者の受注情報を、生産管理部門や製造部門に伝える**ことによって、生産部門の混乱を防止する。

⑦**生販会議には、必ず工場長が出席**し、確定受注前の手配の必要性などの、大局的な判断をする。

⑧営業部門においては、営業組織の受注状況を客観的に把握した組織または代表者が出席する。

⑨開催頻度は原則として月に1回、必要において、中間で開催する。**司会とまとめ役は、生産管理部門の管理者とする。**

Q2 **QC工程表を導入したいのですが、製造部門の管理者がQC工程表はISO9000の認証に使う品質管理のツールだといって積極的に使おうとしなくて困っています。どのように説得したらよいのでしょうか。**

A2 QC工程表は以前、ISO9000の認証のために、品質計画書として使われた過去があるため、そのような先入観を持っている人が多くいます。QC工程表は、生産のステップと加工・処理方法・チェック等について大まかな筋書きを書いたものであり、文書の性質からすると**生産技術資料**として位置づけられます。この点の理解が広がらないために、品質管理資料として位置づけられ、本来の目的より狭い使い方しかできてないケースを多く見かけます。**QC工程表はモノづくりの基本として、生産技術資料として位置づけることがその可能性を引き出すために求められている**のです。品質保証とは、最終検査で把握するのではなく、モノづくりの生産プロセスで実施することが基本であり、これを**源流管理**と言います。これを理解していない企業から〝品質偽装〟が生まれているのです。

QC工程表は生産技術資料であるので、次の技術要素を含んでいなければなりません。

①加工・処理の順序
②加工・処理に使用する設備・治工具
③加工・処理を行なう時にコントロールする要素とその方法
④各工程で保証すべき品質特性
⑤作業者に必要とされる技術レベル、または資格
⑥品質特性を測定する方法
⑦品質特性の測定結果の記録方法

この中で工程の順序、設備・治工具およびコントロールの方法は、それぞれ独立しているのではなく、セットになっています。どのような治工具を使うかによって、工程の順序やコントロールの方法が変わってくるのです。すなわち、上記の①②③の要素は同時進行で、各工程の詳細は該当する作業標準類に記載することが求められます。

9章

「6M問題解決法」で真の問題解決をして新たな生産現場をつくる！

問題解決力のない企業は「品質偽装」が止まらず生き残れない（事例研究）

生産現場の問題と工場長の悩み

［事例1　問題意識が低い］

昨年から、生産現場に派遣社員が増加するようになり、それと比例するように労働災害が多発するようになった。先週は、組立工程で派遣社員が組立中の機械から落下し、頭を打って意識を失い救急車を呼んだばかりである。以前は、このような落下事故が発生したことはなかった。最近、不慣れな作業者による事故が増加しているのはなぜなのか、釈然としない。井上工場長は、山下製造課長に原因を調べて対策を打つように指示した。その後の対策について質問したところ、「あれは本人の不注意とポカミスが原因なので特に対策はしていません」という返事だった。しかし今年になって、挟まれ事故や落下事故が以前より急増していることは事実だ。そのような現状をいかにも偶然であるように考えている管理者の考え方はどう考えてもおかしい。なぜ、新たな問題が多発しているのに、正面から捉えようとしないのか？

そこで、製造部門の管理者・監督者を集め、最近の労働災害の増加に対する意見を聞いた。すると多くの管理者・監督者が、「このようなことは以前にはなかったことであり、自分たちも迷惑している」といかにも他人事のような発言が目立ち、井上工場長は不愉快に感じた。その際、労働災害の発生は、生産性の低下と作業者の意欲を低下させる工場の重要問題である。**これらの問題の要因を把握し対策を立てるのが管理者・監督者の責任ではないか**と発言したが、これといった反応がなく、ますます悩みが深くなる工場長である。

生産現場の問題と工場長の悩み

［事例2　問題の本質をつかめない］

第一ラインでは、今年になって品質不良が多発している。その結果として、顧客から**品質偽装**と厳しく指摘されている。その原因は、機械故障、作業ミス、材料不良などいろいろと考えられるが、結局は**人の問題が背景にあるら**

しい。第1ラインの筒井係長に品質不良に対する対策をどうやっているのかを聞いたところ、「設計に言って図面を訂正してもらいました」との返事である。ところが、それでも再発を繰り返していて、自分もどうしたよいか迷っているとのことである。第1ラインは、新人の作業者が比較的多く、作業に不慣れな作業者が多いのも原因かもしれないと言う。今年になって、ベテラン作業者の定年退職があり、明らかに技能レベルが低下している。筒井係長は、作業ミスの手直しに追われ、再発防止などに関わっていられないというのが本音のようだ。一方で、最近の品質偽装という顧客からの指摘があってから、注文が他社に移り、売上も明らかに低下している。佐藤工場長は、何らかの手を打たなければ工場が生き残れないという危機感を強くしている。対策を打たなければならないことは分かるがどうしたよいか悩む毎日である。

生産現場がなぜこうなってしまったのか。問題の真の要因は何か?

非正規社員が増大し、2007年から始まった団塊の世代の大量退職によって、近年の生産現場は大きく変化しています。このような人の質の低下の結果として、生産現場は乱れ、今まで経験しなかったような低レベルの問題が、形を変えて繰り返し発生するようになっています。多くの工場では、このような生産現場で働く人たちの質の低下によって、労働災害の激増、品質不良とクレームの増大など問題の発生が後を絶ちません。一方、工場の管理者・監督者はといえば、これらの新たな問題発生に対し、なぜ発生するのか、問題に対してどう対応すべきか判断しかねています。その理由は、**過去に経験のない問題が多発している**からです。**問題解決を通じた新たな生産現場づくりが工場長に求められている**のです。

このような生産現場を工場長はどう変えたらよいのか?

生産現場の変化によって発生する新たな問題に対し、具体的な対策を実施せずに解決を先送りすると、繰り返し再発し、最終的に顧客の期待を裏切る結果をもたらします。そのようなリスクを回避し、新たな時代に生き残る工場となるためには、問題解決手法の活用が必須事項になります。問題解決の手法は多数ありますが、工場長による次の問題解決の指示が必要になります。

①管理者・監督者に対し、変化する生産現場問題を事実に基づいて把握する行動を指示する。
②さらに、未知の問題の解決手法の習得と活用を指示する。

本章では、生産現場で発生する新たな問題を解決する手法の紹介と活用法について解説していきます。

SECTION 2

問題解決先送り

なぜ真の問題解決ができず先送りするのか

Q1 私の工場では最近になって顧客から品質偽装と非難されるようなクレームが多発しています。このままでは、工場の生き残りも不安になります。なぜ、品質問題が発生し、問題を解決できずに先送りするしかないのでしょうか。そのために、工場としてまずやるべき基本対策は何でしょうか?

A1 最近多くの企業で多発している品質問題は一過性のものではなく、生産現場の変化によって必然的に発生しているという理解が必要になります。8章において、その背景を解説しましたが、もう一度振り返ってみます。

新たな生産現場問題とは

次の新たな生産現場問題が発生していることについての自覚がない生産現場が多いことも事実です。

・高齢の作業者の増加によるモチベーションの低下

・素人社員と呼ばれる経験不足の作業者の増加

・他人とコミュニケーションを取れない若手新人社員の増加

・スマホの急速な普及により個人主義が蔓延し、職場での人間関係が悪化

なぜ問題解決ができないのか

問題解決ができない企業の主な共通点として次の点が挙げられます。

①工場長と生産スタッフの問題意識の低さ

低レベルのクレームが止まらなければ、顧客の信頼は失墜するしかなくなる。その結果として注文が減り、工場としての生き残りが困難になるという問題を、工場長と生産スタッフが正しく認識していない。

②問題の構造についての理解不足

問題には構造があり、そのことを理解すれば、問題と問題点の区別ができ、問題点を把握できるようになる。そうしなければ、その場のみの対策となり再発を繰り返すしかなくなる。

③予防処置の不足

問題発生の根本原因は、人の質の低下にある。そのため、必要な対応を取ることが求められる。しかしながら、

問題発生の予防処置を実施していないため、問題の後追いばかりに追われ、問題解決以前の職場体質になっている。

④三現主義行動の不足

今多くの生産現場で発生している問題は、過去の常識では解決できない特性を持っている。そのため、三現主義によって現場・現物・現実に基づく事実の把握行動をとらない限り、解決はできなくなってしまう。さらに、現状把握を5W2Hと6Mによって把握していないため、事実の把握があいまいになっている。

⑤問題解決手法の学習不足

現在発生している問題は、勘や経験では解決できないことは明らかである。そのため、問題解決は新たな解決手法を学習し、さらに新たな手法に従って実施しなければ解決できないことを理解していない。

⑥データ分析方法の理解不足

問題解決のためには、データを分析することが必要である。そのための層別化とパレート分析によって問題の傾向を分析・解明していないので「問題点」があいまいになっている。

⑦真の要因を掘り下げていない

真の要因を6M特性要因図によって掘り下げていないので、要因対策を打てなくなっている。

⑧問題解決対策が明確でない

問題解決策は実施しているが、対策が明確でないため、導入後の定着の取り組みができず、真の解決対策が定着していない。

今とるべき大事な行動とは

①工場長の決意

今、発生している品質問題の根本原因を明確にし、顧客の信頼を取り戻すということに関し、工場長が強い信念と決意を持つことが必要になる。

②予防処置を実践する

問題発生後の事後処理をする前に、問題解決のための次の予防対策を実践する。その結果として、社員の問題意識を高めることができ、問題の早期発見が可能になる。

- 「本物の5S」と「見える化」
- 「現場リーダー」の日常基本行動
- 「作業標準化」による人づくり

③工場長と生産スタッフが三現主義行動を実践する

インターネットやスマホによる情報に惑わされることなく、三現主義（現場に行き、現物を観て、関係者から現実の声を聴く）行動を確実にとる。

④問題解決のための新たな着眼点と解決手法の学習と実践

問題解決のための新たな着眼点と解決手法を学習し、繰り返し問題解決を実践することを通して、問題発見力と解決力を持つ人材を育成する方針を明確にし、実践する。

SECTION 3

● 問題の構造と6M

問題解決のキーワード「問題の構造と6M」を知る

Q1 当社では問題への対策はしていますが、解決に至っていません。問題には構造があると聞きましたが、どのようなことか教えてください。

A1 問題解決にあたって、どのような考え方でこれに取り組めばよいのか明確にしておくことが必要になります。そのため、次の着眼点で問題の構造を把握することが求められます。

問題解決のためには**問題の構造**を明らかにすることが必要である。問題の構造が明らかになれば対策も明らかになり、問題は解けたも同然である。構造が分からなければ何から手をつけてよいか分からない。

①問題というものは、いつの場合でもケースバイケースである。同じ問題が同じ状況で起きるということは少ない。そのため、**一過性の現象**に惑わされてはならない。

②問題はケースバイケースと言いながら、**その根底には必ず共通した基本的な傾向と要素が潜んでいる。**

③問題と**問題点**は違う。問題とは、困っていることやうまくいかない表面的な現象、**問題点とは問題の奥にあ**

問題の構造図

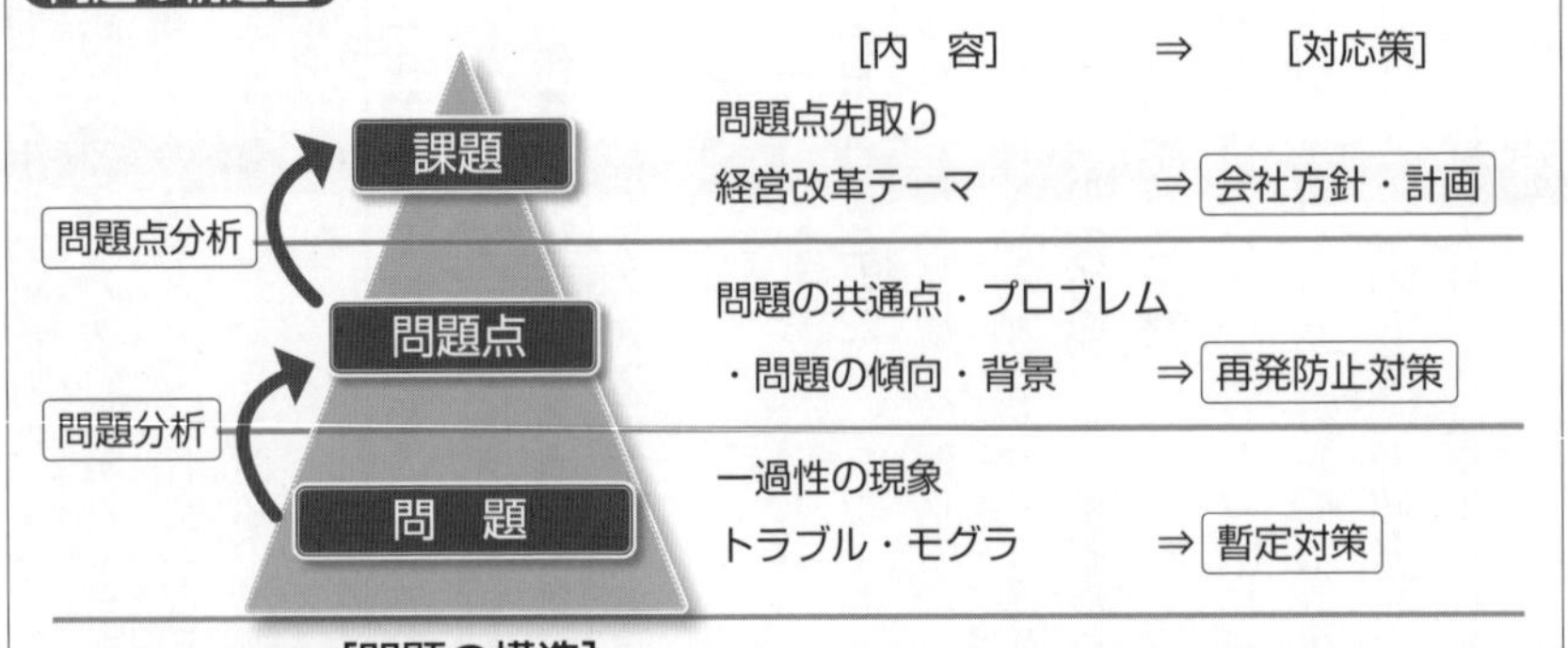

[問題の構造]

るもので、対策の打てる共通の具体的現象である。問題点にメスを入れなければ解決できない。

④暫定対策と再発防止対策を区別して進める。

⑤対策には、問題を起こした当事者を含め、多くの人の知恵を結集しなければならない。

Q2 問題解決のためには、6Mという視点が必要だと聞きましたが、どのようなことを意味していますか。

A2 6Mという視点は、筆者が近年の生産現場について、品質管理、生産管理、安全管理などの問題を分析する中で発見した生産の基本要素であるということに基づいています。筆者独自の視点ですが、これまで多くの生産現場のコンサルテーションの中で、明確な効果をもたらす視点として効果を検証しています。

同様に、品質不良やクレームの根本原因についても、モノづくりの工程（設計、調達、製造、検査の全体プロセス）の中で6Mに関して適切な品質がつくり込まれなかったことが原因です。「つくり込み品質」の基本要素には下の6つの事項があります。それを**工程（プロセス）の6M**と言います。

「6M問題解決法」の実施にあたっては、6Mで現状を把握し、6Mで要因を分析し、6Mで再発防止対策を立案し、6Mで対策を実施することが、一貫性のある効果的な品質問題解決の必須事項になっているのです。**6Mの中でも重要になるのが「人」の要素**です。

6M対策においては、機械設備や基準づくりだけで、作業者に対する教育訓練という対策が不明なケースが多く、結果として同じ問題が再発する傾向が見られます。再発防止対策として、下の項目が必要になります。

1M 人：Man（上司、リーダー、作業者）
作業者育成をしているか。監督者行動を実行しているか。

2M 機械設備：Machine（機械、設備、治工具、システム）
機械設備や道具の使い方が明確になっているか。

3M 方法：Method（標準作業、QC工程表）
素人にも分かる作業標準書がつくられ、活用されているか。

4M 材料：Material（モノ、生産情報［作業指示書・作業標準書］）
作業に必要なモノや生産情報が生産現場で活用できているか。

5M 管理：Management（管理基準・ルール）
モノづくりの基準、ルール、仕組みが明確になっているか。

6M 観察・計測：Monitor（計測、検査、確認、点検、観察）
作業結果の計測・記録があり、異常の先取りができているか。

SECTION 4

● 問題解決のステップ

真の問題解決を実践する4つの基本ステップを知る

Q1 私の工場では最近になって、今までにはなかったトラブルが多発しています。これに対し、管理者が中心になって問題解決に取り組んでいますが、いつも結果があいまいになってしまい困っています。このままでは、工場の生き残りも不安になります。どのようなステップで新たな問題解決に取り組んだらよいのでしょうか？

A1 御社の現状は多くの工場が同様に抱え、深刻な問題になっています。**今や管理者個人の経験だけに依存する方法では問題の再発防止ができなくなっている**のです。その理由は、すでに述べたように最近発生している問題の発生要因が今までとは異なっているからです。問題解決のために、次の４つのステップで取り組むことが必要になっています。

ステップ１　問題顕在化プロセス

問題が小さいうちに、早めに顕在化させ、対処することが求められています。そのため、**３Ｋ３Ｍという問題の前兆を管理者・監督者が捉え、発生防止を図る取り組みが必要**です。

ステップ２　問題形成プロセス

問題が発生したら、**三現主義で事実を把握した上で、問題発生の事実の層別化**（２０２ページ）**を実施**します。層別化によって、発生した問題の背景を明確につかむことができ、さらに**パレート分析によって問題点を絞り込み**ます。

ステップ３　真因探求プロセス

問題点に対し、**６Ｍ特性要因図**（２０４ページ）によって要因を明確にします。要因が明確になったら、主要な要因を絞り込み、必要において「６Ｍなぜなぜ分析」（２０６ページ）によって真の要因を明確にしていきます。

ステップ４　問題解決実践プロセス

問題の発生状況に対する削減目標を明確にし、**６Ｍ要因に対する再発防止対策**を明確にします。対策の実施にあたり、実施担当者と実施期間を明確にし、実施計画を立てます。対策を実施した結果、効果があれば６Ｍ対策内容を標準化し定着させていきます。

問題解決ステップ

No	基本ステップ	個別ステップ	考え方・進め方	推進方法
1	問題顕在化プロセス	問題発生予防活動	基本活動の実践によって問題発生を未然に防止する	・本物の5S ・見える化 ・標準化 ・多能化
		問題発見	問題とムダを先取り的に発見する	・リーダー行動 ・ムダとり
2	問題形成プロセス	現状把握	三現主義で現状の事実を把握する	・5W2H ・6M
		問題分析	事実を層別化し、パレート分析で特性を絞り込む	・層別化 ・パレート分析
3	真因探求プロセス	要因形成	6Mで特性の問題点を明確にする	・6M特性要因図
		真因探求	「6Mなぜなぜ分析」で真の要因を把握する	・6Mなぜなぜ分析
4	問題解決実践プロセス	目標設定	現状に対する定量的達成目標を設定する	・目標達成計画
		解決対策立案	真因に対する6M対策を仮説として立案する	・6M対策
		対策実践	解決対策のPDCAを実践展開する	・PDCAサイクル
		対策定着	仮説の対策効果を確認し、標準化で定着させる	・標準化

SECTION 5

●QCストーリー

6M問題解決法は「QCストーリー」によって実践する

Q1 問題解決の基本4ステップは理解しましたが、具体的な進め方としてどのように取り組んだらよいですか?

A1 問題が発生した場合の具体的な解決の流れについては、**QCストーリー**のプロセスを活用することが必要です。実践のステップは、次の通りです。

ステップ1

取り組みテーマはチャレンジ価値があり、繰り返し発生している問題・クレームなどを選ぶ。

ステップ2

三現主義によって問題発生の状況を調査し、データ整理をし、**層別化とパレート分析**を行なう。

ステップ3

分析した結果として、**問題点**を明確にする。

ステップ4

6M特性要因図を活用し、三現主義で現場における問題点の背景を調査する。

ステップ5

6Mのうちで重要要因を絞り込み、6M対策を設定し、**仮説**(この段階ではまだ仮の対策である)として生産現場に導入する計画を立てる。

ステップ6

仮説を導入した効果を検証し、効果があれば正式の6M対策とする。効果が弱い場合にはもう一度、6M特性要因図に戻って6M対策を検討する。

ステップ7

効果が検証された正式の対策については、**内容をさらに6M項目に再編成して生産現場に導入する**。この展開が導入において最も重要である。例えば、対策を「管理基準を新たに設定する」とした場合の6M対策は、管理基準設定(5M:管理)、管理基準の現場の掲示(4M:材料)、管理基準の教育(1M:人)、管理基準の設定方法の標準化(3M:方法)、として6M対策を実施すれば、確実に効果が定着していく。

ステップ8

残された問題・課題を明確にする。

Q2 QCストーリーをうまくやるポイントを教えてください。

A2 筆者は、多くの生産現場でQCストーリーを実践してきましたが、取り組みにあたって次の点が重要です。

①**取り組みはチーム活動で行なう。**個人や少数の人だけで行なうと、現状把握が狭くなり、個人の経験にこだわってしまう危険がある。

②最初の現状把握では、生産現場にチーム全員で行き、6Mに関する関係者へのインタビューや、設備や管理基準に関するデータ取りをする。

③**層別化をした結果について、問題点をストーリーとして設定する。**具体的には、「……が、……において、……になっている」という表現にする。

④6M特性要因図による掘り下げでは、必要に応じて再度現場の実態を調査する。

⑤6Mに対策を展開することが重要。

QCストーリーの図

[QCストーリー8のステップ]	[実施のポイント]
1. テーマの選定	・テーマはチャレンジ価値があり、繰り返し発生している問題・クレームなどを選ぶ
2. 現状の把握	・現状は三現主義で具体的に把握する [層別化により現状を明確にする]
3. 問題点の明確化	・重要問題が何かを明確にする [パレート分析により絞り込む]
4. 要因の解析	・問題を解決するための要因を明確にする [6M特性要因図によって要因を掘り下げる]
5. 仮説の設定と検証	・要因を仮説として設定し,効果を検証する
6. 検証済み対策導入	・効果検証済み対策を6M項目に設定し、計画的に導入する
7. 水平展開	・効果の出た対策は関連事項に応用する
8. 残った課題と今後の計画	・残された課題は第2次計画で解決する

SECTION 6

問題解決力

層別化とパレート分析で「問題点」を絞り込む

Q1 **6Mの視点で事実データを把握できたら、次に層別化とパレート分析が有効と聞いていますが、どのように問題点を絞り込んだらよいですか?**

A2 問題点を絞り込むためには層別化とパレート分析が必要です。これらの手法の活用によって、把握された事実に対し確実な問題点の絞り込みが可能になります。

①**層別化**　層別化とは、現状把握をした後に、漠然と現状を分析するのではなく、下記の表にあるような**作業者別、製品別、工程別のグループごとにデータを分類することで、重要な傾向を的確に把握する手法**を言います。層別化によって、複雑に見えるいくつかの現象の背後にある問題の傾向や本質を把握することができます。

②**パレート分析**　パレート分析とは問題の内容を層別化した後に、それらのデータを大きい順にグラフ（パレート図）に表す分析法を言います。**「パレートの法則」と言われる重点把握の手法で、80%の結果をもたらす20%の主要因に絞った問題点の絞り込みが可能**になります。

層別化の表

生産現場で発生する問題を層別化するための、現象分類の項目として次の例が挙げられる。

1	作業者別	個人、入社年数、作業経験年数、スキルレベル（新人、ベテラン）、班、チーム、職場
2	機械設備別・ライン別	機種、機械グループ、生産ライン、機械型式、機械の新旧年数、金型、号機、性能
3	作業方法・トラブル現象	作業の種類、動作、作業場所、生産ロット、回転数、速度、温度、圧力
4	材料・部品別	メーカー、産地、銘柄、製造ロット、保管期間、購入時期、購入ロット、成分、サイズ
5	時間別	時間、年数、午前、午後、曜日、季節、月、作業開始時間
6	測定・確認別	確認項目、確認対象、測定員、測定器、測定方法、検査場所、検査項目
7	その他	製品別、運搬方法、梱包方法、初物、従来品

層別化、パレート分析の事例

① QC手法の3要素は、層別化、パレート図、6M特性要因図であり、必ずこれらの手法を活用する。まず初めに、三現主義で現状をしっかりと把握する。

② 「層別化」とは、現状把握をする際、漠然と現状を調査するのではなく、作業者別、製品別、工程別、材料別などのグループごとに現状を把握することによって、重要と見られる現状を的確に把握することを言う。層別化によって、複雑な現象の背後にある、問題の傾向や本質を把握することができるようになる。

③ 「パレート分析」とは、不良や問題点の内容を層別化した後に、それらのデータを大きい順にグラフによって表す方法を言う。通常、「パレートの法則（20-80の法則）」と言われる重点把握の手法であり、80（%）の結果をもたらす20（%）の要因に絞った重点把握が可能になる。

パレート図

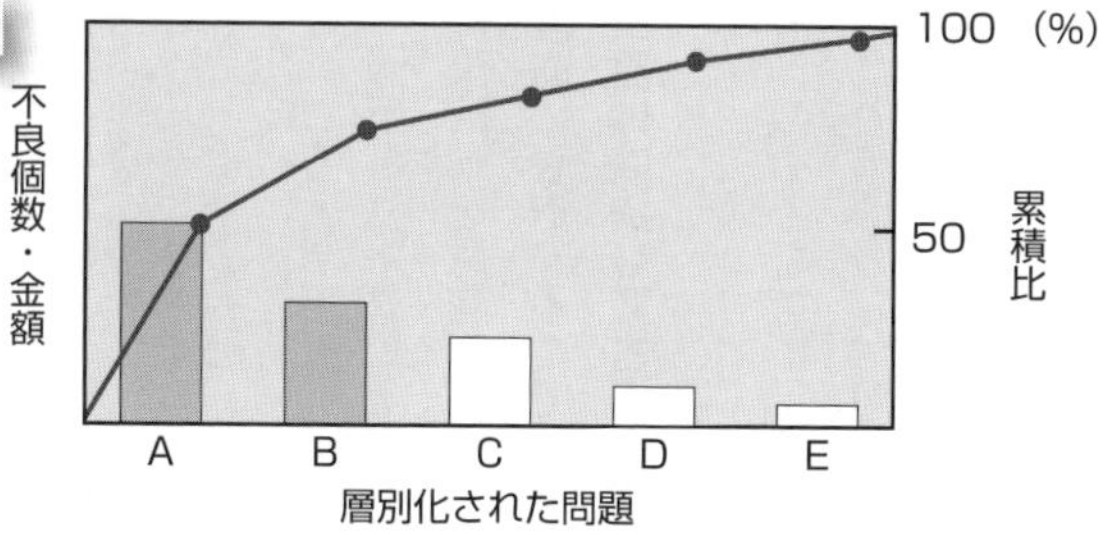

④ 「6M特性要因図」ではパレート分析で絞り込まれた問題点を「特性」とし、解決すべき問題点として設定する。

⑤ 「6M特性要因図」を作成する場合には、小集団を編成し、何人かの仲間で色々な意見を出しながら進めることによって、的確な要因の掘り下げができる。

⑥ 「特性」は、問題点としてできるだけ一種類の現象で具体的に表現する。

⑦ 大骨は、6M要因を中心に設定する。この分類が有効な対策につながる。

⑧ 中骨は、考えられる大骨の6Mに対する要因を設定する。

SECTION 7

三現主義を実践し「6M特性要因図」で真の要因を掘り下げ、6M対策を導入する

●6M特性要因図

Q1 絞り込まれた問題点に対し、問題点の要因を掘り下げていくことが必要になりますが、なかなか思った通りの掘り下げができません。問題点の掘り下げの方法について教えてください。

A1 生産現場で発生する問題はまず、層別化とパレート分析によって分析し、問題点を絞り込みます。その次にやらなければならない取り組みが、問題点の要因の掘り下げです。**要因の掘り下げをすれば、対策が明確になり、問題は解決したのも同然**になります。そのために活用すべき手法がQCストーリーです。QCストーリーとは、日本の品質を世界トップレベルまで向上させたQC活動で活用されたQC7つ道具による問題解決活動を意味します。**QC活動が全国的に衰退する中でも、QCアプローチ自体は決して古くなっていない**のです。

QC7つ道具の中でも特に、特性要因図が日本独自の手法として問題解決に大いに活用され実績を上げました。その理由は、**特性要因図が問題の要因を、知恵を出して掘り下げる改善活動に対応する唯一の手法であったため**です。しかしながら、従来の特性要因図では掘り下げの手順があいまいなために、問題が複雑になると解決ができなくなり、近年あまり使われなくなりました。そのような事態を打開するために、特性要因図の弱点を改善したのが、筆者の提唱する「**6M特性要因図**」です。これを活用することで、次のメリットを得ることができます。

①今までの特性要因図では、要因分類の方法があいまいであった点を、6つのMで要因を分類することで、要因と再発防止対策との関連が明確になる。

②6Mの大骨分類に対して、中骨に対する要因を把握することで確実に要因の掘り下げができる。

③6M特性要因図を繰り返し見ることで、問題を掘り下げる力がつく。

Q2 **6M特性要因図をうまく作成するポイントには何がありますか？**

A2 6M特性要因図のつくり方・使い方のポイントは次の通りです。

①パレート分析で絞り込まれた問題点を要因図の**特性**の欄に設定する。

②大骨に6M項目を設定する。

③**問題発生の現場において、特性に対応する発生の6M要因の実態を調査する**(関係者からの聞き取り、実態調査、データ採り)。

④三現主義による現場調査に基づき、それぞれの中骨に、問題が発生する要因を記入する(各6Mに3項目程度記入)。

⑤中骨に記入した後で、特に要因としての影響が大きい項目を、問題解決のチームの検討によって選定する。

⑥掘り下げ、選定された6Mの重要要因に対し、問題解決チームメンバーの間で十分な討議を行ない、再発防止対策を設定する。

6M特性要因図の例

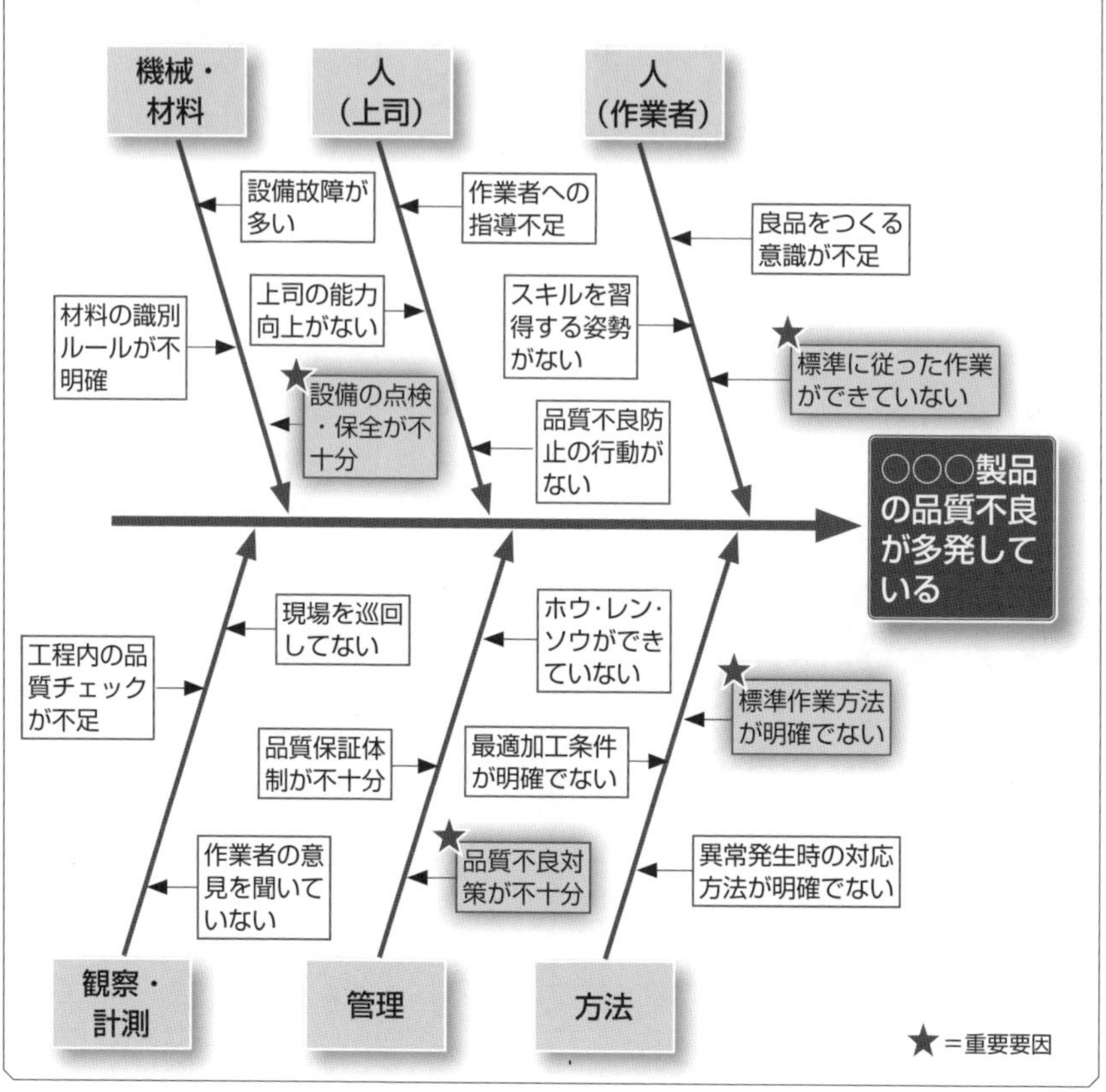

SECTION 8

「6Mなぜなぜ分析」で個別問題を解決する

Q1 問題が発生した場合、真の要因を把握するために「なぜなぜ分析」が有効であると言われますが、実際にやってみるとなかなか思う通りに真の要因を把握できません。なぜなぜ分析をうまくやるコツを教えてください。

A1 なぜなぜ分析は、トヨタ自動車が実施しているということで有名になりましたが、実際にはなかなかうまく実施できません。そのために次のポイントを意識して実施することが必要になります。

①なぜなぜ分析を開始する前に、**三現主義によって問題が発生した現場で何がどうであったかの事実を正確に把握する**。なぜなぜ分析は、発生した事実に基づいて実施する。

②なぜなぜ分析は実施者の意見だけではなく、問題発生の当事者の意見（当事者は事実を知っている）も加えて行なうことで、客観的な要因の掘り下げができる。

③現場で異常と見られる事項を中心に、正常な現象は含めず（正常な現象に対する対策は打てない）、なぜなぜと掘り下げていく。正常な事項に対する再発防止対策はない。

④人間の心理的な要素（例：ボーッとしていた）が出た場合には、さらに掘り下げ対策が可能になるまでなぜなぜを実施する。心理的な要因に対する対策を立てることはできない。

⑤「……が悪い」といったあいまいな表現（この理由として、三現主義を実施していない場合が多い）をしない。単に「悪い」ということだけでは具体的な対策を立てることができない。

⑥問題点やなぜなぜの言葉は簡潔に表現（「仕事が忙しく体調が悪い」は、「忙しい」と「体調」の2つに分ける）し、いくつかの判断に分かれる表現は使わない。複数の問題点への対策は、あいまいで効果が薄くなる。

⑦なぜなぜのプロセスが適切かどうかを確認するために、各ステップを逆に「……だから」という言葉でつな

ぎ（自然につながるか）、さかのぼっていくことで論理の飛躍や誤りを確認することができる。この方法を「**だから法**」と言う。

⑧前の事象に対し後の事象を洩れなく抽出する。例えば、「役割と方法が不足」というなぜなぜの事項になった場合には、役割と方法のそれぞれについて、２つに分けて掘り下げていく。

⑨なぜなぜ分析を続け、具体的な対策が打ち出せるまで（通常５回まで）進める。３回までは掘り下げをしている会社が多いが、**５回まで掘り下げないと、真の要因にたどり着くことができない。**

⑩真の要因を把握したら、要因に対する**６Ｍ対策**を明確にする。再発防止対策は、ひとつだけではなく、６Ｍの複数の事項に対して打つことが必要である。

6M特性要因図からなぜなぜ分析への展開事例

「なぜなぜ分析」のポイントは、対策が立てられそうなレベルまでなぜなぜを繰り返し、必要なら途中で複数のなぜなぜに分岐していくことである。

問題の要因	なぜなぜ：1	なぜなぜ：2	なぜなぜ：3	なぜなぜ：4	なぜなぜ：5
設備の点検・保全が不十分	点検・保全の方法が分からない	点検・保全方法を教えていない	点検・保全の指導テキストがない	点検・保全方法を標準化していない	標準化する方法が分からない
品質不良対策が不十分	対策書はあるが具体的な内容が不明	５Ｗ２Ｈが明確に設定されていない	対策を立てる責任と手法が不明確	品質保証の組織と責任が不明確	組織と責任者の知識が不足
				対策を立てる手法を勉強していない	手法を学習するツールが不足
作業標準書が分かりづらい	作業標準書の内容がむずかしい	生産現場の現状を反映していない	現場を知らない課長が作成している	作業標準書の目的とつくり方を知らない	作業標準書についての教育を受けていない
作業者の能力評価をしていない	能力評価の方法が分からない	能力評価基準が設定されていない	能力評価の責任が明確でない	能力評価の仕組みが設定されていない	能力評価の責任が明確ではない

SECTION 9

●PAF法

PAF法の活用で品質コスト改善の成果を見える化する

Q1 工場で発生する品質問題の解決にトップダウンで取り組んでいますが、コスト面での成果を把握できていません。品質問題のコスト面での成果を把握する方法があれば、教えてください。

A1 問題解決に取り組んだら、顧客不満足とコスト面での効果を把握することが必要になります。なぜなら、顧客不満足とムダコスト評価の第一番に挙げられるのが品質コストだからです。そのための有効な手法として、ＰＡＦ法が挙げられます。最近になってわが国でも活用されるようになった品質コスト改善評価の方法で、次の考え方で評価を実施します。

①品質コスト改善の基本目的を、顧客満足の追求におく。

②品質コストを、P-A-F（Prevention–Appraisal-Failure）の3要素に分解し、それぞれがどのくらい発生しているかを明確にし、コスト改善効果を把握し、付加価値を創造する。

・**失敗コスト（Failure Cost）**
・**評価コスト（Appraisal Cost）**
・**予防コスト（Prevention Cost）**

③品質コスト改善は、予防コストを増加することで評価コストを削減し、失敗コストを最小化することができる。

Q2 ＰＡＦ法の進め方と、品質コストとは何かについて教えてください。

A2 ＰＡＦ法の実務的な考え方と進め方は、次のようになります。

改善前の状態に対して、品質改善のために6Ｍ問題解決法などの適切な予防コストをかければ、結果として失敗コストと評価コストが低下します。これを実務的に言うと、クレームの再発防止対策、作業の標準化、ＱＣ工程表と作業標準書の作成、社員の品質教育等を強化すれば、予防活動にコストがかかるが、かけた金額以上にコストダウンの効果があります。次ページの図表では、予防コストを10％余計にかけることで、失敗コストは20％、評価コストは5％ダウンし、合計15％のコストダウンを実現することができています。

次の3つの品質コストを対象に品質

改善効果を評価します。

①**失敗コスト**

不良のために捨てる資材、加工品・製品のロス、並びにクレーム発生のために消費する費用で、一般的に品質コストの中では一番大きい金額を占めています。このコストは**品質不良のムダコスト**とも言われる。

②**評価コスト**

資材、加工品、製品等の品質を評価するために消費する、受入検査、工程内検査、最終検査、試験・検査材料、不良品修正後の再試験、納入先での立会い試験などの費用。このコストは**検査のムダコスト**とも言われる。

③**予防コスト**

失敗コスト及び評価コストの合計コストの発生を予防するためにかける、品質管理、品質保証、品質問題解決、品質教育訓練などの費用。このコストは**品質先取りコスト**とも言われる。

品質コスト改善事例

改善前

⒜ 失敗コスト	75%
⒝ 評価コスト	20%
⒞ 予防コスト	5%
トータル品質コスト（a＋b＋c）	100%

改善後

⒜ 失敗コスト（減少）	55%
⒝ 評価コスト（減少）	15%
⒞ 予防コスト（増加）	15%
トータル品質コスト（a＋b＋c）	85%

（品質コスト改善）

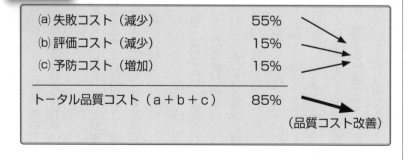

SECTION 10

● 工場長の悩み相談

工場長のよくある悩み相談Q&A【問題解決力編】

Q1 真の問題解決に「6M問題解決法」が有効な理由を教えてください。

A1 問題解決をうまくやるためには、**QCストーリーの8ステップ**を繰り返し着実に実施し、解決レベルとスピードを高めていく以外に方法はありません。6M問題解決法は、筆者が日本品質学会の会員として、長年の活動の中で編み出した方法であり、有効な方法として多くの生産現場で活用され、大きな効果を上げています。他の方法にはない、この方法の特徴として次の点が挙げられます。

①近年の生産現場の**人の質の低下による品質問題に対応**できる。一方で、今までの経験主体の手法では、現在発生している品質問題を解決できなくなっている。

②**三現主義**（現場、現物、現実）で事実に基づいて要因を明確にしている。特に現実の関係者の声を聴くことが重要になる。

③**多面的な層別化分析**によって、複雑に見える問題の背景を把握できる。

④**パレート分析**（20-80の法則を活用している）によって、**科学的に問題点を明確にしている**ので、確実な絞り込みができる。

⑤現場経験が少ない**若手社員でも問題解決ができる、分かりやすい手法**である。

⑥6M特性要因図という、**日本のQC活動で活用された改善ツールを使うことによって、関係者全員参加によって進められる**。

⑦過去に10年以上にわたり、**多くの生産現場で実践され、修正されて磨き上げてきた実績がある**。

⑧**6M対策によって、対策が確実に定着していく**効果がある。今までのように一面的な対策ではないので定着効果がある。特に、人に対する教育指導が重要になっている。

⑨**6Mというキーワードは筆者の生産管理に関する理論をベースにしている**ので、科学的な根拠がある。

Q2 これまでに問題解決に取り組ん

できましたが、6M特性要因図での要因の掘り下げがうまく進みません。どのような考え方が必要なのでしょうか?

A2 すでに解説したように、6M特性要因図は元々、日本の改善活動を支えていた効果的なツールでした。しかしながら、そこから出てくる解決策に関しては、特に明確なルールがなかったため、経験不足の作業者が増えてきた中で、有効な対策を打ち出せずにいました。

そこで筆者が、6Mという解決ルートを設定したことによって、要因と対策を確実に設定することができるようになりました。しかしながら、分かりにくいという意見がまだあります。そこで次の進め方が確実な対策につながります。

①6M特性要因図の中骨に記入した後に、対策の範囲を、**要因系、プロセス系、結果系、**の3つのステップに分ける。

②対策はまず、**要因系**(技術的な要因)から選定する。なぜなら、問題は不適切な要因(加工条件)によって発生するからだ。6Mの中では**「2M:機械、5M:管理、4M:材料」**の中で問題発生につながる重要な項目を選定する。「機械」とは技術基準を具体的に機械にインプットする方法を、機械の操作基準として明確にする。「管理」とは加工基準値(例えば、温度や速度)であり、許容公差を含め現場でのデータ採りが必要になる。「材料」に関しては、材料の選定や品質に問題が発生する可能性を調査し、適切な材料を設定する。

③次に**プロセス系**(作業方法に関する要因)から選定する。6Mの中では**「1M:人、3M:方法」**の中で、問題発生につながる重要な項目を選定する。**作業プロセスは、正しい作業方法と、訓練された作業者によって品質を維持できる**ようになる。そのために、作業標準書を作成すると共に、作業者に対する教育訓練のやり方を明確にする。**作業者の質が低下する最近の生産現場では、プロセス要因で品質問題が発生することが多くなっている**ので、対策として設定することが重要になっている。

④最後に、**結果系**(記録、観察に関する要因)である。6Mの中では**「6M:記録」**の中で問題発生につながる項目を選定する。記録とは、具体的な計測・検査記録、さらに、監督者の現場パトロールによる観察・指導も対策として必要になる。

以上、3ステップを順番に選定していくことで、適切な要因対策の実施ができるようになる。

10章

「ムダとり」の徹底実践で儲かる工場体質を実現せよ！

SECTION❶ ムダとりの実践で儲かる工場体質を実現する（事例研究）

SECTION❷ ムダとは何か、ムダとりがなぜ利益を生み出すのか

SECTION❸ 「つくりすぎのムダ」とりの実践法

SECTION❹ 「手待ちのムダ」とりの実践法

SECTION❺ 「運搬のムダ」とりの実践法

SECTION❻ 「加工・組立のムダ」とりの実践法

SECTION❼ 「在庫のムダ」とりの実践法

SECTION❽ 「動作のムダ」とりは「歩数計」を活用する

SECTION❾ 「不良をつくるムダ」とりの実践法

SECTION❿ 「事務作業のムダ」とりの実践法

SECTION⓫ 生産ラインのムダとりで品質と生産性の向上を実現する

SECTION⓬ 工場長のよくある悩み相談Q＆A［ムダとり編］

SECTION 1

ムダとりの実践で儲かる工場体質を実現する（事例研究）

生産現場の問題と工場長の悩み

［事例1　生産現場のムダが見えない］

　E社の関東工場では、最近になって納期遅れが増加している。生産現場には派遣社員が多くなり、同時にベテラン作業者の定年退職に伴って新人社員も増加している。野田工場長が今日も生産現場巡回をしていて目に付くのは、工場内を歩き回る作業者、他にも部品や材料を運搬する作業者、生産現場で作業をせずに手待ちしている作業者だ。さらに、加工機械の故障のためか、機械が停止しているのも目立つ。確かに工場内部のレイアウトを根本的に見直すことなく、ムリやり新たな生産ラインを導入したため、レイアウトの悪さによって、作業者の動きが悪くなっていることは承知している。しかし、今の時間は始業から2時間も経過しており、各職場では本作業に入っているはずだ。しかしながら、作業が着実に進行しているようには見えない。

　組立課の渡辺課長を呼んで、生産現場の稼働状況がなぜこのように乱れた状況にあるのか、その理由を問いただした。答えは、私もよく分からなくて困っているんです、というあいまいな内容であった。**工場の作業者が付加価値を生む作業を継続して初めて、利益が生まれるにもかかわらずこのようなことでよいのか**。これでは、納期を維持することすらおぼつかなくなる。野田工場長は自ら、歩行している作業者や運搬をしている作業者にその理由を質問すると、道具を取りに行く、部品を探しに行くという、準備をしているという答えであった。しかし、**作業中の職場離脱は作業停止を意味するムダ**ではないのか。なぜ、このようなことが多発するのか悩む野田工場長である。

生産現場の問題と工場長の悩み

［事例2　ムダの実態を把握せよ］

　野田工場長は、最近の生産現場のムダ発生を何とかして把握できないものかと考え、ある本で読んだムダの把握法に、歩く歩数を把握するとよい、一歩は時間に換算して0・7秒であるという方法があったことを思い出した。そのため、高田係長に対して、組立ラインの作業者に歩数計を付け1日の歩数を把握するよう命じた。さらに、職場を離脱する回数を記録することも命じた。それから、1週間が経った時点で高田係長を呼んで結果を確認した。その結果は驚くべき数値であった。1日の平均歩数は約9000歩、時間にして6300秒になる。1日7時間は、2万5200秒に換算されるので、1日の25%近くが歩くだけに使われている勘定になる。別の作業者の離脱回数は、1日平均約20回、1回10分と換算すると合計200分(3時間20分)になる。今回の現状調査の結果、特に非正規社員や新人社員にこのような傾向があることが分かった。

これが最近耳にするようになった駅前広場現象なのかと野田工場長は頭を抱えた。

生産現場がなぜこうなってしまったのか。問題の真の要因は何か?

今日の生産現場は、非正規社員や新人社員など、経験と知識が不足する作業者が増加しています。これらの作業者に欠けているのは、どの場所に何があるのか、何を準備したらよいのか、など作業開始の準備事項なのです。にもかかわらず、生産現場の監督者はといえば、人手不足のために作業指示も明確に出さずに、自分の作業だけで精一杯というのが現実なのです。その結果、**慣れない作業者は作業を始めてから道具や部品がないことに気づき、歩き回ってモノ探しをしたり、職場を離脱しなければならない**のです。野田工場長の工場では、このような問題を解決するための、ムダとりの活動を実施してきていないのです。その結果として、ムダが止まらない工場になってしまったのです。

このような生産現場を工場長はどう変えたらよいのか?

近年の生産現場の人の変化によって、工場には多くのムダが増大しています。ムダは、歩行のムダ、モノ探しのムダ、手待ちのムダ、動作のムダなど数多くあり、放置しておくと品質や納期に影響し、工場の利益も食いつぶしてしまいます。野田工場長の工場では、ムダの占める時間が工場の生産性低下にまで悪影響を及ぼすようになっています。そのため、工場長から各部門の管理者に対し次の指示を出す必要があります。

> **①ムダとは何かについて適切な理解をさせる。**
> **②ムダについて、万歩計やストップウォッチによって現状把握をさせる。**

本章では、ムダとは何か、ムダはどうやってとったらよいのかについて解説していきます。

SECTION 2

ムダとり

ムダとは何か、ムダとりがなぜ利益を生み出すのか

Q1 ムダとりをするとなぜ利益につながるのですか。

A1 **ムダとりとは、単なる節約運動ではなく、モノづくり企業の付加価値を高め、利益を創出する活動**なのです。

生産現場では、毎日ムダが発生しています。ムダには、つくりすぎのムダ、手待ちのムダ、運搬のムダ、加工・組み立てのムダ、在庫のムダ、動作のムダ、不良をつくるムダ、事務作業のムダがあり、これらのムダを放置しておくと必ず赤字の要因となり、企業の利益を食いつぶしていきます。さらに、**非正規社員や若手社員が増加した結果、一層、ムダが増大しています。**これらのムダをとらないと、生産性が低下し、納期遅れを多発する要因となってしまいます。次にムダの例として、**作業のムダ**の現状と対応の考え方について取り上げてみます。**作業の内訳は通常、「正味作業、付随作業、ムダ」の3要素から成り立っています。ムダをゼロに、正味作業と付随作業のムダとりが必要です。**

ムダとりのため、次ページのチェックリストの活用が有効です。

作業のムダの図

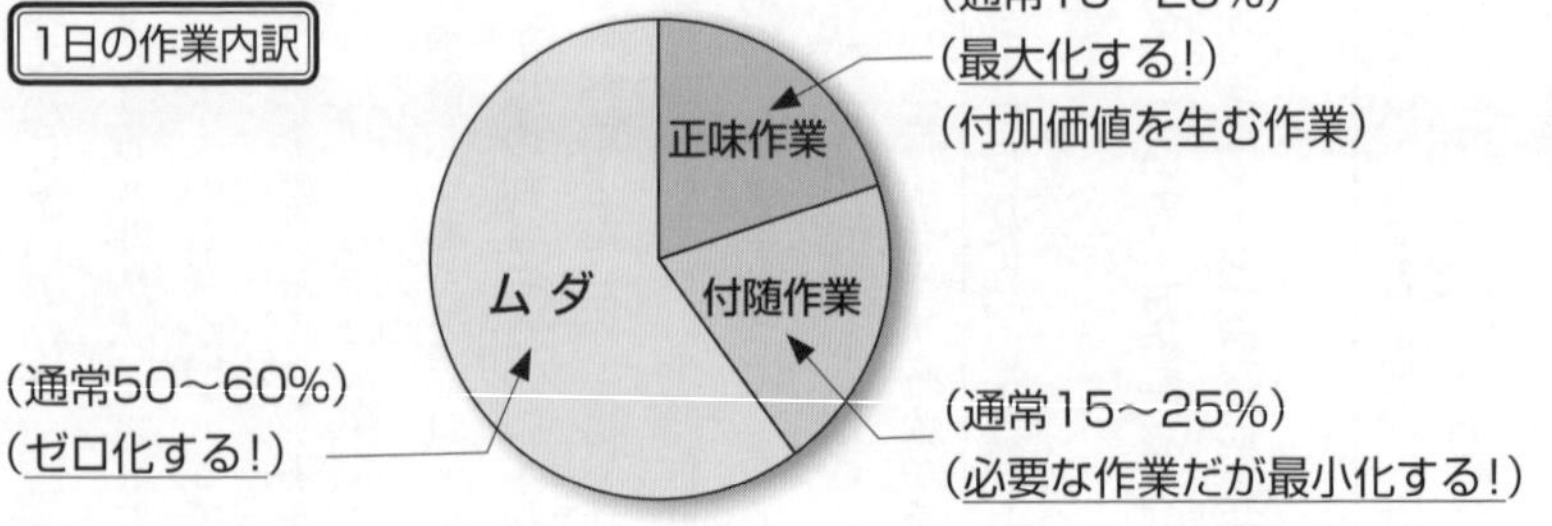

作業のムダをとるためには、正味作業のムダをとって最大化し、付随作業のムダをとって最小化し、ムダ作業をゼロ化しなければならない。

ムダとりチェックシート

ムダとりチェックシート（記入例）

工程名	AB製品組立ラインNo.1	調査担当者：佐藤係長	実施日：H16.7.28
No.	7つのムダ	現　状	改善対策
1	つくりすぎのムダ	指示伝票に対し、指示数以上に加工している。生産計画が信用されていない。	指示伝票以上のつくりすぎをしないように作業者に徹底指示する。なぜ、つくりすぎるのかの要因を明確にする。
2	手待ちのムダ	パートタイマーで、作業の合間に手待ちをしているものが目立つ。	作業者の多能化を実施し、工程間の応援を可能にする。スキルマップの作成を急ぐ。
3	運搬のムダ	運搬をしているものが多く、特に材料運搬が多く見られる。	運搬台の数を減らす。運搬調査・分析を行ない、レイアウト改善に取り組む。
4	加工自体のムダ	組立工程の作業改善がなされていない。	ビデオを活用して組立作業分析を行ない、作業改善を進める。
5	在庫のムダ	仕掛在庫、部品在庫が多いが、在庫量の把握ができていない。	まず、現場の仕掛り在庫の把握に重点をおく。
6	動作のムダ	組立にかかる段取り時間が長い。その間、作業者の手待ちも発生している。	内段取りを外段取り化する。5Sの徹底が必要。
7	不良のムダ	不良の手直しが発生している。	不良手直し結果を掲示し、不良の実態について作業者の意識喚起をする。
総評、今後の対策：			

記入要領：（1）ムダとりをする対象工程について現状把握をし、ムダとり改善をする目的で記入する。
（2）現状把握をした後に、具体的な改善対策を「改善対策」に記入する。

SECTION 3

「つくりすぎのムダ」とり

「つくりすぎのムダ」とりの実践法

Q1 **「つくりすぎのムダ」とは何ですか、なぜ発生するのですか?**

A1 「つくりすぎのムダ」とは次のことを意味し、悪影響を及ぼします。

「**生産指示を無視し、生産現場が勝手に過剰にモノを先づくりすること**」を言い、次の2つのムダに分けられます。

①必要以上につくるムダ

作業中に手が空いたために、作業指示書以上にモノを加工してつくってしまうムダを言います。

②先づくりするムダ

納期遅れを防ぐため、先の予定のモノをつくってしまうムダを言います。

つくりすぎのムダは最もやってはいけないムダです。なぜなら、**つくりすぎのムダは社内の多くのムダを覆い隠し、改善の機会をなくしてしまう**からです。つくりすぎのムダを放置すると、改善活動がなくなり企業の競争力が失われるのです。

つくりすぎは、「仕掛在庫のムダ」と「製品在庫のムダ」を発生させる。今日のような顧客の注文変動が多い時代に、先づくりしたモノは過剰在庫の原因になり、不良在庫になって企業の利益を食いつぶしてしまいます。

「つくりすぎのムダ」が発生する要因

①生産計画を立てずに個々の受注を現場に丸投げし、生産現場の勝手なつくりすぎを放置している。

②生産現場でのトラブルが多く、生産計画通りの作業を完了できないので、安全のために余計にモノをつくっている。

③職場のコミュニケーションや現場トラブル発生時の対応が悪いため、作業者が安心のために勝手にモノを過剰につくっている。

④作業者を指導していないから、不慣れな作業者が余計にモノをつくって作業ミス発生の準備をしている。

⑤生産性の高い加工設備の稼働率を高めることを優先しているため、顧客注文以上に生産している。

⑥段取り時間の短縮に取り組んでいないため、一度段取りをしたら、まとめづくりをする。その結果、つくりすぎのムダが発生する。

Q2「つくりすぎのムダ」はどう発見し、ムダとりをしたらよいのですか？

A2「つくりすぎのムダ」は次のようにして発見します。

①現場パトロールによって、つくりすぎのムダを調査する。
②生産計画展開の現状を把握する（売りに合わせた生産になっているか、特急注文に対する対応方法が決まっているか）。
③仕掛品の在庫調査をする（標準手持ちが決まっているか）。
④製品在庫を調査する（製品在庫基準が決まっているか）。
⑤品質不良対策の実施状況を把握する。
⑥生産ラインのバランス状態を調査する。（225ページ図表参照）
⑦段取り改善の取り組みを調査する。

つくりすぎのムダの解消法

①生産計画をタイムリーに立て、スピーディーに現場で対応できるフレキシブルな生産体制づくりに取り組む。
②仕掛在庫、製品在庫を定期的に把握し、在庫削減対策をとる。
③ラインバランス分析によって作業改善と作業再配分による省人化をする。
④作業者の多能化に取り組み、フレキシブルな生産体制をつくる。
⑤段取り改善に取り組む。
⑥**PQ分析**に基づいて製品を分類し、生産ラインを選択する（PQ分析とは、製品P［横軸］と生産量Q［縦軸］の棒グラフを作成し、売れ筋製品、衰退製品、死に筋製品に分け、生産ラインを選択する手法）。

PQ分析表によるライン化構想

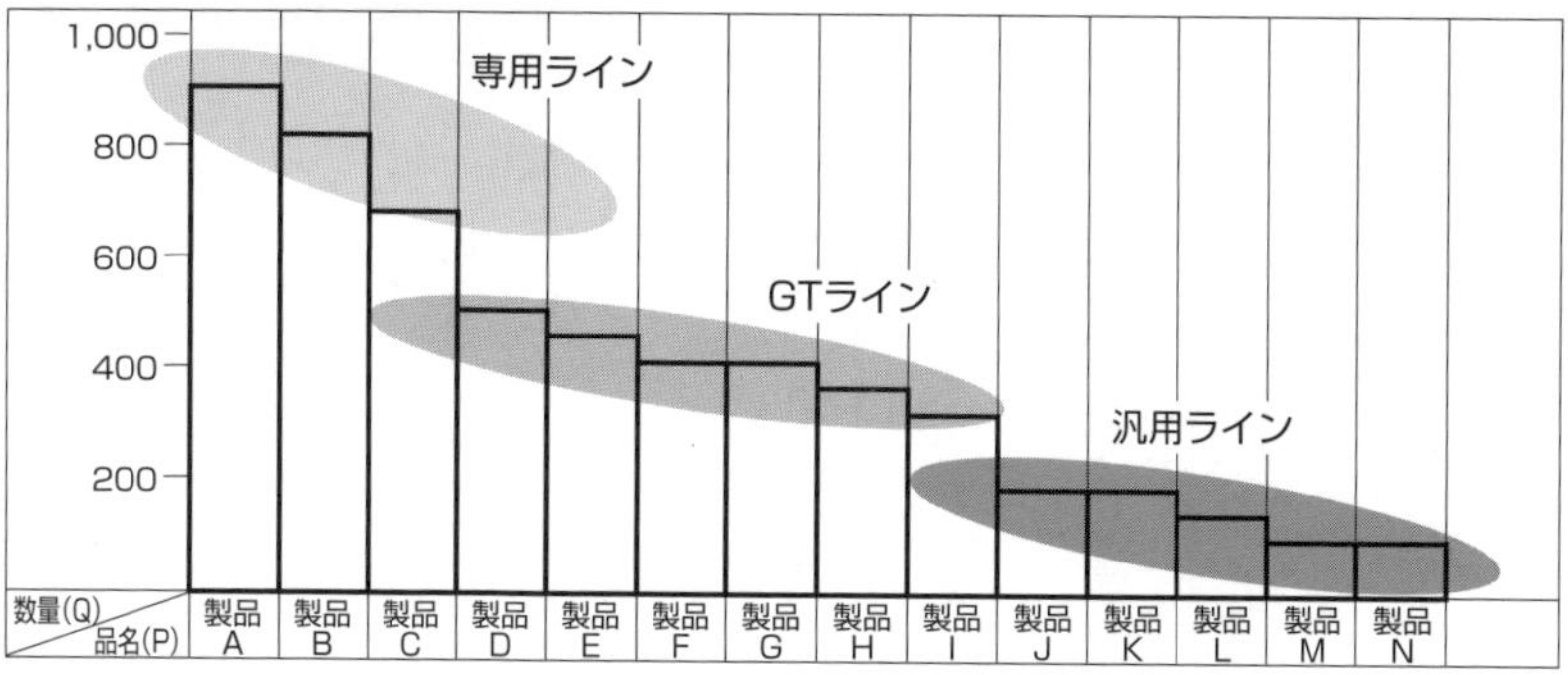

SECTION 4

「手待ちのムダ」とり

「手待ちのムダ」とりの実践法

Q1 「手待ちのムダ」とは何ですか、なぜ発生するのですか?

A1 「手待ちのムダ」とは次のことを意味し、悪影響を及ぼします。

手待ちのムダとは、**「作業者が作業を停止し、次の指示があるまでじっと待っているムダ」**を言います。

作業者の活動が停止し、作業者から付加価値がまったく生まれない。**ムダとは、付加価値を生まない行為ですが、手待ちのムダはその代表的なムダ**と言えます。

手待ちのムダは、一見して作業者が作業をしているように見え、実は作業していないというムダであるため、発見しづらい見えないムダです。

機械のチョコ停や故障の不安があるため、作業者が機械の番人として閑視(何もせずにただ機械の稼働状態を見ているだけ)している状態や、機械の脇に付いているだけの手待ちのムダをなくすことができません。

手待ちだとやることがないためつい先づくりをし、つくりすぎのムダを発生してしまう。手待ちは、つくりすぎのムダを誘発するたちの悪いムダです。

「手待ちのムダ」が発生する要因

①現場の品質管理、トラブル対策、作業者管理ができていない。
②生産現場でタイムリーな作業指示がないため、作業者が何もせずにじっと待っている。
③生産現場の管理者・監督者の問題解決能力が低く対応スピードが遅い。
④「報・連・相」のルールが不明確である。
⑤作業者の教育訓練をしていないので、未熟な作業者がどう作業をしたらよいか分からず、手待ち状態となっている。
⑥トラブルがあった場合、作業者自身がどう対応すべきかを判断できないため、上司の具体的な指示を待つため手待ちのムダが発生する。
⑦手待ちのムダが上流工程で発生すると、下流工程で連鎖的に手待ちのムダが発生する。

⑧外注先による納期遅れが多発しているため、製造部門や配送部門において作業開始待ちや出荷待ちなどの手待ちのムダが発生している。
⑨機械設備のチョコ停や故障対策をしていないので、機械から人離しができず閑視作業を減らせない。

Q2 「手待ちのムダ」はどう発見し、ムダとりをしたらよいのですか?

A2 「手待ちのムダ」は次のようにして発見します。

①5S(特に、躾)の具体的な実施状況を把握する。
②生産現場の報・連・相のルールの有無と実施状況を調査する。
③作業日報を回収し、手待ち状態の発生を調査する。
④機械・設備の故障発生データを調査する(故障発生は必ず手待ちのムダを発生させる)。
⑤品質不良対策書による品質不良発生データと、再発防止対策の有無を調査する(品質不良は、多くの手待ちのムダを発生させる)。
⑥作業者訓練と多能化の取り組み状況を調査する。
⑦納期遅れの発生と、納期遅れに対する外注先への指導の有無を調査する。
⑧製造工程の生産スケジュールの遅れの発生状況と、再発防止対策の実施状況を把握する。

「手待ちのムダ」の解消法

①「**本物の5S**」を導入し、必要なモノが必要な時に必要なだけいつでも生産できる、現場体質づくりの取り組みを実施する。
②生産現場長による**昼礼**を実施し、手待ちのあるラインを報告させ、応援体制を実施すると共に、手待ち発生要因を追究し、再発防止対策をとる。
③現場管理者・監督者の問題解決能力を強化する。
④「報・連・相」のルールをつくり、現場へ定着させる。
⑤作業者の教育訓練と、スキルマップによる多能化を実施する。
⑥トラブル発生時の対応ルールをつくり、生産現場へ定着させる。
⑦見える化の管理板を活用し、現場情報を関係者が共有することで問題発生の未然防止に取り組む。
⑧小ロット生産体制の導入に取り組み、生産の平準化を実施する。(そのためには、段取り改善の取り組みが必要である)。
⑨機械故障の再発防止対策のため、設備保全対策と日常点検を実施する。
⑩品質不良の再発防止対策を実施し、品質不良の発生を削減する。
⑪外注先の納期管理改善指導を行ない、納期遅れを未然に防止する。

「運搬のムダ」とりの実践法

Q1 「運搬のムダ」とは何ですか、なぜ発生するのですか?

A1 「運搬のムダ」とは次のことを意味し、悪影響を及ぼします。

運搬のムダとは、「モノの位置を移動し、モノを取り扱うだけの付加価値を生まない行為」を言います。

生産現場では、無意識にモノを運ぶ行為が多く実行されている。運搬という行為は、モノを取り扱うために必要な作業と勘違いするのです。

運搬は、移動と取り扱いというムダな行為であるだけでなく、モノの再取り扱いやモノを探すムダを含む多くのムダが同時に発生します。

運搬のムダは、主に**ヨコ持ち運搬と言われる、加工された製品がただ水平方向に移動するだけのムダ**を言います。

一方、**タテ持ち運搬とは、加工の順序に従ってモノが移動していくムダ**を言います。付加価値をつけることとモノの移動が一致していますが、それでも運搬は必要最小限にしなければならないのです。レイアウトの悪い職場では、タテ持ち運搬でも運搬のムダが多く発生します。

材料や部品を配膳する人がいないので、作業者が作業すべき時間にモノを集め運搬している。配膳や運搬という行為は、作業者を作業（作業の継続が、唯一生産現場から付加価値を生み出す行為！）から引き離すので、一般作業者にやらせてはならないのです。

「運搬のムダ」が発生する要因

①生産現場が5S以前の職場だと、運搬をするためにモノを探すムダ、モノを集めるムダなど、運搬のための準備が多くのムダを発生させる。

②工場と倉庫の距離が長いことが、運搬のムダ発生の原因になっている。

③運搬用具が改善されていないので、パレットの積み替えなどの取り扱いのムダが増大している。

④必要以上にモノを購入し、在庫しているため、さらにモノの置き場所が必要となり、運搬のムダが発生する。

⑤工場全体や生産ラインのレイアウト

が悪いため、運搬距離が長くなる。
⑥生産計画や作業計画がいい加減で、必要なモノを事前に準備できないために、作業開始してから不要な追加運搬が発生する。
⑦大ロットでモノを運搬しているから、運搬待ちの停滞が生ずる。

Q2 「運搬のムダ」はどう発見し、ムダとりをしたらよいのですか?

A2 「運搬のムダ」は次のようにして発見します。

①現場巡回で運搬の実態を把握する(運搬を見つけたらムダと思え!)。
②**活性度指数の低いモノの置き方**を調査する(特に床の直置きがムダを生む)。
③5S(特に「定置」)の実施状態を把握する。
④ワークサンプリングで生産現場の運搬回数を調査する。
⑤運搬経路分析によって、ムダな運搬頻度と長さを把握する。
⑥運搬用具の現状を把握する(大型運搬具による、まとめ運搬のムダ)。
⑦作業準備時の配膳方法を調査する(原則として、作業者に準備・配膳をさせてはならない)。

「運搬のムダ」の解消法

①運搬台車の数を減らすと共に、運搬具を小型に取り扱いやすく改善する。
②本物の5Sの定置を徹底し実施する。
③倉庫を減らす(特に仮置き場をなくすことが必要)。
④モノの置き方を改善し、活性度のレベルを上げる。
⑤在庫管理基準を設定し、定期的に在庫調査し在庫削減をする。
⑥運搬専門作業者、または配膳作業者を設定する。

活性度指数と必要な運搬行為

活性度指数	レベル:1 床にバラ置き	レベル:2 容器に収納	レベル:3 容器に入れ、台の上に置く	レベル:4 容器を運搬台の上に置く	レベル:5 移動コンベアの上に置く
必要な運搬行為	・まとめる ・起こす ・持ち上げる ・移動する	・起こす ・持ち上げる ・移動する	・持ち上げる ・移動する	・移動する	—

SECTION 6

「加工・組立のムダ」とりの実践法

Q1 「加工・組立のムダ」とは何ですか、なぜ発生するのですか？

A1 「加工・組立のムダ」とは次のことを意味し、悪影響を及ぼします。

加工には大別して、部品加工と組立加工があります。加工・組立は、付加価値を生み出す唯一の作業です。

作業の内訳は、正味作業、付随作業、ムダの3要素から成り立っています。ムダをゼロにし、正味作業と付随作業改善を実施することが必要です。

組立がやりづらいと生産性が低くなり、加工・組立のムダが発生します。やりづらい作業がムリを生み、ムリを続けると作業のムラが発生し、作業のムラがムダを発生し、さらに生産性の低下をもたらします。

作業者に対する加工・組立スキル習得の訓練をしていないため、作業速度が遅く、作業ミスも多く、不良発生のムダにつながっています。

組立作業の重点や失敗しないためのポイントが明確でないと、初心者の作業ミスが多発し、不良のムダが発生します。

最適加工条件を追究していないので、加工時間が短縮できません。

段取り作業が長く、その間に機械が停止し、生産停止の原因になっているのです。

「加工・組立のムダ」が発生する要因

①加工・組立のムダとりの基本である、作業標準化ができていない。

②加工条件設定が明確でないため、加工スピードが遅く、加工不良が発生し、加工のムダをもたらしている。

③作業方法が標準化されていないため、人によってばらばらな方法で作業をして、作業のバラツキが大きい。

④加工・組立方法の最適条件を追究していない。

⑤非付加価値作業である、段取り作業改善の取り組みができていない。

Q2 「加工・組立のムダ」はどう発見し、ムダとりをしたらよいのですか？

A2 「加工・組立のムダ」は次のようにして発見します。

①作業標準類の整備状況を調査し、作業標準化の実施状況を調査する。
②作業時間のバラツキを計測することで、作業のムダの有無を把握する。
③作業標準書の改訂の有無によって作業改善の実施状況を調査する。
④作業分析（ストップウォッチ計測やビデオどり）で、正味作業と付随作業（準備、段取り）のムダを把握する。

「加工・組立のムダ」の解消法

①作業標準化に取り組む。標準化によって作業のバラツキを削減できる。
②作業標準書を叩き台とし、作業改善に取り組む。
③**ラインバランス分析**によって、ライン編成効率を向上する。
④段取り時間短縮に取り組む。
⑤加工方法最適化の追究に取り組む。
⑥手作業の治工具化をする（作業のワンタッチ化、調整レス化、自働化）。

ラインバランス分析

ラインバランス改善の進め方

ラインバランスは生産性向上のために必要な取り組みである。時間のかかる工程が改善されずに、加工工程のアンバランスがそのまま放置されると、目標とする生産性向上は達成できない。

ピッチダイアグラム

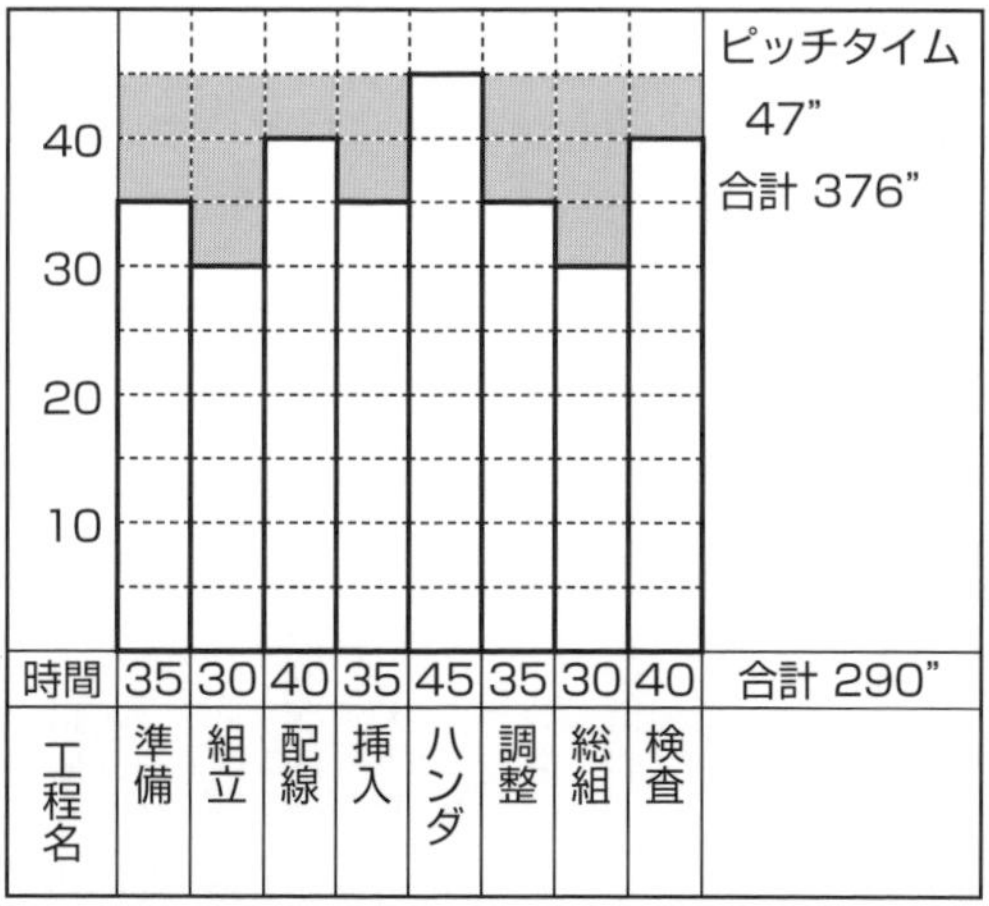

ピッチタイム（PT）とは、製品がラインから生産される時間間隔のことであり、次の式となる。

$$PT = \frac{稼働時間\ (s/d)}{生産量\ (個/d)} = 47”$$

ライン編成効率は、

編成効率＝

$$\frac{\Sigma 各サイクルタイム \times 100}{ピッチタイム \times 人数}$$

左図では77（%）となる。

ラインバランス効率は、90（%）以上を目指すことが必要である。そのためには、ⓐ作業を分解し前と後工程に振り分ける、ⓑ作業のムダとり・改善、ⓒ治工具の作成、ⓓ設備機械の能力向上、ⓔ工程の機械化 など
の取り組みを行ない、ラインバランスを改善することが必要である。

SECTION 7

「在庫のムダ」とりの実践法

Q1 「在庫のムダ」とは何ですか、なぜ発生するのですか?

A1 「在庫のムダ」とは次のことを意味し、工場全体の生産状況に悪影響を及ぼします。

在庫のムダが、工場の問題を覆い隠しています。**在庫は工場内にある全てのムダを覆い隠す格好の手段**として使われてきました。在庫には原材料部品在庫、仕掛在庫、製品在庫があります。在庫のムダによって工場の体質の悪さが覆い隠され、改善活動が阻止されるたちの悪いムダです。

在庫保有量が多く在庫回転率が低いということは、経営資金をムダに食いつぶしている証拠です。在庫のムダによって企業利益が減少し、企業競争力の低下につながり、最終的に経営危機の悪化をもたらすほど重大なムダです。

在庫問題を放置しておくと、工場の体質の悪さが改善されず、その結果として工場の競争力が低下し、競争から脱落していきます。

「在庫のムダ」が発生する要因

①在庫が企業の利益を食いつぶすことに関する、正しい知識と従業員に対する意識付けが不足している。

②倉庫の5S活動が不足しているため、入出庫のミスが多い、必要な在庫が見つからない、在庫精度が低いなどといった問題が多発する。

③循環棚卸（倉庫内にある在庫を場所や種類に分けて順番に在庫数を調べるやり方）を実施していないため、在庫精度が低い現状を把握しないまま、放置している。

④仕掛在庫は、つくりすぎのムダ、品質不良、生産スケジュール遅れ、「報・連・相」の不足など、現場管理の取り組みの遅れによって増大する。

⑤外注企業の納期遅れの多発、品質不良の多発を隠すために、原材料在庫が使われている。

Q2 「在庫のムダ」はどう把握し、ムダとりをしたらよいのですか?

A2 「在庫のムダ」は次のようにし

て把握します。

①在庫金額、在庫月数、在庫回転率によって在庫の現状調査をする。
②棚卸で在庫精度を把握する。
③在庫管理の不備を調査する(入出庫ミス、出庫遅れ、欠品など)。
④倉庫の5Sの実施状況を把握する。
⑤次の在庫種類別(在庫の区分については社内基準を設定した上で実施する)に在庫量を把握する。

必要在庫 運転在庫、安全在庫
不要在庫 過剰在庫、長期保管在庫、陳腐化在庫、劣化品在庫

在庫のムダの解消法

①在庫意識の高揚を図る。
②循環棚卸を実施する。
③品質不良発生、納期遅れなど、生産現場問題の改善対策を実施する。
④倉庫管理の5Sを実施する。
⑤購買外注管理を改善する。

在庫のムダの要因とは何か

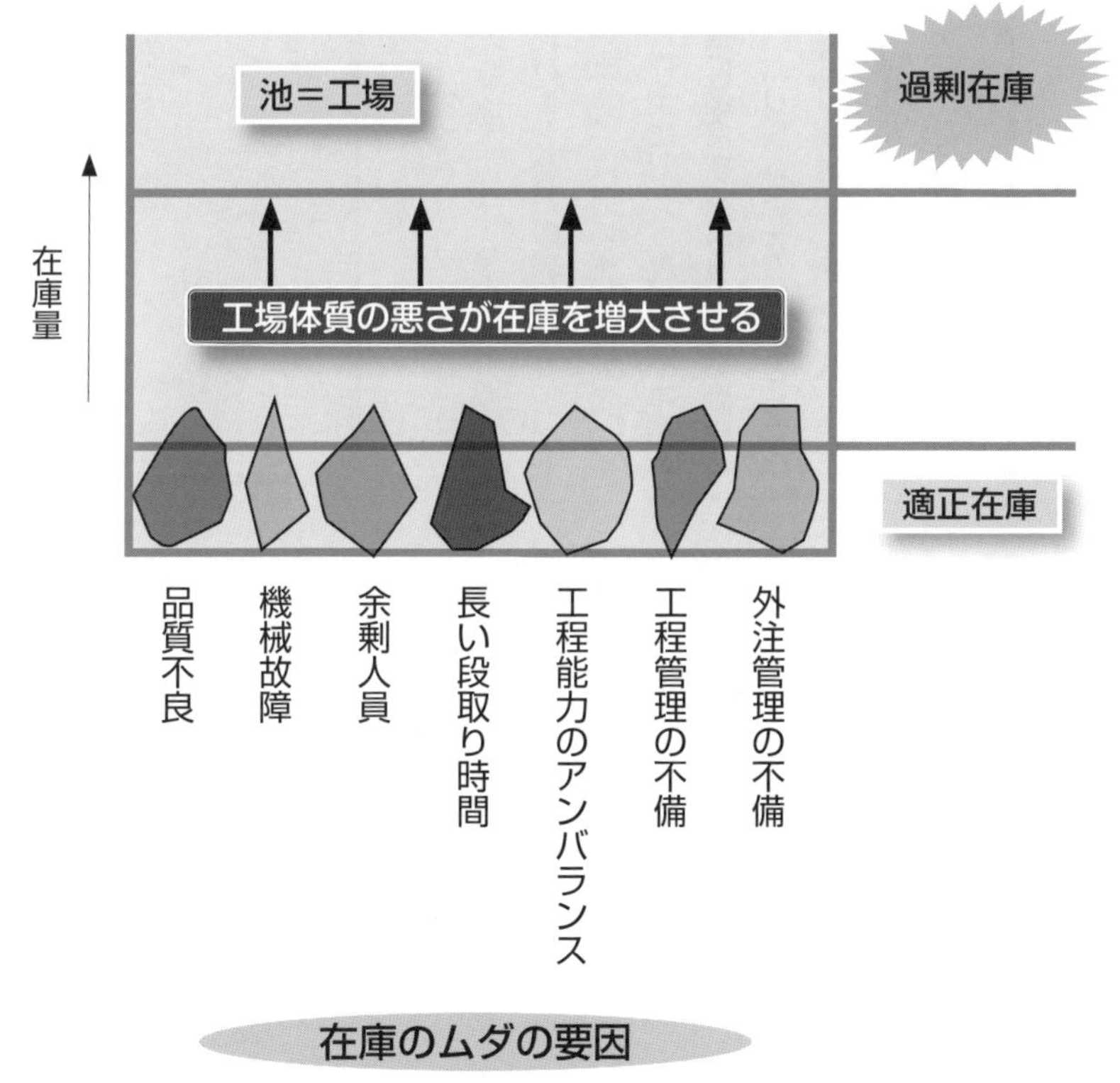

SECTION 8

「動作のムダ」とりは「歩数計」を活用する

Q1 「動作のムダ」とは何ですか、なぜ発生するのですか?

A1 「動作のムダ」とは次のことを意味し、作業に悪影響を及ぼします。

手を20㎝伸ばせば1秒のムダ、1歩歩けば0・7秒のムダが発生します。このような動作のムダは、作業者が全員で毎日数千、数万回実施しており、このムダを放置すると膨大なムダとなります。

中腰姿勢や座り姿勢などのムリな動作が多いので作業者の疲労が増大し、品質不良や生産性低下の要因になっています。

最近の職場には、パート・派遣社員・アルバイトなどの非正規社員が増加しています。以前の男性経験者を主体とした作業に対し、**高齢者や不慣れな作業者に適合するように作業動作を見直し、ムリ・ムラ・ムダをとらないと作業の付加価値低下をもたらします。**

ムリな動作がムラな作業を生み、ムダな作業や品質不良の原因になることを管理者・監督者が理解していないのです。

動作のムダが発生する要因

①管理者・監督者が動作のムダに対して無関心である。

②「本物の5S」(特に、「定置」)に取り組んでいないので、作業中にムリな動作や姿勢をせざるを得ない。

③作業動作が標準化されていないので、ムダな動作が放置されている。

④管理者・監督者が生産現場をパトロールしていないため、作業者がムリな作業をしている現況を把握していない。

⑤作業者の体格や筋力に対するムリな動作を改善していない。

⑥新人に対する動作訓練が不足しているため、不必要な手の動きや歩行のムダが発生している。

⑦動作のムダを取り除くための作業動作の改善に取り組んでいない。

Q2 「動作のムダ」はどう発見し、ムダとりをしたらよいのですか?

A2 「動作のムダ」は次のようにし

て発見します。

①作業者に**歩数計**をつけて1日の歩数を計測する。例えば1日の歩数が1万５０００歩（このようなケースは決して珍しくありません）とすると、歩くのにかかる時間は1万５００秒となり、1日の勤務時間7時間は2万５２００秒のため、歩行だけに何と42%も費やすことになります。

②「本物の５Ｓ」（定置）によって、モノの置き方が標準化され、定置が徹底して実施されているかを調査する。

③ビデオ分析によってムリ・ムラ・ムダな動作がないかを把握する。

④作業者に対する動作訓練の有無を調査する。

動作のムダの解消法

①管理者・監督者に対し、動作のムダとりの重要性を教育する。

②**動作経済の原則**の活用によって動作のムダとりをする。

③作業時間の計測・観察によって動作のバラツキを探す（バラツキの多い動作には、ムリが多く、ムラ・ムダの要因となる）。

④作業動作の標準化によって作業の質の安定化を図る。

⑤作業者訓練によって基本動作の指導を実施する。

⑥ムリな動作に関する、作業者の自己申告を活用した改善をする。作業者にきつい動作、疲れる動作、ムリな動作を気づかせることで、楽に、速く、確実に作業ができるよう作業改善を実施する。

⑦作業の治工具化、機械化、自働化によって動作のムダとりを実施する。

⑧作業動作の標準化によって作業の質の安定化を図る。

動作経済の原則

原則1　動作を楽にする
「力仕事をなくす、不自然な姿勢・注意の要る動作・しゃがみ姿勢をなくす、作業者と作業点を近づける、など」

原則2　必要な基本動作を最小にする
「取り置き、取り付け、取り外しをなくす、など」

原則3　作業をするのに両手を同時に使う
「片手持ち・保持をなくす、両手を同時に動作を始め同時に終わる、材料・部品は左右対称に置く、保持具を活用する、など」

原則4　動作の距離を最短にする
「腕を動かす距離を最短にする、歩いたり・足を踏み出す動作を止める、作業域はできるだけ狭く、など」

SECTION 9

「不良のムダ」とり

「不良をつくるムダ」とりの実践法

Q1 「不良をつくるムダ」とは何ですか、なぜ発生するのですか？

A1 「不良をつくるムダ」とは次のことを意味し、悪影響を及ぼします。

不良のムダは、不良品を検査するムダ、不良品をつくり直すムダ、つくり直しの材料のムダ、再発防止の対策をするムダといったムダを生み、最悪の場合にはクレームが発生し、企業の社会的信用の失墜にまで至る最も重大なムダです。

品質不良を検査によって防止しようとしている生産現場が多いが、真の品質保証とは、工程で100％良品をつくり込むことにあります。これを**源流管理**と言います。

不良品が顧客に流出しているにもかかわらず、根本的な対策を打っていないために、クレーム再発を繰り返すと、顧客からの注文が減少し、工場の生き残りが困難になります。

監督者が作業者に対する教育訓練を十分に実施していないから不慣れな作業者が不良品をつくり、一方でベテラン作業者が基本作業の手抜きをすると不良品が発生します。

品質不良が多発しているが、根本的な対策を打つことをせずにその場限りの暫定対策になっている。その結果、品質不良の再発を抑えることができなくなります。

「不良をつくるムダ」が発生する要因

①標準作業が設定されていないので、勝手な作業方法が放置され、品質不良の原因となっている。

②「本物の5S」が徹底されていないので、不良品が混入したり、作業者に対する躾が不足し、不良発生の原因になっている。

③管理者・監督者の問題解決能力が低いために、不良発生時の再発防止対策がとられてない。

④設備保全と管理が不徹底であるため、設備に起因する品質不良が発生する。

⑤生産工程でポカよけや治具化が実施されていないので、不良品の発生を

抑えることができない。

Q2 「不良をつくるムダ」はどう発見し、ムダとりをしたらよいのですか?

A2 「不良をつくるムダ」は次のようにして発見します。

①「本物の5S」の実態を調査する。
②品質不良の真因が追究されているか、再発防止対策がどの程度確実に実施されているかを把握する。
③作業標準化の実施状況を、作業標準書の作成状況によって把握する。
④作業者(特に、派遣社員や新人社員)に対する教育訓練の実施状況を、教育計画書や教育記録で調査する。
⑤クレーム発生の対応状況と実際の実施内容を調査する。

「不良をつくるムダ」の解消法

①生産現場で「本物の5S」を実施する。特に「躾」を徹底する。
②作業標準化を徹底して実施する。
③作業者訓練を計画的に実施する。
④問題発生時になぜなぜ分析を実施することによって、真因を追究する。
⑤管理者・監督者に対し、問題解決法を習得させる訓練を実施する。
⑥設備の保全・点検を実施する。
⑦三現主義によって不良発生の証拠を確実に把握することを問題解決の原則とする。
⑧重要問題の発生を防ぐために、生産実績管理板などの「見える化」の仕掛けを活用する。
⑨3礼(朝礼・昼礼・終礼)を実施することによって、指示された作業を確実に実施できる生産現場体質づくりに取り組む。
⑩生産現場の監督者が現場のパトロールを実施し、作業者に対する指導を実施する。
⑪作業者に対し、「報・連・相」を習慣付けるよう指導する。

源流管理による品質不良防止の考え方

① 品質不良対策は、設計から製造に至る全ての工程(これを源流と言う)で実施することが基本である。

② 品質不良対策の基本は「作業の標準化」である。作業を標準化することによって、品質不良の原因であるバラツキを最小限にすることができる。

③ 品質不良対策は、発生してから対策するのでは遅い。予防的な対策が必要である。そのためには、「本物の5S」と「見える化」によって品質不良を起こさない職場環境づくりをすることが基本である。

SECTION 10

「事務作業のムダ」とりの実践法

Q1 「事務作業のムダ」とは何ですか、なぜ発生するのですか?

A1 「事務作業のムダ」とは次のことを意味し、業務に悪影響を及ぼします。

事務作業では、同じミスが繰り返されているのに対策もされずに放置されているケースが多く見られます。その結果、製造現場では、作業指示間違いや計画洩れなどの事務作業ミスの後処理をさせられ、生産ラインの遅れを生じます。

事務作業の遅れを把握していないため、生産スケジュールにも遅れを生じます。にもかかわらず、事務作業の遅れの程度が担当者にしか分からないのです。しかも、事務作業の遅れはいつも担当者個人の問題として処理されています。

非正規社員や新人社員が正しい事務作業を指導されていないから、ムダな時間を消費し、時間管理もできない。事務作業は本人が一所懸命にやっていれば時間短縮の必要がないと思っているのです。

事務作業のコストダウンをしようとしても、準拠すべき資料がないのでコストダウンに取り組むことができません。

ひとつの事務作業がどれくらいかかるかについて基準資料がないし、標準時間も決めていないので、時間管理ができません。

「事務作業のムダ」が発生する要因

①事務作業は一見、簡単な作業に見えるから、素人でも容易にできると誤解している。

②上司が作業者を叱り、はっぱを掛けるしか作業改善の方法がないと思っている。

③事務作業が現場の加工作業と同様に標準化の対象になり得ることを知らない。

④事務作業がうまくいかないのは担当者の心がけが悪いためだと思っている。

⑤事務作業は手順を羅列すれば標準化になると思っている。
⑥事務作業を教える時に、口頭で説明するだけである。
⑦事務作業は個人が内容を理解しているだけで、他人には見えないため、見える事務作業にする方法が分からない。

Q2 「事務作業のムダ」はどう発見し、ムダとりをしたらよいのですか?

A2 「事務作業のムダ」は次のようにして発見します。

①事務作業の標準化の有無を調査する。
②事務所での5Sの実施状況を把握する(特に、ファイリングの仕組みづくりが、作業の「見える化」の重要な取り組みになっている)。
③事務作業の指導をどのようにして実施しているか調査する。
④事務所での改善活動の調査をする。
⑤事務作業の問題が生産現場にどのような悪影響を及ぼしているかの実態調査をする(伝票の指示ミス、外注納期遅れ、トラブルの再発防止対策、進度管理不足など)。

「事務作業のムダ」の解消法

①「本物の5S」と「見える化」を導入する。
②ワンベストとファイリングの仕組みづくりによって事務作業のムリ・ムラ・ムダ(特に情報探しのムダ)をとる。
③事務作業の標準化を行ない、事務作業標準書を作成する。
④過去の実績に基づいて、主要な事務作業の標準時間を設定する。
⑤作業者に対する教育訓練を実施する。
⑥1日の事務作業のスケジュールを時間に基づいて立て、作業の遅れの有無を明確にする。

事務作業を標準化しない場合に起こる問題

生産現場の生産性は、管理間接業務の質によって大きく影響されるのです。

① 正しい計画生産が迅速にできない
② 生産の進度管理ができない
③ 生産金額の達成見込みが立たないから、利益計画が立てられない
④ 作業者が休んだり交代すると、代わりの作業者がいないので事務作業が停滞する
⑤ 事務作業の正しい手順や要領が分からない
⑥ 作業改善の手がかりが得られない

SECTION 11

生産ラインのムダとり

生産ラインのムダとりで品質と生産性の向上を実現する

Q1 **生産ラインには多くのムダがあることは理解していますが、具体的にどのようなムダがあり、どのようにすればムダがとれるのでしょうか。**

A1 作業者の質が低下する中で、生産ラインには多くのムダが発生しており、次の視点と対策が必要になります。

①取り置きのムダ

手を伸ばしてモノをとるムダ。20㎝伸ばすと約1秒のムダが生じる。コンベアラインの両側に立つと作業者が手を伸ばすムダが生じる。

対策

・作業者は肘を脇につけ、手を上下・左右した範囲内（ストライクゾーン）で作業をさせることが基本

・コンベアラインでは、必ず同じ側に全員が立って作業させると、動作のムダをとることができる

②歩行・姿勢移動のムダ

作業中に歩くムダと、基本（背骨を垂直に）姿勢から体の姿勢を崩すムダがある。

[歩行のムダ]

ライン作業をしている間は、作業者はラインから離れて歩かせてはならない。**作業者に歩数計をつけ、1日の歩いた歩数を計測する。** 1歩歩くと、約0・7秒かかる。仮に1日に1万歩歩くなら、7000秒かかる。7時間は2万5200秒のため、1日の28％が歩くだけのムダになる。

対策

・生産ラインに立つ作業者は、立ち位置から離れないように指示する。離れた場合、理由を聞いて対策をとる

[姿勢移動のムダ]

作業者が腰を曲げたり、しゃがんだり、体をねじる動作は、作業者の手が大きく動いて作業精度が下がるだけではなく、作業者の疲れによって作業動作が遅くなる。

対策

・腰を曲げたり、上体を上下させる作業者を多く見かけるが、上半身を直立させ動かさないように指導する

・フロントテーブルの設置によって動

作のムダとりができる。サイドテーブルがある限り、体をねじるムダによって製品品質の精度は低下する

③手待ちのムダ

作業者の手が止まり、作業が停止するムダ。前後工程の作業者の作業時間の差があったり、作業がうまくいかなくて、手が止まり、手が遊ぶと、品質が低下し生産が停止する。

対策

・本書のラインバランス対策（225ページ）参照

・作業者の指導によるスキル向上

④作業中断のムダ

チョコ停、品質不良、ライントラブルのため作業が止まるムダ。作業が停止している間は、生産が止まる。設備が故障停止すると不良品が排出される。中断のムダをとらなければラインは繰り返し停止し、作業者人数をいたずらに増加せざるを得なくなってしまう。

対策

・6M問題解決法による機械設備故障・品質不良の再発防止対策

⑤品質不良のムダ

品質不良のための手直しのムダ。品質不良は、生産ラインで作業している作業者の手から発生する。**新製品の生産ラインでの立ち上げの際は、必ず作業標準書とQC工程表を作成し、作業者を指導することが必要**である。作業標準書がなければ安定した標準作業ができず不良品が発生し、QC工程表がなければ良品をつくる基準が不明確になり、後工程に不良品を送り、クレームの発生を防ぐこともできなくなる。品質不良が多発すれば、手直しのための人数が必要になり、生産性も低下する。

対策

・6M問題解決法による品質不良再発防止対策の実施（9章参照）

・QC工程表導入によるライン間の品質保証の仕組みをつくる（8章参照）

⑥レイアウトのムダ

レイアウトの悪さによる歩く、探す、運ぶムダ。レイアウトとモノを置く場所が一致していないと、モノ探しのために準備・段取りに手間をとられ、ラインの生産性が低下する。

対策

・「本物の5S」による整理と定置の実施

・歩数計によって歩く歩数を計測し、レイアウト変更による削減効果を把握する

⑦モノ探しのムダ

モノを探す時間のムダ。必要なモノを必要な時に、必要なだけ準備できなければ、計画通りの作業を実施することができなくなってしまう。

対策

・準備・段取りの仕組みづくりでモノ探しをなくす

SECTION 12

工場長のよくある悩み相談Q&A【ムダとり編】

Q1 私の工場では、ムダとりを徹底する取り組みを進めていますが、なかなか思い通りに進みません。どのような手順で進めたらよいのでしょうか?

A1 ムダとりは、トヨタ自動車の利益を生み出す重要な取り組みとして知られるようになりました。しかしながら、進め方の基本があり、これにしたがって進めないと効果を得ることができません。次の3ステップによって、ムダをとることができるようになります。筆者が、今まで多くの生産現場の改善指導の中から発見した手法として実践し、確実に効果を上げた実践法です。

ステップ1 **ムダとは何か** それぞれのムダの正しい意味と、生産現場に及ぼす悪影響について理解します。ムダの持つ意味を理解しない限り、ムダとりはできません。

ステップ2 **ムダはなぜ起きるか** それぞれのムダには、発生する要因があります。生産現場でムダが発生する要因のうち、主要な要因に対する理解が求められます。発生する要因が分かれば、それらの要因をとることができるようになります。

ステップ3 **ムダをとる方法** ムダをとるために何をどうすればよいかという具体的な方法について、生産現場で実践して効果を上げる方法を本章で解説しています。自身の担当する生産現場を十分に観察した上で本章の紹介している各種手法を活用し、ムダとりを実践してください。

Q2 **トヨタ自動車のムダとりが、企業利益を生み出すと言われますが、どのような理由で利益を生み出すのでしょうか?**

A2 トヨタ自動車が実践するムダとりは、確実に企業利益を創造していくことができます。238・239ページに図表で企業利益とムダとりの関係を示します。ムダとり活動は、企業利益のみならず、品質の向上、顧客対応力の向上、リードタイムの向上など、多くの効果を生み出します。

Q3 生産現場には、他にも多くのムダがあると聞いています。さらなるムダとりを進めるために、他にもあるムダについて教えてください。

A3 ムダには無数の種類がありますが、まず生産現場を赤字にする次の3大ムダを発見し、積極的なムダとりを実施することが利益を生み出すために必要です。

①停滞のムダ

停滞のムダとは、手待ちのムダ、機械故障のムダ、労災の発生、指示待ち、不良発生など、生産が停止したことによって生まれるムダを意味します。生産ラインでは、モノの流れを継続することによって初めてQCT(品質・コスト・リードタイム)目標を達成できます。停滞のムダは、生産性の低下をもたらし、停滞したムダを挽回するためにさらにムダを生み、赤字の生産現場となります。

②在庫のムダ

在庫のムダとは、部品在庫、仕掛在庫、完成品在庫のみならず、情報の在庫、未解決の問題とクレームの在庫、人と組織の在庫など、過剰にモノや情報を持つことを意味します。必要なモノと情報を、必要な時に、すぐに使えるようにしておくことが儲かる生産現場の条件です。在庫のムダはさらに、モノ探しのムダや資金のムダを生み、企業利益を食いつぶす結果をもたらします。

③動作のムダ

動作のムダとは、歩くムダ、モノ探しのムダ、やり直すムダ、指示待ちのムダ、作業動作のムダなど、人の動きに関して発生するムダを意味します。生産現場におけるムダのない人の動きによって初めて、計画された生産目標の達成や、利益目標の獲得が可能になります。

Q4 管理者・監督者にムダとりを実施させたいのですが、期待した行動をとっていません。どのように指示すればよいのでしょうか。

A4 ムダは、積極的に発見する行動がないと、「見える化」できません。そのためにまず、ムダを発見する**ムダとりパトロール**を実施させることが必要です。その際、次の**ムダとり7つ道具**を活用させることがムダ発見の効果を生み出します。

①スケール(ムダの長さを測る)
②**歩数計**(歩く歩数のムダを測る)
③ストップウォッチ(動作と作業のムダを測る)
④計算機(ムダの程度を計算する)
⑤メモ用紙(ムダの内容を記録する)
⑥2色ボールペン(ムダの重点を赤字で「見える化」する)
⑦デジカメ(ムダの発生をイメージ画像で「見える化」する)

「7つのムダとり」の主要効果		「7つのムダとり」のトヨタ式主要方策
1 つくりすぎのムダ： 1. 製品在庫・仕掛在庫の削減 2. 製品品質の安定・向上 3. 売上と利益の先食い防止 4. 省人化、少人化 5. 小ロット生産から生産革新への展開	必要数以上にモノをつくるムダ	1. 売れた分しかつくらない生産方式 2. 作業者の多能工への育成 3. カンバンによる後工程引き取り生産 4. フルワークシステム（一定量生産停止） 5. 標準手持ちの設定 6. IE手法（ラインバランス分析）による徹底ムダとり
2 手待ちのムダ： 1. 問題解決力の向上 2. 製品品質の安定・向上 3. 設備可動率の向上 4. 省人化、少人化 5. 生産現場の変化対応スピードアップ	作業を停止し付加価値を生まないムダ	1. 手待ち発生時のつくりすぎ禁止 2. 目で見る管理による問題の顕在化 3. なぜなぜ分析による真因追究 4. 作業者の多能工への育成 5. ラインバランスの改善と作業再配分 6. IE手法（ワークサンプリング）による徹底ムダとり
3 運搬のムダ： 1. 運搬効率の向上 2. 工場スペース効率の向上 3. 作業者の疲労軽減 4. 省人化 5. 製品在庫・仕掛在庫の削減	モノの位置を移動し、取り扱うだけのムダ	1. レイアウトのムダとり徹底 2. つくりすぎの禁止 3. 運搬の専門化（例：ミズスマシ） 4. 運搬活性度の向上 5. 標準手持ちの設定 6. IE（運搬分析）による徹底ムダとり
4 加工・組立そのもののムダ： 1. 加工・組立の付加価値向上 2. 製品品質の安定・向上 3. 設備可動率の向上 4. 加工・組立技術力向上 5. 小ロット生産から生産革新への展開	加工・組立そのものに含まれるムダ	1. 標準作業の設定と徹底 2. 星取表による作業者能力向上 3. ラインバランスの改善と作業再配分 4. 段取り改善（シングル、ワンタッチ、ゼロ） 5. 加工・組立の最適条件の追究 6. IE手法（作業研究）による徹底ムダとり
5 在庫のムダ： 1. 資材在庫の回転率向上 2. 仕掛在庫の回転率向上 3. 製品在庫の回転率向上 4. キャッシュフローの増大 5. フレキシブルな生産体制から生産革新への展開	企業体質の悪さを隠す必要以上の在庫のムダ	1. 売れた分しかつくらない生産方式 2. ジャストインタイム納入 3. 目で見る管理による在庫改善 4. 標準手持ちの設定 5. カンバンによる後工程引き取り生産 6. 生産の平準化
6 動作のムダ： 1. 作業者のモラール向上 2. 製品品質の安定・向上 3. 省人化 4. 労働災害の防止 5. 人に優しいラインづくり	付加価値を生まない動作のムダ	1. 作業者負荷軽減の科学的アプローチ 2. 作業者の動作訓練の徹底 3. 治工具化・LCA（簡易自働化） 4. 5Sと目で見る管理による動作改善 5. 動作経済の原則による動作改善 6. IE手法（動作分析）による徹底ムダとり
7 不良をつくるムダ： 1. 不良ゼロ 2. クレーム再発ゼロ 3. 工程品質保証100% 4. 問題解決能力向上 5. 品質コスト削減	良品になるべきモノが付加価値を失うムダ	1. 標準作業の設定と徹底 2. 不良が発生したらラインを止める（自働化） 3. なぜなぜ分析による真因追究 4. 星取表による作業者能力向上 5. 工程で100%良品をつくり込む源流管理 6. 標準作業の日々改善

[経営利益とムダとりの相関図]

「トヨタ式7つのムダとり」は、企業生き残りの核になる経営的な取り組みである。全員参加、トヨタ式IE、知恵出し改善等によって毎日実践することが「ムダとり」の基本である。

ムダとりの経営効果とは何か

1. ROI（総資本経常利益率）の向上
   ROI=
   総資本回転率×経常利益率=
   $\frac{\text{売上高}}{\text{総資本}} \times \frac{\text{経常利益}}{\text{売上高}}$
2. 生産革新展開のスピードアップ
3. 顧客対応力の向上
4. 生産プロセスの付加価値向上
5. リードタイム短縮
6. 人に優しいラインづくり
7. 品質向上

ムダとり成功要因

1. 経営トップのリーダーシップと支援
2. 管理者・監督者の意識・行動改革
3.「本物の５Ｓ」徹底
4. ムダとりのできる人づくり
5. なぜなぜ5回による毎日改善
6. 全員参加の改善活動

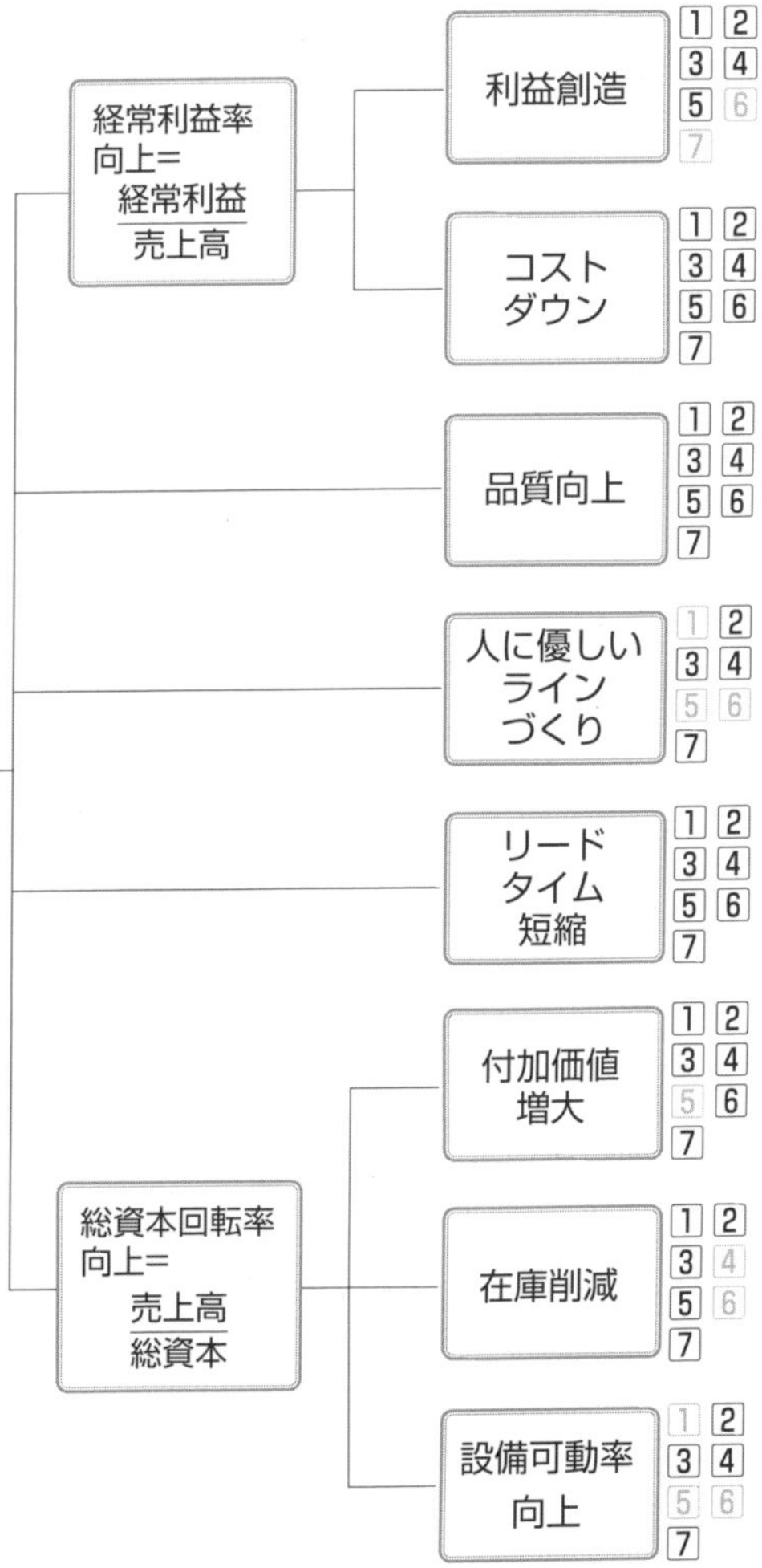

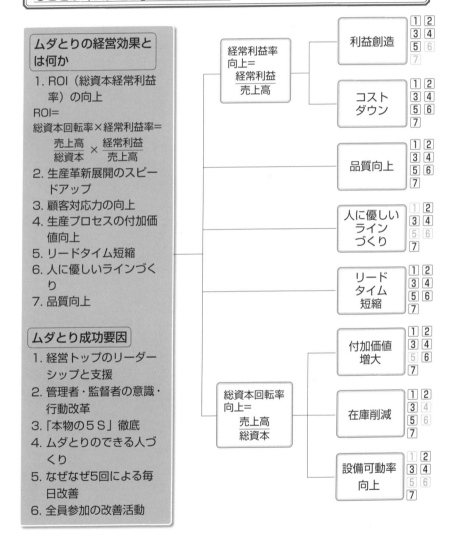

11章

流れる生産ラインづくりでリードタイム短縮と在庫削減を実現せよ!

SECTION❶ リードタイム短縮と在庫削減は工場生き残りの必須要件だ（事例研究）

SECTION❷ リードタイム短縮はどのように進めたらよいのか

SECTION❸ 小ロット生産方式の導入でリードタイム短縮を実現する

SECTION❹ レイアウト改革で流れる生産ラインをつくる

SECTION❺ 在庫削減はどのようにして進めたらよいのか

SECTION❻ 仕掛在庫、製品在庫削減を効果的に進める

SECTION❼ 工場長のよくある悩み相談Q&A［リードタイム短縮・在庫削減編］

SECTION 1

リードタイム短縮と在庫削減

リードタイム短縮と在庫削減は工場生き残りの必須要件だ（事例研究）

生産現場の問題と工場長の悩み

［事例1　リードタイムを短縮しないと工場は生き残れない！］

S社は中堅産業機械メーカーである。近年の激化する企業競争の中で生き残りを図るため、新製品シリーズを発売し、市場の優位性を獲得すべく積極的な経営を展開している。新製品の当初の売れ行きは順調だったが、最近は受注が低下する傾向にある。本製品の受注から納品までのリードタイムは3ヶ月である。営業部門が新製品の市場開拓に懸命になっている中、今回は顧客特別仕様の引き合いが入った。台数も多く、営業としてはなんとしても受注したいため、工場の迅速な対応を強く求めている。しかしながら、今回は追加仕様が多いにもかかわらず、リードタイムは2ヶ月という30％短縮が受注条件だ。加藤工場長は、工場で緊急会議を開催し、どうやってリードタイム短縮を実現するかを検討した。設計部門、外注部門、生産部門がそれぞれ責任を持って、リードタイム短縮に取り組むことになった。しかしながら、浅田設計課長からは、現在別の新製品開発に取り組んでおり、技術検討に時間がかかるという返事であった。永井購買課長からは、外注部品の調達リードタイム短縮は取引先の生産能力いっぱいの注文を出しているため難しいとの返事であった。さらに営業部門からは、今後は標準仕様の部分をあらかじめ製造して在庫を持って欲しいとの要求もあるが、当社としては在庫削減をしないと資金繰りの危険もあり、そのような対応はできない。しかしながら、設計の出図と外注部品の納期を短縮できなければリードタイム短縮は困難である。今回の受注に対し特別仕様の標準仕様化とリードタイム短縮が実現できれば、今後の市場競争力の強化になる。加藤工場長は、何とかしたいという気持ちだけが高まる毎日である。

生産現場の問題と工場長の悩み

［事例2　リードタイム短縮をムダとりによって実践せよ！］

T社では最近、顧客からの引き合いにリードタイム短縮要求が多くなった。自社製品は、工作機械関連の精密部品加工と組立である。

顧客からは、メールで内示情報が入ってくる。内示注文のリードタイムは全体に短縮傾向にある。10%短縮は当たり前になり、特急注文と言って30%短縮要求も出ている。

これを断ると、他の工場に注文が移ってしまう。最近の受注減の中で注文を他社にとられることは避けなければならない。かといって在庫増での対応どころか、逆に社長から在庫削減を指示されている。

中山工場長は、リードタイム短縮に取り組まなければならないという危機意識を強くする毎日だ。そのために、ムダとりが有効であると聞いたが、果たしてそんなことで実現できるのか悩む毎日である。

生産現場がなぜこうなってしまったのか、問題の真の要因は何か?

近年の市場競争は、ますます熾烈になり、モノづくり企業は対応力を高めることを求められています。中でも、変化への対応力が生き残りの条件になり、その結果、リードタイム短縮が引き合いを受注につなげる要件になっています。S社では、顧客のリードタイム短縮要求への対応が困難になっています。その背景には、リードタイム短縮が企業生き残りの要件であるということに対する工場管理者の意識が薄いことが挙げられます。T社においても、変化の多い工作機械業界では、リードタイム短縮をしなければ注文先の親企業自体が生き残れない状況になっている。リードタイム短縮と在庫削減に対する積極的な取り組みを工場として推進していかない限り、企業としての生き残りは困難であると言えます。

このような生産現場を工場長はどう変えたらよいのか?

リードタイム短縮と在庫削減は、工場生き残りのための不可欠な要件になっています。設計部門は、製品の機能・性能の向上に、購買部門は調達品のコスト削減に、それぞれ取り組んでいます。しかしながら、リードタイム短縮には積極的でないというのが一般的です。このような現状に対し、工場長による管理者の意識改革、さらにリードタイム短縮と在庫削減に対する工場改革の取り組みが、生き残りのために必要になっています。

①リードタイム短縮と在庫削減の目的について管理者を説得する。
②リードタイム短縮と在庫削減の進め方についての方針・目標を明示し、管理者の取り組みを指示する。

本章で、リードタイム短縮と在庫削減の進め方について解説していきます。

リードタイム短縮はどのように進めたらよいのか

Q1 当社工場では昨年から顧客への対応力の強化を目指し、リードタイム短縮に取り組んでいますが、効果的な進め方ができていません。どのように進めたらよいのでしょうか?

A1 近年の生産現場は、非正規社員の増加によってトラブルが多発し、納期遅れが多発する傾向にあります。かといって、納期遅れ対策だけを優先し、リードタイム短縮に取り組まなければ受注を確保することができなくなっています。リードタイム短縮のために、各部門が次のテーマに取り組むよう工場長から指示を出すことが必要です。

設計開発部門の取り組みテーマ

新製品開発による企業競争での生き残りのため、さらには顧客仕様による追加設計が増大する中で、設計開発部門の設計開発リードタイム短縮のため、次の取り組みが必要になります。新製品開発に際しては、コンカレント・エンジニアリングとデザインレビューの導入、さらに設計の標準化が必要な取り組みになります。

①コンカレント・エンジニアリングによる早い新製品開発（6章参照）
②標準化の実施（設計手順の標準化、設計規格の制定など）
③新製品開発マネジメントの実践（6章参照）
④各部門参加の開発プロジェクトチームによる新製品開発の推進
⑤設計担当者の技術指導強化による設計の質とスピードの向上
⑥「見える化」による設計進捗管理

外注管理部門の取り組みテーマ

外注部品の調達リードタイムは、生産リードタイムに大きな影響をもたらします。通常、外注品納期遅れは完成品の納期遅れをもたらします。その主要因は外注工場での品質不良の発生です。このような実態の中で、リードタイム短縮を実現するために、次の取り組みが必要になります。特に、発注先企業に対する品質向上指導と、「本物の5S」の導入がリードタイム短縮の効果をもたらします。

①品質不良対策の指導（8章参照）
②外注先への「本物の5S」の指導（2章参照）

生産管理部門の取り組みテーマ

生産管理部門では、**小ロット生産方式の導入**に取り組むことが必要になります。小ロット生産方式の導入は、製造部門の積極的な改善を必要とするため、工場長と生産管理部門が先頭に立って実施しなければ実現できないというのが一般工場の実態です。また、営業部門との一体化も重要な取り組みになり、そのために**月1回の生産販売会議の開催が必要**になります。さらに工程管理の強化と、事務作業のムダとりが短縮効果をもたらします。次の取り組みテーマの推進が必要となります。

①小ロット生産方式の導入
②工程管理板活用による工程管理実施（5章参照）
③生産販売会議の開催による生販一体化の体制づくり（6章参照）
④事務作業のムダとり（10章参照）

製造部門の取り組みテーマ

製造部門のリードタイム短縮の取り組みテーマは数多く挙げられます。中でも、生産準備の迅速化と段取り時間の短縮は、小ロット生産方式導入の前提条件となり、さらに変種変量生産のためにも不可欠な取り組みテーマになっています。さらに、レイアウト改革と構内物流の仕組みを導入することで、モノの流れがスムーズになり、リードタイム短縮の効果をもたらします。そのため次の取り組みを実施します。

①「本物の5S」の導入による生産現場の快善活動の活性化（2章参照）
②5Sの整頓（定置）による生産準備の迅速化
③段取り時間短縮
④レイアウト改革による流れる生産づくりの実施
⑤生産現場のムダとりの徹底（10章参照）
⑥配膳と構内物流の仕組み導入
⑦「見える化」による問題解決力の向上（4章参照）
⑧作業者のスキル向上指導の強化（3章参照）
⑨QC工程表と作業標準書の活用（3、8章参照）
⑩機械設備の可動率の向上（7章参照）

品質管理部門の取り組みテーマ

品質向上の取り組みは、リードタイム短縮の効果的なテーマです。そのため、次の品質不良とクレーム対策の強化が必要になります。

①品質不良とクレームに対する再発防止対策の実施（8章参照）
②工程品質保証の強化（8章参照）

SECTION 3

小ロット生産方式

小ロット生産方式の導入でリードタイム短縮を実現する

Q1 当社では、最近の顧客の要求に対応して受注件数を高めるため、生産リードタイム短縮に取り組んでいます。しかしながら、生産現場の抵抗も強くてなかなか実現できず受注を逃すことが多くなり、厳しい状況に追い込まれて工場長として危機感を持っています。最近、リードタイム短縮の手法として、小ロット生産方式という方法が有効であると聞きましたが、何をどうすることなのか教えてください。

A1 変種変量生産が当たり前の変化の多い時代において、営業の取ってくる注文に対し小ロットで生産ができれば、リードタイム短縮が可能になると共に、在庫を多く持つ必要もなくなります。しかし生産現場はロットを大きくして生産する傾向が強いため、工場長が中心になった生産改革の一環として、次の小ロット生産方式の導入を推進することが必要になります。

[ロット分割生産]

ロット分割生産とは、1ヶ月分の生産をまとめてつくることをせずに、何回かにロットを分割してつくる方法を言います。例えば、1ヶ月で200個製造するものを、1／2ロットに分割して100個ずつ2回に分けて製造する方式です。

[平準化生産]

平準化生産とは、小ロット生産の代表的な方法で、毎日できるだけ同じ品種のものを同じ数量だけ繰り返し生産する方式です。通常、1日1回の各品種の小ロット単位の段取り替えを行なって実施し、この方式が発展すると1個流し生産に発展していきます。

小ロット生産によって、リードタイム短縮だけでなく、工場として次の利点も得られます。

①生産リードタイム短縮が図れる

200個単位ロットでつくれば顧客は200個完成するまで待たなければならないが、100個ずつつくれば、加工時間のみならず加工ロット待ちや運搬の手間も少なくなり、生産リードタイムを大幅に削減できるようになる。

②在庫を削減する

小ロット生産方式の大きなメリットは、在庫が削減することにある。在庫が企業経営を圧迫する時代には、小ロット生産方式は避けて通れないのです。

③設備と人員を削減できる

小ロット生産方式が確立できれば、ロットあたりの生産の負荷が軽減されるため、負荷のピークに合わせた設備や人員を持つ必要がなくなり、設備と人員削減が可能になる。

④日程計画が守りやすくなる

各工程の能力が均一化し小ロットで流すことができれば、整流化した流れの生産が可能になり、生産日程計画も安定化した状態になる。

⑤現品管理が容易になる

ロットサイズが小さくなり現品管理が容易になる。

Q2 小ロット生産方式導入のため、何をどうやったらよいのでしょうか？

A2 小ロット生産方式の導入に際しての最大の問題点は、段取時間の短縮です。製造現場は、今までのまとめづくりによって生産するのが最もよいと考えている傾向が強いため、段取時間の短縮が企業の生き残りにとっていかに重要かという点に対する意識改革をすることが重要になります。工場長主導で小ロット生産方式を導入し、段取時間短縮をせざるを得ないようにすることが効果的な方法です。小ロット生産を実施するためには次の生産改善の取り組みが必要になります。

①段取り時間短縮と段取り作業の多能化
②品質不良対策（8章参照）
③小ロット生産の生産計画の実施
④工程管理のレベルアップ
⑤外注品の納期管理改善
⑥「本物の5S」でムダとり徹底

小ロット生産のステップ

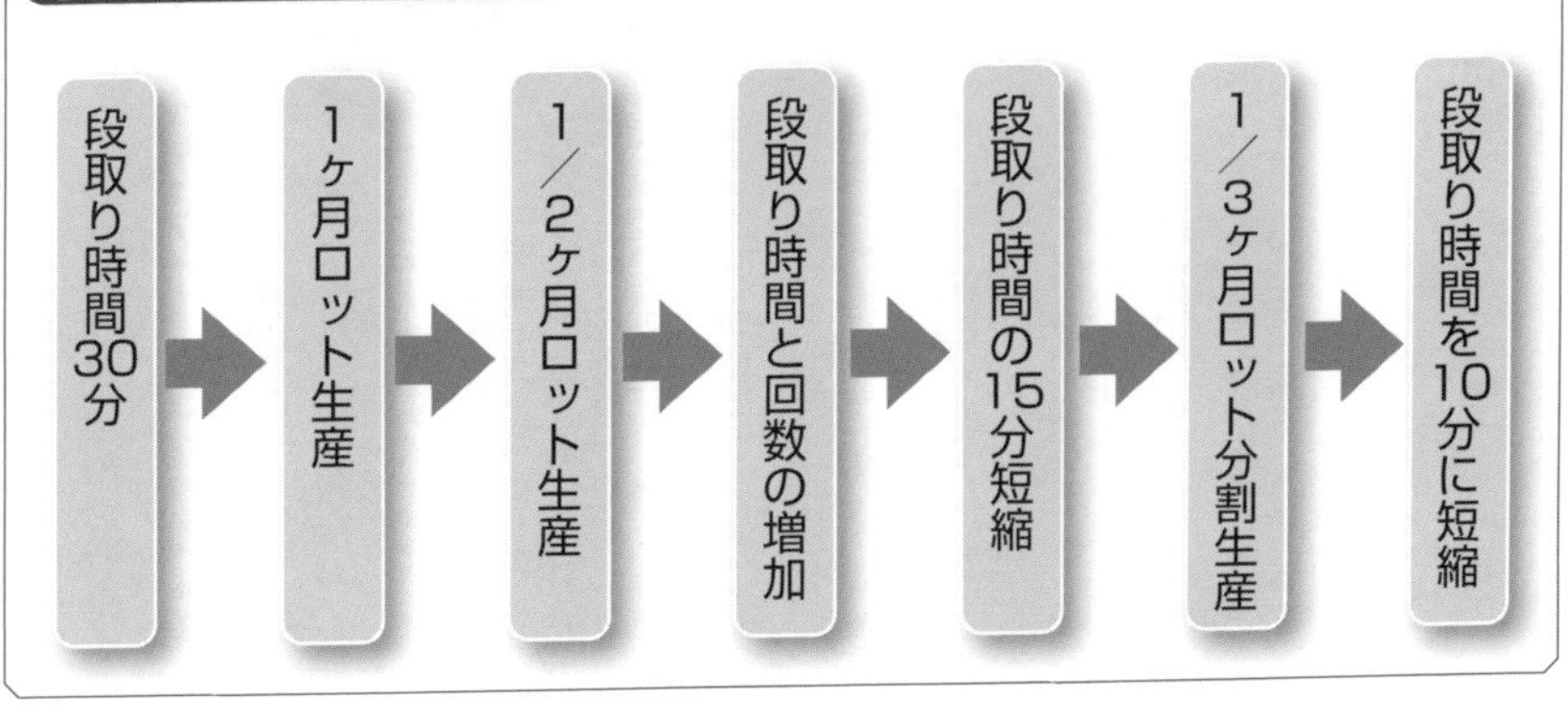

SECTION 4

●レイアウト改革

レイアウト改革で流れる生産ラインをつくる

Q1 私の工場では、成り行きでレイアウトを変更してきたため、生産性の低下が慢性的に発生しています。そのため、レイアウトを抜本的に見直すことが必要になっています。レイアウト改革は、どのような目的や考え方で実施することが有効なのでしょうか？

A1 顧客からの納期短縮要求が当たり前になるため、リードタイム短縮に取り組まなければ受注競争に生き残れなくなっています。そのため、レイアウト改革への取り組みの必要性が高まっています。レイアウト改革による主な効果として次の点が挙げられます。

①生産リードタイムの大幅短縮
②工場スペースの再活用（レイアウト改革によりムダスペース活用ができる）
③ムダな運搬の削減
④ムダな仕掛在庫の削減
⑤品質不良のムダの削減
⑥コストダウン実現（ムダの削減によってコストダウン効果が出る）

レイアウト改革の着眼点

レイアウト改革を実施する場合には、工場一部分のレイアウト改善ではなく、工場全体の生産の流れを最適にするような、広範囲の改革を実施することによって初めて本来の効果を得られます。

まず次の**レイアウト改革の原則に基づいて実施することが必要**になります。

①満足と安全の原則（基本目的を、作業者の満足と安全におく）
②総合の原則（6M：人、設備、方法、材料、管理、計測を中心に、総合的な改革効果を目指す）
③最短移動の原則（全ての移動距離と取り扱いを最短にする）
④流れの原則（材料から完成品に至る工程の流れに従った配置にする）
⑤空間利用の原則（高さ、平面、高さなどの空間を有効に活用する）
⑥弾力性の原則（容易に再配置でき、最小のコストで再配置できる）
⑦バランスの原則（モノの流れ、人の動線、情報の流れなどレイアウトに関連する全ての要因を配慮する）
⑧高レベルの原則（レイアウト計画は、

生産目標レベルを高いところにおく

Q2 生産ラインのレイアウト改革を進めていますが、効果的な進め方になっていません。どのような生産改革と、U字型レイアウトのパターンがあるのか教えてください。

A2 生産ラインを改革するためには、次のような前提条件があります。生産ラインの改革に先立って、これらの課題を克服することが成功の要件です。

①「本物の5S」によるムダの排除
②小ロット生産方式の導入
③段取り作業改善
④作業の標準化
⑤品質保証体制の確立
⑥工程間の平準化
⑦多能工の育成
⑧「見える化」の導入

U字型レイアウト改革のモデルは下3つのパターンになります。

U字型レイアウトの3パターン

分割生産方式

一人生産の前段階と言える方式であり、U字ラインの初工程と検査工程を同一作業者が掛け持ちし、途中工程を他の作業者が受け持つ方式。

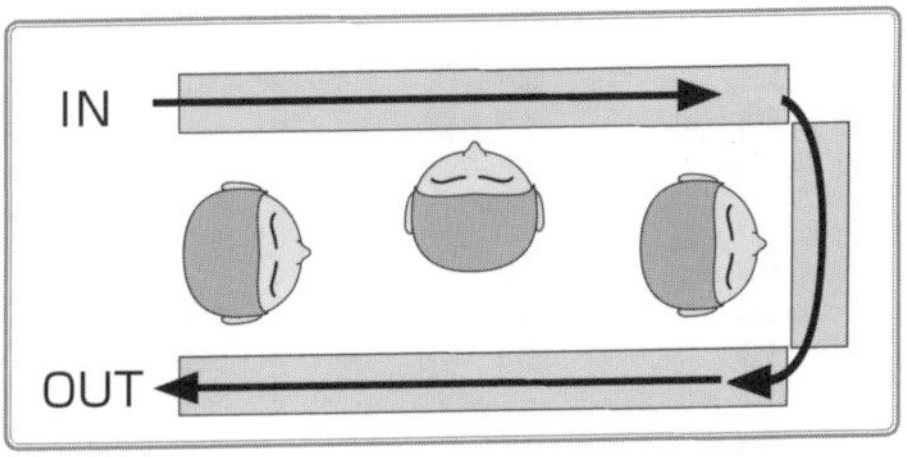

一人生産方式

一人の作業者が全ての工程を受け持ち、初工程から最終工程までを担当する方式。

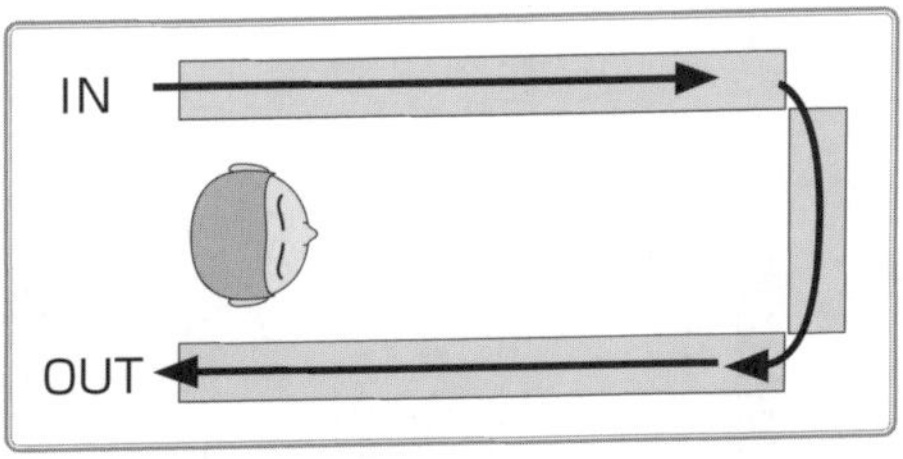

巡回生産方式

ひとつのU字ラインを複数の作業者によって共有し、同じスピードで回す巡回方式。レイアウトは人が巡回できるように拡張する。

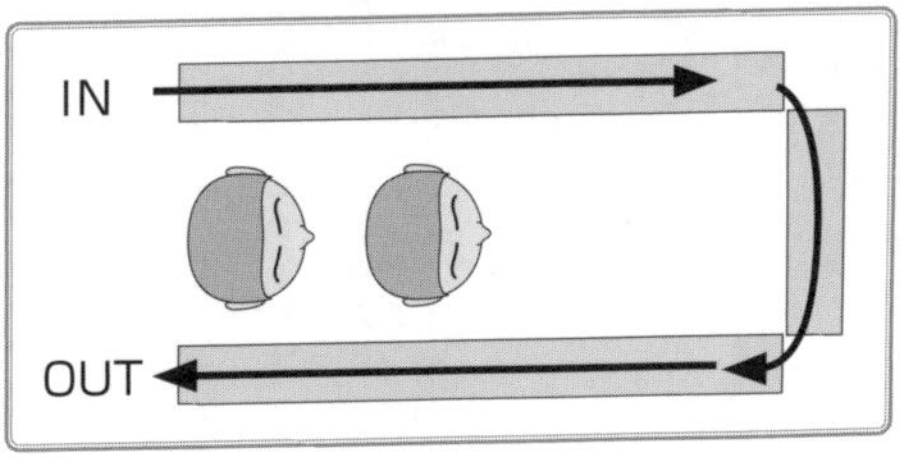

SECTION 5

在庫削減

在庫削減はどのようにして進めたらよいのか

Q1 **当社は在庫削減に取り組んでいますが、期待した通りの成果が出ず、経営トップから工場長としての責任を問われています。在庫削減は、どのように進めたらよいのでしょうか？**

A1 多品種少量生産が変種変量生産に変化する中で、営業に支障を及ぼさないために品揃えを充実させ、いつでも注文に対応する必要があります。だからといって、在庫を増やすとその分だけ経営を圧迫します。企業が在庫を削減することがキャッシュフローの増大につながり、企業価値が向上し、生き残りにとって有効な手段となります。

資材在庫、仕掛在庫、製品在庫を含む総合的な在庫削減を推進するために、工場長が中心になって在庫削減に取り組むことが求められています。在庫削減の進め方の基本は次の通りです。

①在庫管理改善から取り組む

最初の段階では、在庫削減に取り組む目的を、在庫を削減するということではなく、在庫が少なくても生産システムが適切に動く工場体質をつくるという点におき、工場の全部門が協力して次の事項を推進することが必要です。

・正確な在庫把握の仕組みづくり
・5Sの整理による不要在庫処分
・見える化による過剰在庫防止対策
・安全在庫の設定と定期的な見直し
・資材発注方式の改善
・循環棚卸による在庫把握
・重点管理（ABC管理）の在庫管理
・倉庫内ロケーションと保管方法改善

②不要在庫を発見し在庫を削減する

在庫を減らすためには、必要な在庫と不要な在庫を分類する必要があります。在庫の種類には次の分類例があり、この分類に基づいて自社の在庫を処分することが必要です。処分する場合には、スクラップ処理する前に工場内の見える場所に一定期間展示しておくことも再発防止に効果があります。

必要な在庫　運転在庫・安全在庫

不要な在庫　過剰在庫・長期保管在庫・陳腐化在庫・劣化品在庫

③在庫管理板を導入する

在庫管理板などの在庫管理情報に関する管理板によって、在庫回転率、不要在庫発生率、在庫不一致の発生状況と原因・対策などの在庫情報を公表します。工場全体がこれによって不要在庫の発生状況に関心を持つようになると共に、不要在庫の再発防止に協力する雰囲気づくりになります。

④社員の在庫削減意識を向上する

社員全員が在庫削減の必要性と意義を理解することは、不要在庫の効果的な削減にとって不可欠の要素です。そのため、在庫管理部門のみならず、工場全体に過剰在庫の意味を理解させねばなりません。**多少の不要在庫は仕方がない、という意識を変革するような教育の場を積極的に持つことが必要**です。また経営トップが先頭に立って在庫削減を工場方針に掲げることも、在庫削減を工場全体の運動にまで高める上で大きな力となります。

⑤在庫数を正確に把握する

在庫数を常に正確に把握するということは容易なことではありません。倉庫における現品管理の方法と事務処理の方法を改善する努力が求められるからです。さらに、循環棚卸を実施し、在庫不一致の早期発見と早期是正に努める必要があります。

⑥保管方法を改善する

不要在庫の発生を防止するためには、次の方法によって保管方法を改善することが必要となります。

・所定の置き場所を設定し、余分なものを置かせない

・保管場所を集約化し、保管管理を容易にする

・荷姿を標準化し、一定量以上収納できないようにする

⑦原材料・部品在庫を削減する

不要在庫の発生を防止するため、重点管理（ABC管理）を実施することが必要です。重点品目を集中的に管理することで少数のスタッフによる効率的な在庫管理が可能になります。発注方法も品目別の適切な方法を選択し、現品管理においても在庫の正確な把握と不要在庫を発見することが必要です。ABC分析（Aは全体在庫金額の約8割を占める約2割の重要在庫品目、Bは6割の品目数を占める在庫品、Cは小物常備品）に基づいて次の発注方式を選択します。

定期発注方式（必要の都度、必要数のみ発注）A品目は全てこの方式を採用する。B品目でも需要変動が多いものや陳腐化の危険のあるものに対しては採用する。

定量発注方式（発注点で定量発注）B品目にはこの方式のうち発注点方式を採用する。C品目にはダブルビン方式や包装法などの現品管理方式を採用し、発注点管理をシンプルにする。

SECTION 6

在庫削減

仕掛在庫、製品在庫削減を効果的に進める

Q1 会社方針として仕掛在庫と製品在庫削減に取り組むことになりましたが、生産現場も営業も抵抗感が強く、なかなかうまく進みません。どのように進めたらよいか教えてください。

A1 仕掛在庫は生産現場の便利な手段、製品在庫は営業にとっての便利な手段であるため、在庫削減はたやすくは進まないのが通常です。そのため、次の考え方で、工場長のトップダウンで進めていくことが求められます。

①仕掛在庫の効果的削減の進め方

仕掛品の本来の役割は、生産工程における変動を吸収することにあります。生産現場では、生産ロットの変動、品質不良、外注品の納期遅れ、機械故障など毎日変動や問題が発生します。これらを吸収し、顧客納期を満足させるため、仕掛在庫は便利な手段でした。仕掛在庫はそれらの理由によって増え続け、慢性的な仕掛在庫は多くの問題を覆い隠しています。今日の厳しい企業生き残り競争の中で、仕掛在庫削減は工場の重要課題になっているのです。従って、仕掛在庫削減を進めるためには、長年蓄積された工場の問題を改革・改善するという観点に基づき、**工場内の生産の流れを阻害する問題の再発防止、作業標準化、工程レイアウト等の生産現場の根本問題に取り組むことが必要**になります。

②製品在庫の効果的削減の進め方

製品在庫の多くは、見込生産企業において発生します。受注生産企業では受注分のみを生産するため製品在庫の問題は発生しないはずです。繰り返し型の受注生産の場合、半製品または製品の形での在庫が発生する場合がありますが、原則的には在庫ゼロを目指す必要があります。

見込生産企業における対策

見込生産における製品在庫削減の成否は、何といっても営業部門の販売予測の精度にかかっています。また、生産、販売、在庫部門が協力して適正在庫水準の確立と維持に努力することが不可欠な要件になります。

【工場側の対策】

①販売計画に対応した生産計画ならびに在庫計画の確立と維持

販売計画に対応した生産計画を確立する場合、3ヶ月間程度の生産計画を作成します。さらに、顧客要求に適合する納期の設定によって製品在庫を最小化する計画とフレキシブルな生産の実施が必要です。

②プロダクト・ミックスの徹底実施

既存製品と新製品を組み合わせた、利益率の高い製品組み合せを実現することが必要です。新製品を効率的に開発するためには、営業部門と一体になったマーケティングに基づく新製品開発のSTPCサイクルを回すことが必要になります。

【営業部門の対策】

①販売実績差異の徹底見直し

営業部は、販売予測が外れた理由を顧客のせいにしがちですが、実績との差異について徹底した調査・対策が必要です。

②最適マーケティングミックスの実現

マーケティングの4P（製品：Product／価格：Price／販売経路：Place／販売促進：Promotion）を最適に組み合わせ、販売利益の最大化を狙うことが必要です。

③販売担当者による販売予測の実施

バブル時代のような高くて良いものが売れる時代は終わった。安くて良いものをどう売るかという予測を、営業本部だけでなく販売の第一線にいる担当者を参加させて行なった上で、自社製品に適するセグメント（細分化された消費者単位で、ターゲットにすべき狭い消費者）を明確にし、自社独自のターゲット顧客を明確にする取り組みが重要です。

【営業部の対応】

受注生産企業における対応

①受注計画の確立

3ヶ月程度の受注計画を確立し、工場側の資材発注計画に反映できる対応が必要です。そのため、顧客情報、見積引合状況をできるだけデーターベース化し精度を高めます。

②受注時の仕様確定精度の向上

受注資料作成及び打ち合わせに際し、あらかじめ技術部と綿密な打ち合わせをすると共に、受注仕様の標準化を行ない、生産段階での変動を最小化します。

【工場側の対応】

①顧客納期対応の小ロット生産導入

顧客の注文量を一度に生産することは効率がよいように見えて、実際には大ロット生産の弊害が発生し、製品在庫増大の要因になります。実際に必要な顧客納期を確認し、これに見合う生産量をロット単位とした生産に取り組みます。

SECTION 7

工場長のよくある悩み相談Q&A【リードタイム短縮・在庫削減編】

Q1 当社では、リードタイム削減に取り組んでいますが、あまり効果を出せていません。そのために、IE7つ道具の活用が効果的であると聞きましたが、具体的に何をすることなのか教えてください。

A1 IE手法は、もともと100年ほど前にアメリカでF・W・テーラーによって「科学的管理法」として開発された手法です。時間研究や動作研究として活用され、生産性向上の大きな成果を上げました。**近年の生産現場の人の質が低下している中で、生産現場の実態を調査・分析し、新たな生産現場に変えていくためにも、IE手法は有効です**。中でも、IE7つ道具という手法が、生産現場のみならず事務部門の改善にも役立てることができ、大きな効果としてリードタイム短縮をもたらすこともできます。具体的な手法としては次の要素になります。

①工程分析

生産工程を、加工・運搬・検査・停滞に分け、工程順に表示し、問題やムダを発見していきます。

②稼働分析

人と設備に関し、稼働と非稼働に分けて定量把握し、改善点を把握します。

③動作分析

作業動作を、要素作業（加工・運搬）と動作要素に分けて動作のムダをとります。

④時間研究

ストップウォッチなどを活用して作業時間を把握し、ムダ時間の削減とST（標準時間）を設定します。

⑤マテリアル・ハンドリング

工場における、モノの取扱いの時間や距離を把握して改善点を明確にします。

⑥プラント・レイアウト

容易な方法としては、歩数計を作業者に付けて1日の歩数を計り、歩数を削減する効果をレイアウト改善によって把握します。

⑦事務改善

事務作業の工程を把握し、事務作業

のムダをとります。

Q2 **段取り作業時間が長く、注文変更に対応できなく困っています。段取り作業の改善はどのように進めたらよいのでしょうか?**

A2 段取り改善の基本ステップは、次の通り進めます。まず、「段取り時間調査表」で時間のかかっている段取り作業を調査する。段取り作業の中で合計金額の最も大きい段取り作業を取り上げ、「段取り稼働分析表」に記入する。記入した段取り作業に対し、次のステップで改善活動を実施する。

ステップ1 **内段取り**（機械を止める段取り）**をできるだけ外段取り**（機械を止めない事前段取り）**に移す。**

ステップ2 **内段取り時間短縮を図る**

ステップ3 **外段取り時間短縮を図る**

各ステップを繰り返し実施し、段取り作業のムダとりを徹底することによって段取り時間短縮を実現する。

段取り時間調査表／段取り稼働分析表

段取り時間調査表

工程名	機械名	品名	金型名	6ヶ月実績		1回あたり段取りコスト				回数×コスト↓6ヶ月合計総金額(円)
				生産数	段取回数	時間×人×賃率=小計(千円)				
プレス	100 tP	A金物	総押型	15,000	100	30分	2	60	3.6	360,000
プレス	50 tP	Bアングル	切断型	28,000	120	20	2	60	2.4	288,000
成型	2オンス	取付具	成型型	10,000	50	40	2	50	4	200,000

段取り稼働分析表

工程名	プレス	金型名	総押型		回数/月	17回/月
機械名	100 t プレス	時間/回	30 分		責任者	製造課長
品名	A 金物	人/回	2人		観測者	中村一郎
No.	段取り替えステップ	時間		段取り		改善着眼点
		時計読み	正味時間	内	外	
1	材料運搬	1’ 20”	80”		○	運搬の専門化
2	材料の整理	2’ 12”	52”		○	運搬の専門化
3	金型台車を移動				○	2連台車使用で外段取り
4	金型のボルト外し			○		ピン使用で時間短縮
5	金型を引き出す			○		ボールで滑らし時短
6	金型交換			○		

12章

コストダウンと利益創造で本物の生き残りを図れ！

SECTION❶ コストダウンと利益創造をしなければ生き残れない（事例研究）
SECTION❷ コストダウン戦略で工場利益を創造する
SECTION❸ 「原価の構造」と利益を生み出す仕組みを活用する
SECTION❹ 損益分岐点図表で利益創造の問題点を把握せよ
SECTION❺ 損益分岐点計算表で損益を「見える化」する
SECTION❻ 生産改革・改善で本物の利益を創造する その1
SECTION❼ 生産改革・改善で本物の利益を創造する その2
SECTION❽ 製品別コストダウンで儲かる製品を育てる
SECTION❾ 工場長のよくある悩み相談Q&A［コストダウンと利益創造編］

SECTION 1

赤字製品の徹底改善が急務

コストダウンと利益創造をしなければ生き残れない(事例研究)

生産現場の問題と工場長の悩み

[事例1　赤字工場は生き残れない!]

K社関西工場の松永工場長は、昨日開かれた全国3工場の工場長会議の場において、関西工場のみが3年続けて赤字状態になっていることを佐藤社長から厳しく指摘された。このままでは、会社としての企業業績赤字の要因になり、関西工場を維持することが困難になり、今後の赤字状態によっては工場閉鎖を視野に入れることを言い渡された。そのような最悪のケースを回避するために、早急に来年度の黒字化計画を立てトップダウンで推進するように指示された。

松永工場長は改めて、崖っぷちに追い込まれたことを実感した。松永工場長としては、何もしないまま現状に至ったわけではなく、自分なりの黒字化のための努力はしてきたつもりである。

計画立案のため、緊急の工場会議を開催し、黒字化対策の検討に入り、各部門長と今後の進め方について真剣な議論を行なった。まず、中村経理課長からは、過去にいろいろと経費節減を行い、これ以上の節減は難しいとの報告があった。さらに松本購買課長からは、下請け外注企業は厳しい経営を強いられており、これ以上の購買コスト削減は難しいとの報告があった。確かに目先のコストダウンを急ぐあまり、社内経費や取引先は限界状態になっていることは理解できる。一方、設計部門では、新製品開発に時間がかかり、コストダウンは困難とのこと。松永工場長は、改めて原価の構造を分析するとともに、今まで取り組んでいなかった生産改革に早急に取り組まなければならないと重い気分になった。

生産現場の問題と工場長の悩み

[事例2　本物の利益は生産改革から生まれる!]

B社の工場では、近年の売上低迷と購入資材の相次ぐ値上がりのため、工場の利益が赤字に近づいている。前田工場長は、何らかの対策を打たなければという危機感を強めている。今までも、生産現場での改善は積極的に実施してきている。数年前からは、5Sを導入し、生産現場の作業者中心に、清掃活動に取り組んでいる。さらに、改善提案を活性化するために、生産現場に改善提案箱を設定してきた。しかしながら、生産現場の作業者は非正規社員が主体になり、品質不良やクレームも多発するようになり、生産現場は改善どころかトラブルの後追い状態になっている。そのために、ムダなコストが増加している状態である。

そんな中で、当社の工業団地の中で、同じ規模の工場でも、確実に黒字を達成しているところもあると聞く。先日、ある工場を訪問してその工場長からいろいろと話を聞いて驚き、今までの表面的な取り組みを反省した。そこでは、「本物の5S」という全員参加の取り組みを推進すると共に、生産改革に取り組んでいるとのことであった。

生産現場の問題と工場長の悩み

近年の資材の値上がりや景気低迷の中で、コストダウンに真剣に取り組まなければ工場として生き残ることができないことは明らかです。しかしながら、コストダウンの取り組みから工場の利益を生み出し、黒字工場にすることは容易ではありません。松永工場長は、経費節減と外注費削減という小手先のコストダウンの取り組みで利益につながるという思い違いをし、工場を赤字体質から脱皮させることができなかった。一方、前田工場長は、利益は生産現場から生まれるという考えだが、結果は清掃の5Sと改善提案という生産現場丸投げの方法で、ますます悪化していく生産現場においてコストダウンのチャンスを見失ったのです。

このような生産現場を工場長はどう変えたらよいのか?

コストダウンに取り組むことは、工場生き残りの不可欠の要件であることは全ての工場長の一致するところです。しかしながら、コストダウンを確実に工場利益につなげるためには、コスト構造と製品原価の分析を行ない、生産改革を実施すると共に、赤字製品のコスト構造を徹底して改善する取り組みが必要になります。両工場長ともに、その点に対する理解ができていないため、コストダウンだけが目的の活動になったのです。そのため、次のトップダウンの取り組みが必要になります。

①コストダウンのためにコストの構造を分析し、問題点を明確にする。
②生産改革の推進と赤字製品の徹底改善を指示し、トップが率先する。

本章では、コストダウンの取り組みを工場の利益創造に展開する方法を解説していきます。

SECTION 2

コストダウン戦略

コストダウン戦略で工場利益を創造する

Q1 私の工場では、工場長からのコストダウン指示によって、各部門の管理者主体でコストダウンに取り組んできましたが、相変わらず赤字体質から脱皮できていません。社長からも赤字工場が存続できなくなることの責任を厳しく指摘されています。これまでの場当たり的なコストダウンを脱皮し、工場を黒字体質に改革していくためには、工場長として何をどう進めればよいのでしょうか。

A1 できる範囲だけの分散したコストダウンから利益は生まれず、コストダウンの取り組みを工場利益につなげることは容易ではありません。利益を生むためには、新製品の開発スピードをアップし、製品の売上を向上させるのが大事なことは言うまでもありません。新製品開発については設計開発部門のテーマになるので、ここでは生産部門が主体となった、次の手順の取り組みをトップダウンで進めるステップについて解説します。

ステップ1 原価の構造を理解する。

ステップ2 損益分岐点図表で利益構造の問題点を明確にする。

ステップ3 損益分岐点計算表で**費目別コストダウン計画**を立てる。

ステップ4 製品別の利益構造を分析し、**製品別コストダウン計画**を立てる。

ステップ5 利益体質のモノづくり工場に変革するため、**生産改革によるコストダウン計画**を立てる。

ステップ6 以上の取り組みに基づき、**コストダウンによる利益創造の3つの計画のPDCA（計画→実行→チェック→アクション）サイクルを回していく**。計画は、工場長の基本方針とテーマ設定に対応し、各部門において3ヶ月計画を立て、さらに1ヶ月の具体的な実行計画立てる。月に1回、工場長による実施結果のチェックを行なう。三現主義で実施事項と実施効果を確認し、必要な修正指示をし、3ヶ月の成果につなげる。

Q2 コストダウンを工場利益につなげる進め方の基本は分かりましたが、

コストダウン計画を立てる時のポイントには何がありますか？

A2 ３つのコストダウン計画を上手にやるポイント次の通りです。各計画に関する詳しい内容は、本章で解説していきます。

①費目別コストダウン計画

原価構造を確実に理解すると共に、利益体質の現状を分析し、翌月の経費削減計画を立てる。

②製品別コストダウン計画

赤字製品と黒字製品を明確に分け、赤字製品に絞ったコストダウン計画を立てる。

③生産改革によるコストダウン計画

生産現場の赤字の主要因は停滞・在庫・動作の３大ムダです。そのため「本物の５Ｓ」による現場体質の改革、流れる小ロット生産ラインづくり、工程管理の仕組みづくりを中心とし、生産改革・改善に取り組む。

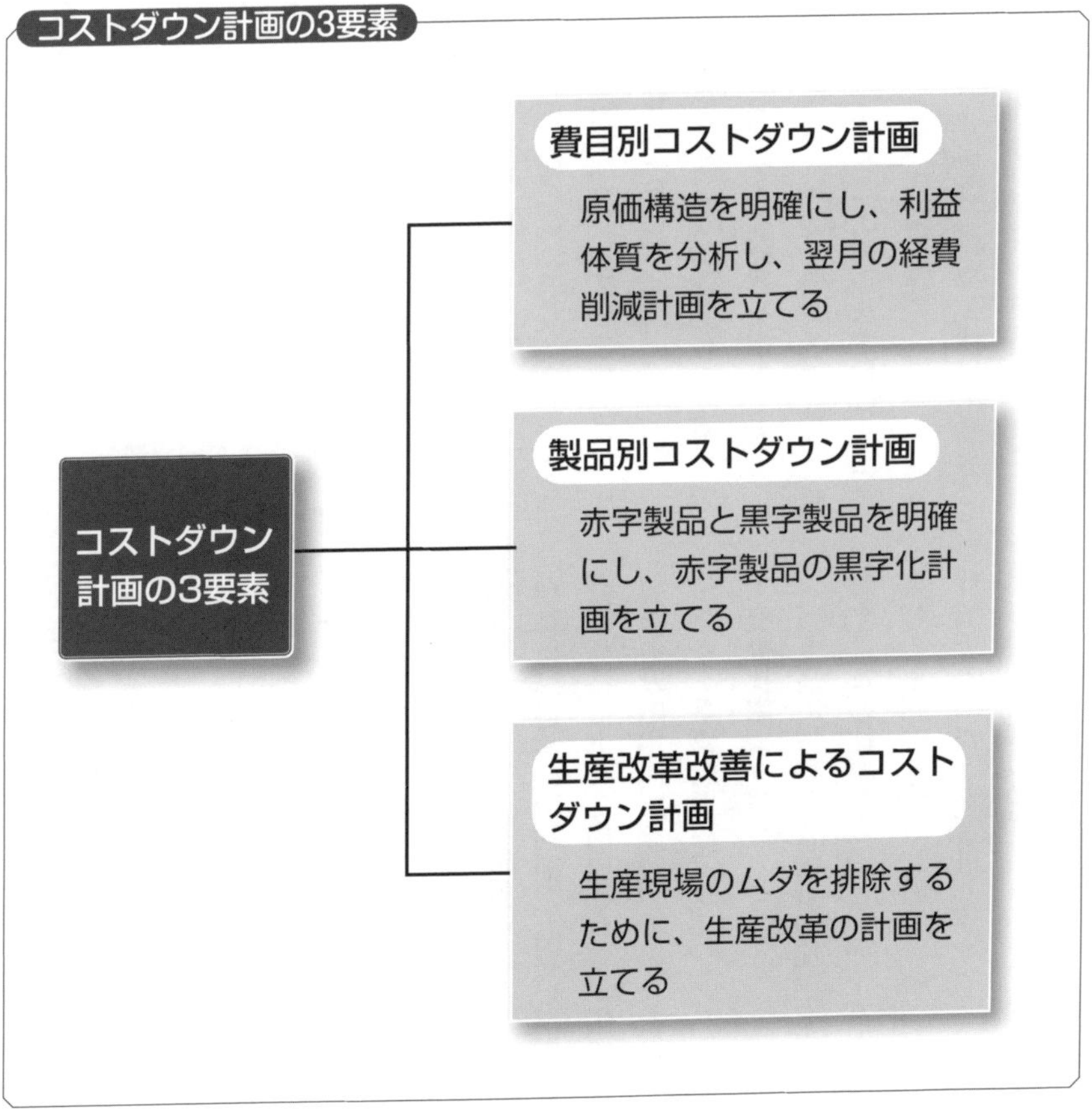
コストダウン計画の3要素
コストダウン計画の3要素
費目別コストダウン計画
原価構造を明確にし、利益体質を分析し、翌月の経費削減計画を立てる
製品別コストダウン計画
赤字製品と黒字製品を明確にし、赤字製品の黒字化計画を立てる
生産改革改善によるコストダウン計画
生産現場のムダを排除するために、生産改革の計画を立てる

SECTION 3

「原価の構造」と利益を生み出す仕組みを活用する

Q1 私は技術部門出身の工場長ですが、最近になって社長から利益向上のためにコストダウンに取り組むよう指示がありました。目先のコストダウンだけでは効果が出ないことは、前任者が工場長を解任されたことで理解しています。まず利益を生み出すための考え方を明確にしたいのですが、どう考えたらよいのでしょうか?

A1 コストダウンと利益創造の基本は、次のように理解することが必要です。**コストダウンと利益創造を同時に進めるためには、「原価の構造」を知る必要**がある。「原価の構造」は、次ページの図表に示されるように、工場出荷製品の売上高（PQ）を構成する次の要素で成り立っています。

①変動費（vPQ）

変動費とは、主に売上高に比例して発生する次の主な経費を指します。

・原材料費　・部品費　・外注加工費
・工場操業度に比例した変動費（エネルギー費、残業料等）
・一部の労務費（残業・休日出勤分）

②固定費（F）

固定費とは、売上高に比例せずに固定して発生する、主に次の経費を指します。

・労務費　・福利厚生費
・機械等の減価償却費
・工場操業度に比例しない固定費（租税公課、通信費、交通費、教育訓練費、エネルギー費など）

③限界利益（mPQ）

工場出荷額による売上のうち、変動費を差し引いた金額を指します。限界利益は、通常は**粗利益**とも言い、固定費と利益によって構成され、工場が利益を生み出す体質を持っているかどうかを表す重要な指標です。

④変動比率（v）

売上高に占める変動費の比率を指します。この比率が高いと、売上高が増大しても利益を生みにくく、高コスト体質であることを意味します。

⑤限界利益率（m）

売上高に占める限界利益の比率を指

します。この比率が高いことは、高利益体質であることを意味します。

「原価の構造」と利益を生む考え方

近年、市場が低迷し売上高が伸びない経営環境の中で生き残るため、「原価の構造」に基づき、次の考え方で利益創造の計画を立てることが求められます。

①変動費（vPQ）を下げる

変動費削減には次の方法があります。

・材料費・部品費の削減
・低価格納入業者の選定
・クレーム品・不良品の低減
・材料取り変更による歩留率の向上
・不要不急の残業削減　など

②固定費（F）を下げる

固定費削減には次の方法があります。

・生産改革の取り組み（「本物の5S」導入によるムダとり、流れる生産ラインづくり、工程管理の強化、作業標準化、作業者多能化など）
・製造経費削減

利益の構造

記号の意味は次の通り。

P：製品価格
Q：販売数量
m：限界利益率
v：変動費率
F：固定費
G：利益

この場合、P・Qは製品1個あたりであるが、企業全体として考えるならば、

ΣP×Qとなる。（他の項目も同じ）

図表から次のことが分かる。

利益G＝PQ－vPQ－F

PQ → 売上高
vPQ → 変動費
F → 固定費

利益の構造図

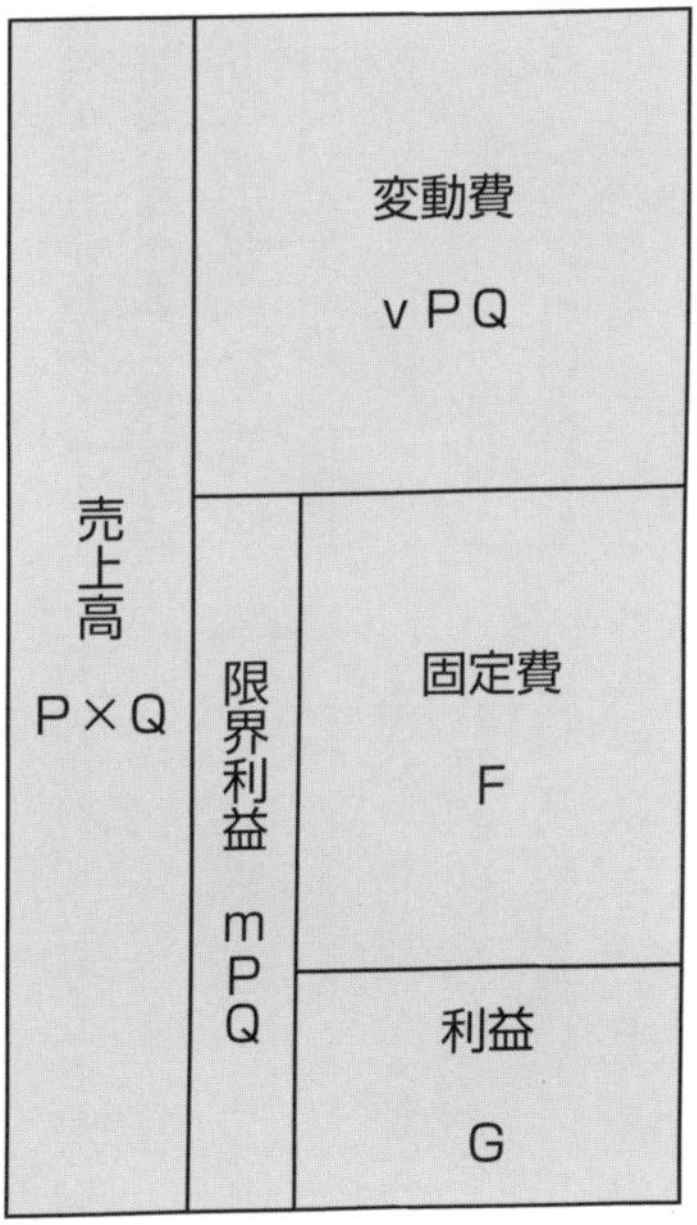

SECTION 4

損益分岐点図表で利益創造の問題点を把握せよ

損益分岐点図表の活用

Q1 **工場の損益状態を把握するために損益分岐点図表が有効と聞きました。損益分岐点について教えてください。**

A1 工場の損益分岐点を把握することは、工場の生き残りにとって重要な取り組みになります。損益分岐点とは、損失と利益とが分かれる売上高のことを言います。損益分岐点より売上高が低ければ赤字、高ければ利益が出ます。**損益分岐点はBreak Even Point（略してBEP）とも呼ばれます。損益分岐点を知ることにより、利益を出すために必要な売上高を設定することができます。**一方でそれだけではなく、損益分岐点図表では次のように、工場の利益確保に関する問題点を把握することができます。

①経営の安定性の現状把握ができる

損益分岐点対売上高比率（損益分岐点を売上高で割った数値）によって、経営の安定性の現状を次のように把握できます。

・比率が70（％）以下ならば経営は安全な状態である（売上高が損益分岐点よりはるかに高い場合）
・比率が85～90（％）ならば今後の経営は警戒を要する状態にある
・比率が95（％）以上ならば経営は危険状態である（売上高が損益分岐点に近い場合）
・比率が１００（％）以上ならば経営は赤字である（売上高が損益分岐点より下の場合）

②利益構造の長所短所を把握できる

損益分岐点対売上高比率が低いのは次のことを意味します（経営安全性が大であると言う）。

・固定費が小さい・変動費率が低い
・固定費が大きくても変動費率が小さい
・変動費率が大きくても固定費が小さい

損益分岐点対売上高比率が高いのは次の問題点があることを意味します（経営安全性が低いと言う。この場合は、早急に利益を生むための改善対策を打つことが必要になる）。

・固定費が大きい・変動費率が高い
・固定費が大きくかつ変動費率が大きい
・売上高が過少である

③利益構造の改善対策に役立てることができる

・目標利益を上げるためにいくらの売上高が必要か分かる
・製品価格が低下した場合に利益はいくらになるかが分かる
・販売数量が減少した場合に利益はいくらになるかが分かる
・人件費がアップした場合にいくらの売上高が必要か分かる
・材料費が値上りした場合に利益はいくらになるか、いくらの売上高が必要か分かる

以上のように、利益の構造を念頭において、損益分岐点分析をすることで今後の利益計画の判断ができます。

損益分岐点図表

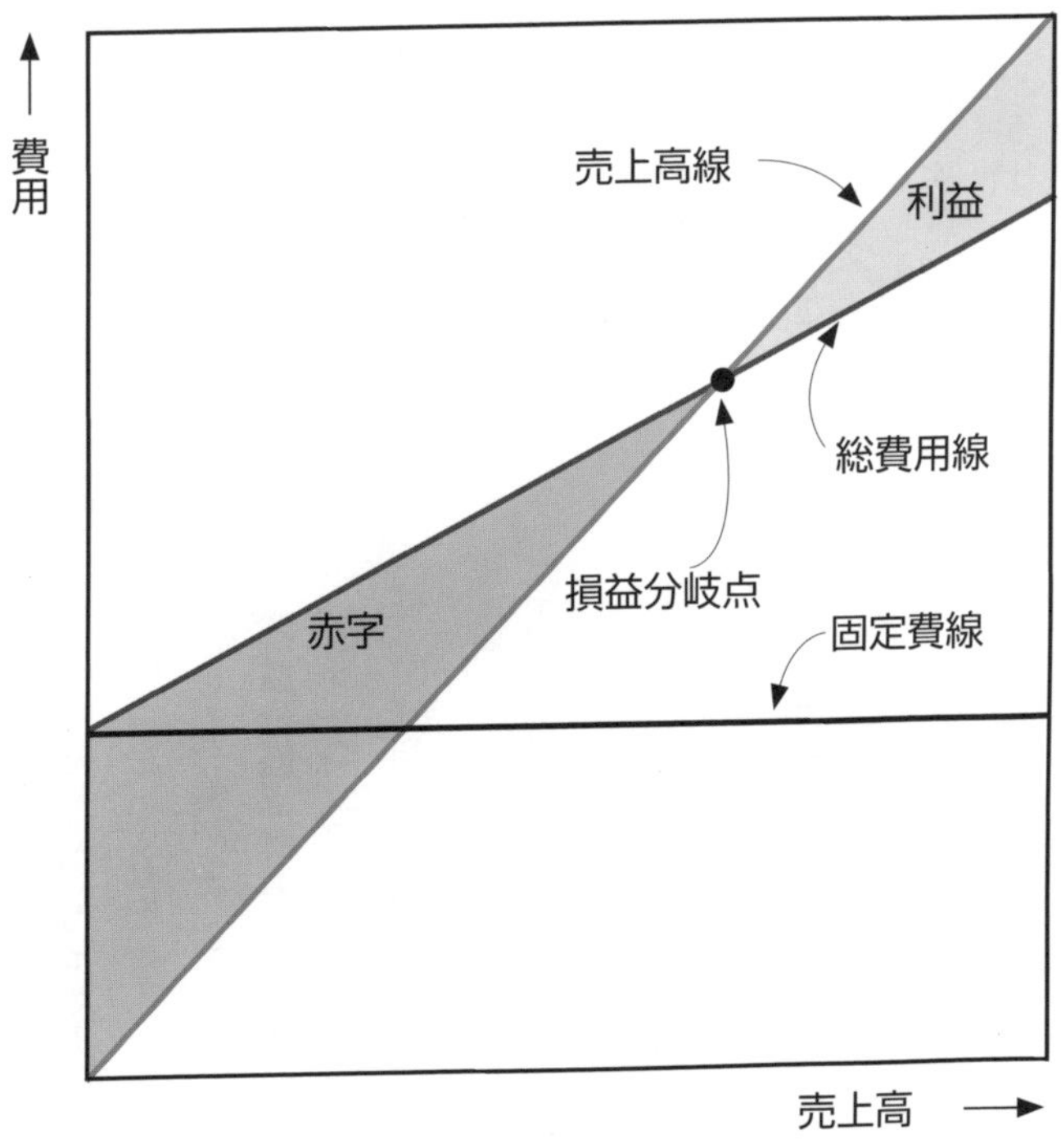

SECTION 5

損益分岐点計算表の活用

損益分岐点計算表で損益を「見える化」する

Q1 損益分岐点を具体的に把握するためには、どのようにして損益計算をしたらよいのですか?

A1 損益を具体的に把握するために、損益分岐点を計算することが必要です。そのため、具体的な費目によって計算していくツールが、**損益分岐点計算表**です。この表の中に個別の原価費目の数値を記入していくことで、損益分岐点の計算ができるようになります。表の中は、20項目の費目に分解されていますが、通常の工場原価費目をほぼこれでカバーしていると言えます。表にあるように、製造原価の各費目を、変動費と固定費に分解して記入し、変動費と固定費をそれぞれ集計します。

①変動費の項目

生産量により変化する費目として、通常は原材料費、部品費、外注加工費、荷造運賃を対象とし記入します。

②固定費の項目

通常は、間接労務費、福利厚生費、減価償却費、賃借料、保険料、旅費交通費、通信費、交際費、租税公課、教育訓練費などを対象として記入します。

③固定費・変動費両方を含む項目

通常、対象費目として、直接労務費、直接経費、間接材料費、修繕費、水道光熱費が挙げられます。この場合、まず固定費として、通常操業に必要な原価を設定し、それを超える原価を変動費として分離記入します。

損益分岐点計算表による分析例

損益分岐点計算表によって、限界利益、限界利益率、損益分岐点を計算した結果として、損益分岐点対売上高比率(事例の場合、1273÷1745×100＝73・0となり、「経営状態は安定」と判断できます)によって経営状態を判定します。

損益分岐点を下げる計画をする

現状把握ができるようになったら、次のステップとして次月の損益分岐点を予測計画し、各予測経費を記入し、損益分岐点を下げるためにどの費目を削減すべきなのかの目標を設定することができるようになります。

損益分岐点計算表（記入例）

損益分岐点計算表					年　月度分
費目＼項目	変動固定別		①変動費分	②固定費分	費用合計
	変動	固定			
1. 原材料費	○		570		570
2. 部品費	○		50		50
3. 外注加工費	○		165		165
4. 直接労務費	○	○	5	180	185
5. 直接経費	○	○	5	15	20
6. 福利厚生費		○		25	25
7. 間接材料費	○	○	8	7	15
8. 間接労務費		○		276	276
9. 減価償却費		○		47	47
10. 賃借料		○		14	14
11. 保険料		○		2	2
12. 修繕費	○	○	5	8	13
13. 水道光熱費	○	○	9	3	12
14. 旅費交通費		○		8	8
15. 通信費		○		3	3
16. 荷造運賃	○		40		40
17. 交際費		○		5	5
18. 租税公課		○		14	14
19. 教育訓練費		○		2	2
20. その他経費	○	○	5	35	40
合計			①862	②644	1,506
③売上高	1,745				
④限界利益	883			③売上高-①変動費	
⑤限界利益率	0.506			④限界利益÷③売上高	
⑥損益分岐点	1,273			②固定費÷⑤限界利益率	

（単位：万円）

SECTION 6

生産改革1

生産改革・改善で本物の利益を創造する その1

Q1 工場の本物の利益は、モノづくりの生産改革・改善から生まれると知り、工場長のトップダウンで何としても取り組みたいと思います。どのような取り組みが必要か教えてください。

A1 生産現場から利益を生み出すためには、工場長のトップダウンよって計画的に生産改革のサイクルを回していくことが求められます。工場の生産現場から継続して利益を生むためには、赤字の要因になっている停滞・在庫・動作の3つのムダを徹底してとっていく取り組みが必要になります。一方で、コストだけを削減するという進め方をすると、経費節減中心となり、現場の体力とやる気を削ぐだけの結果となり、工場利益に結びつけることができなくなります。生産改革・改善によるコストダウンで利益を創造する進め方は次のようになります。

生産改革の実践で本物の利益創造を推進する

工場から本物の利益を生み出すことは、コストのみならず品質を向上し、生産スピードを向上する取り組み（QCTの向上）によって初めて可能になります。品質と生産スピードの中には、コストを大幅に引き下げ、利益を生み出す要素が多くあるからです。だからこそ生産改革が必要不可欠であり、生産改革は工場トップによる方針・目標と実践への熱意なしに実現できないのです。生産改革による利益創造の方法として、次の6つの取り組みテーマが挙げられます。

①「本物の5S」で現場体質を改革する

「本物の5S」の目的は、単なる清掃活動などではなく、全員参加でムリ・ムラ・ムダをとり、生産現場の体質を基本から改革する現場改革活動です。**成功の3原則（トップダウンで進める、全員が参加する、時間内に実践する）**を確実に実施していくことによって、生産現場が利益を生み出す体質に変化していきます（2章参照）。

②新たな生産方式を導入する

今までのモノづくりの仕組みである、生産方式の抜本的な改革が必要になっています。**利益を生み出す生産方式の代表が小ロット生産方式**です。小ロット生産方式の導入によって生産の流れをつくり、顧客の変種変量生産要求にすばやく対応し、リードタイムが短縮することで利益創造をもたらします（11章参照）。

③工場レイアウトを改革する

工場のレイアウトを基本から見直し、**U字型のレイアウトを基本にした改革**で利益創造をもたらします（11章参照）。

④新製品開発マネジメントシステムを導入する

生産現場での新製品立ち上げ期間を短縮し、顧客に新製品を提供するまでの開発プロセスを改革し、開発スピードを短縮することによって、顧客満足レベルが向上し、売上も向上します（6章参照）。

⑤生産管理の仕組みを導入する

儲かるモノづくりは、生産管理の仕組みの導入と活用にかかっています。生産計画と工程管理を行ない、生産工程の停滞のムダをとり、問題をスピーディーに解決することで、利益が生まれるようになります（10章参照）。

⑥階層別人づくりで「人財」を育てる

派遣社員が増大する中で、管理者の改革力と、**監督者の現場指導力の強化が必須事項**になっています。管理者と監督者の基本行動の実践が生産現場から利益を生み出します（5章参照）。

生産改善でコストダウンを推進する

生産改善によるコストダウンには次の取り組みテーマがあります。

①クレームと品質不良の削減

クレームと品質不良は、10倍以上のムダなコストを生み出し、さらに顧客からの信用を失うという大きな損失を生じさせます。そのために、クレームと品質不良に対し、**三現主義によって発生の事実を把握し、暫定対策のみで終わることなく、発生した要因に対する確実な6M対策を実施することが必要になります。**再発防止対策なしにモノづくり工場は生き残れません（9章参照）。

②作業標準化による安定生産

生産活動の基本単位は作業で成り立っています。そのため、**非正規社員や新人社員が増大する生産現場では作業標準化に取り組まないと、生産現場のムリ・ムラ・ムダが止まらなくなります。**今求められる標準化は、今までのように経験者を前提にした標準化ではなく、素人作業者といわれる不慣れな作業者でも容易に、分かる・できるような内容にすることが必要なのです（3章参照）。

SECTION 7

生産改革・改善で本物の利益を創造する その2

③設備故障率の低減

機械設備の故障発生現象を把握し、再発防止対策を実施することで生産停止のムダを削減できます（7章参照）。

④在庫削減

在庫削減は、キャッシュフローを増大させると共に、在庫にまつわる多くのムダを排除できるという効果があります（11章参照）。

⑤作業改善と段取り改善

今求められる作業改善は、素人作業者でも作業ミスをせずに作業を習得できる快善活動なのです。段取り作業と正味作業の両方の快善に取り組むことで、作業の質の安定とムダとりができます（3章参照）。

⑥生産現場のムダとり

生産現場には多くのムダがあるため、**儲かる生産現場づくりのためにムダとりが必須事項**になっています。非正規社員や新人社員にまつわる3K（危険、きつい、汚い）と3M（ムリ・ムラ・ムダ）を同時にとっていく快善活動が必要です（10章参照）。

⑦作業者の育成と多能化

非正規社員の増加は、確かに直接労務費を削減できますが、一方で品質不良と、生産スピードの低下という大きな代償を伴います。そのようなことを防止するために、作業標準化を推進し非正規社員を早期に育成する取り組みが待ったなしで重要課題になっています（3章参照）。

⑧「見える化」による問題の早期解決

生産現場では毎日、問題が連続して発生します。問題が大きくなる前に、早めに問題を「見える化」し、トラブル発生を未然に防止していくことでコストを削減します（4章参照）。

⑨購買コストの削減

原材料・部品の調達コスト、外注品のコストは、変動費としてコストの主要な構成要素であるため、コストダウンの対象にすることが必要となります。しかしながら、ただ一方的な値下げ要求を続けることでは、取引先の体力を消耗させるだけの結果となります。そのためにも、**取引先の開拓と、「本物の5S」の導入指導による育成が必要**になります。

製造経費のコストダウンに取り組む

製造経費の節減は、ただ節減することだけを目的にして進めるのではなく、経費のムダをとって適正コストを追究するという姿勢で取り組むことが求められます。製造経費削減方法として次の事項が挙げられます。

①予算統制による計画的支出とムダ経費の未然防止
②設備改善によるエネルギー費の削減
③消耗工具費、消耗品費の削減
④不要・不急の残業・出張の禁止

生産改革による利益創造の取り組み

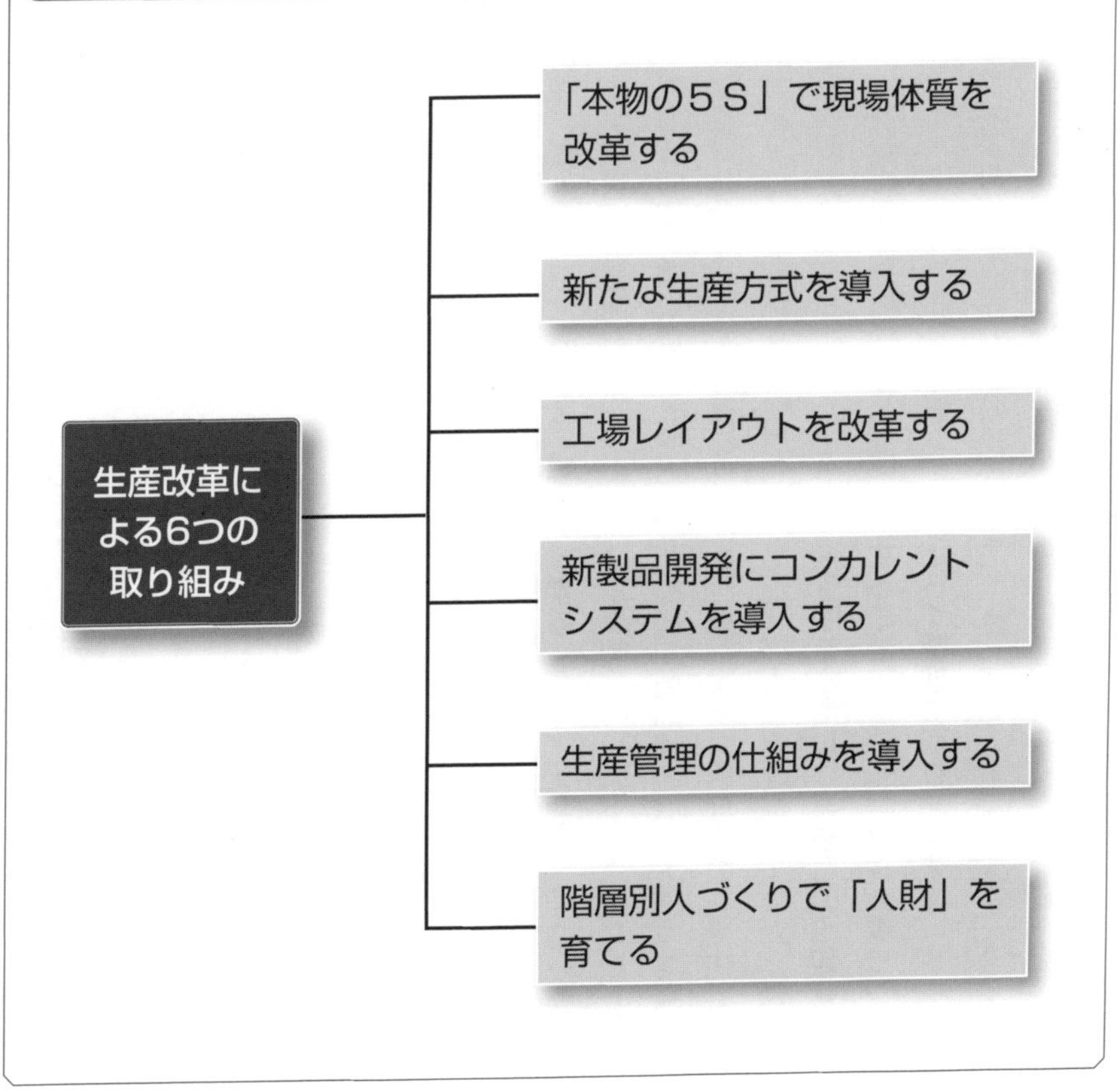
生産改革による6つの取り組み
「本物の５Ｓ」で現場体質を改革する
新たな生産方式を導入する
工場レイアウトを改革する
新製品開発にコンカレントシステムを導入する
生産管理の仕組みを導入する
階層別人づくりで「人財」を育てる

SECTION 8

製品別のコストダウン

製品別コストダウンで儲かる製品を育てる

Q1 製品別のコストダウンによって利益を生み出すための取り組みはどうやればよいのですか？

A1 工場の利益は各製品から生まれるという考え方でコストダウンをすることが必要です。製品から利益を生み出すため、次の3つのツールを活用してコストダウンを実施します。

製品別原価管理表を活用する

次ページの製品別原価管理表では、個別製品A、B、Cの原価構成を表しています。**管理表において、製品ごとの主な原価費目は、変動費、社内加工費、工場管理費の3要素から成り立っています。**まず変動費は、すでに述べた通り原材料費、買入部品費、外注部品費を記入します。次に、個別製品の加工費として、加工時間と職場賃率を記入し、社内加工費を計算します。職場賃率は、工場としての分当たりの経費を決めて記入します。工場管理費としては、製品価格の約5％を割り当てればよいでしょう。管理表の計算方法としては、まず限界利益を計算し、次に限界利益から社内加工費と工場管理費を差し引いて製品別利益を算出します。

製品別年間利益比較表を活用する

製品別年間利益比較表によって1年間で製品から生まれる総利益を比較します。この場合には、C製品の利益が最も低いことが把握できます。その結果として、C製品を製品別コストダウンの対象にします。**利益率の低い製品の利益を生み出す改善に取り組み、工場全体の利益向上を目指します。**

製品別コストダウン管理表を活用する

重点製品のコストダウンに取り組むために、製品別のコストダウン管理表を活用します。管理表の構成内容は製品別原価管理表と同様ですが、**原価削減目標を設定し、実績との比較管理をすることによって、コストダウンをもたらす管理に取り組みます。**事例の場合、80円の現行利益に対し、120円の目標を立てましたが、27円が未達成であることが把握されました。

製品別原価管理表

費目＼製品名		構成比率	A製品	B製品	C製品
①製品価格		100%	1,000円	800円	1,100円
変動費	②原材料費	%	200円 20%	100円 13%	250円 23%
	③買入部品費	%	300円 30%	200円 25%	100円 9%
	④外注部品費	%	100円 10%	150円 19%	115円 10%
⑤限界利益 ＝①－②－③－④		%	400円 40%	350円 43%	635円 58%
社内加工費	⑥加工時間	分	7分	5.5分	12.5分
	⑦職場賃率	円／分	40円／分	40円／分	40円／分
	⑧社内加工費 ⑧＝⑥×⑦	%	280円 28%	220円 27%	500円 45%
⑨工場管理費		%	50円 5%	40円 5%	55円 5%
⑩利益 ⑩＝⑤－⑧－⑨		%	70円 7%	90円 11%	80円 7%

製品別年間利益比較表

項目＼製品名	A製品	B製品	C製品
①製品単価	1,000円	800円	1,100円
②利益／単位	70円	90円	80円
③年間売上数量	20,000個	15,000個	10,000個
④年間売上高	20,000千円	12,000千円	11,000千円
⑤年間総利益	1,400千円	1,350千円	800千円
⑥年間利益順位	①	②	③

この順位表から第３位のC製品を選んでコストダウンに取り組み、利益の増大を図った。

その結果は左図の通りであり、目標には製品単位で27円不足したが、当初の利益より13円増加し、年間では 130千円の利益増大となった。

製品別コストダウン管理表

(製品名C)

費目＼項目		現行数値	ダウン後目標値	期末実績値	目標との差異
①製品価格		1,100円	1,100円	1,100円	0
変動費	②原材料費	250円	245円 (△5)	247円 (△3)	2円不足
	③買入部品費	100円	99円 (△1)	99円 (△1)	0
	④外注部品費	115円	113円 (△2)	114円 (△1)	1円不足
⑤限界利益 =①−②−③−④		635円	643円 (+8)	640円 (+5)	3円不足
社内加工費	⑥加工時間	12.5分	12分 (−0.5)	12.3分 (−0.2)	0.3分不足
	⑦職場賃率	40円/分	39円/分	40円/分	1円不足
	⑧社内加工費 ⑧=⑥×⑦	500円	468円 (△32)	492円 (△8)	24円不足
⑨工場管理費		55円	55円	55円	0
⑩利益 ⑩=⑤−⑧−⑨		80円	120円 (+40)	93円 (+13)	27円不足

SECTION 9

●工場長の悩み相談

工場長のよくある悩み相談Q&A【コストダウンと利益創造編】

Q1 コストダウンに取り組むために、生産性に関する分析をし、現状把握と取り組み成果の判断データにしたいと思っています。そのためどのような分析が必要でしょうか?

A1 生産性に関する指標のレベルが低いということは、生産現場に赤字の要因になるモノづくりのムダが多発していることを意味します。モノづくり生産現場から利益を生み出すためには、次の生産性・品質・納期に関する指標をコストダウン取り組みの成果とし、生産改革・改善に取り組むことが効果的です。特に、品質のムダ、納期遅れのムダは、コストを増大させる要因を生むため、コストダウンの指標としての位置づけが必要です（1章参照）。

生産性に関する指標

①**労働生産性＝付加価値／人数（円／人）** 付加価値を生み出すためにどのくらいの人数を要したのか、一人あたりの生産性を示す数値（付加価値＝生産高－材料・外注費）

②**時間生産性＝付加価値／総稼働時間（円／h）** 付加価値を生み出すために、残業時間を含めどの位の労働時間を要したのか、1時間あたりの生産性を示す数値

品質に関する指標

①**製品不良率＝不良品数／総生産数（%）** 製品不良率は、作り直しの手間や材料のムダなど、品質コストのムダを示す数値

②**工程通算不良率＝工程中の不良品総数／総生産数量（%）** 工程通算不良率は、生産工程内での品質コストのムダを示す数値

③**クレーム率＝クレーム件数／総生産ロット数（%）** クレーム率は、顧客不満足によるクレームコストのムダを示す数値

納期に関する指標

納期遅れ率＝遅れ件数／総出荷件数（%） 納期遅れ率は、生産現場が混乱し納期遅れが発生したことを示す数値

Q2 当社工場では、以前からコストダウンに取り組んできましたが、一向

に効果が現れません。その理由として生産現場と各部門任せの、ボトムアップ方式をとってきたことを工場長として大いに反省しています。そのため今回こそは、トップダウンでコストダウンを進める決意でいますが、効果的なコストダウンの進め方のヒントをいただけますか?

A1 コストダウンの取り組み方にはトップダウンとボトムアップの2つの方向があり、コストダウンと利益創造という方針と目標は同じでも、2つの方向には次のような相違があります。**効果的でスピードのある進め方のためには、トップダウンとボトムアップを統合した進め方が必要**になります。

トップダウンによるコストダウン

通常、次のステップで展開される。この方法では、効果的な改革は進むが、生産現場の実態と各部門の自主性に即した改革・改善が進まなくなり、コストダウンが形式的になる傾向がある。

①工場として生き残りのためのコストダウンの総合的方針と目標を示す。
②総合目標を達成するために具体的な個別テーマと目標に分解する。
③各個別テーマと目標に対して具体的な実行方法の指針を示す。
④示された指針の実施のため、各部門に役割と分担を指示する。
⑤実施したコストダウンの成果をトップが評価し、次の目標に展開する。

ボトムアップによるコストダウン

通常、次のステップで展開される。ボトムアップの進め方では、目先の小さな問題やムダに目を奪われ、改革の要素が少なくなり、改善中心になって大きな効果を得られなくなる。

①工場の生産現場を観察する。
②観察の結果として、問題とムダを徹底して抽出する。
③抽出された問題とムダを解消するための改善対策を立案する。

トップダウンとボトムアップを統合して進めるコストダウン

効果的なのが、両者の優れた点を活かし、両者を統合した進め方です。

①工場としてのコストダウンの方針と目標を設定する(本章を参照し、総合的な改革・改善内容とする)。
②生産現場の問題とムダを抽出する。
③工場方針をベースにし、各職場の管理者が中心になって生産現場の実態に対応した生産改革・改善の個別目標と3ヶ月実施計画を作成する。
④各職場別の目標が工場の改革目標との整合性を持ち、現場実態を反映していることを工場長が確認する。
⑤職場ごとに改革・改善計画を推進し、1ヶ月サイクルで工場長が実施結果を点検し、効果を確認する。

著者略歴

西沢　和夫（にしざわ　かずお）

三井造船に入社し産業機械・建設鉱山機械の新製品開発を手がける。その後、米国系大手産業機械メーカーに入社し、新製品開発、マーケティング、生産技術、品質保証、サービス技術等を担当、国内海外企業の技術・品質指導に携わる。その後、コンサルティングファームにおいてチーフコンサルタントとして、本物の５Ｓ、見える化、生産改善、品質保証、新製品開発、生産改革、管理者・監督者育成などの豊富な企業指導実績を持つ。その後、西沢技術士事務所を設立し今日に至る。
資格：技術士（経営工学）、中小企業診断士、経営士、品質管理学会正会員
主な著書：『儲かる生産現場強化マニュアル』『現場で役立つＱＣ工程表と作業標準書』（基礎編、実践編）（日刊工業新聞社）、『５Ｓ導入ハンドブック』『リーダー力強化ハンドブック』『生産管理ハンドブック』（かんき出版）、『図解よくわかるこれからの生産現場改革』（同文舘出版）他多数。

連絡先：tel/042-758-0532　　fax/042-758-0465
　　　　e-mail/DQF02033@nifty.com

最新版 工場長と生産スタッフのための実践! 生産現場改革

2021年 6 月 7 日　初版発行

著　者 —— 西沢和夫

発行者 —— 中島治久

発行所 —— 同文舘出版株式会社

東京都千代田区神田神保町 1-41　〒 101-0051
電話　営業 03 (3294) 1801　編集 03 (3294) 1802
振替 00100-8-42935
http://www.dobunkan.co.jp/

ISBN978-4-495-58332-3
印刷／製本：三美印刷
Printed in Japan 2021